[監修]
下山晴彦・佐藤隆夫・本郷一夫
[編著]
小野瀬雅人

教育・学校心理学

ミネルヴァ書房

● 監修者のことば

多様化する社会のなかで,「心」をめぐるさまざまな問題が注目されている今日において,心の健康は誰にとっても重要なテーマです。心理職の国家資格である公認心理師は,まさにこの国民の心の健康の保持増進に寄与するための専門職です。公認心理師になるためには,心理学に関する専門知識および技術をもっていることが前提となります。

本シリーズは,公認心理師に関心をもち,これから心理学を学び,心理学の視点をもって実践の場で活躍することを目指すみなさんのために企画されたものです。「見やすく・わかりやすく・使いやすく」「現場に出てからも役立つ」をコンセプトに全23巻からなる新シリーズです。いずれの巻も広範な心理学のエッセンスを押さえ,またその面白さが味わえるテキストとなっています。具体的には,次のような特徴があります。

① 心理学初学者を対象にした,学ぶ意欲を高め,しっかり学べるように豊富な図表と側注(「語句説明」など)で,要点をつかみやすく,見やすいレイアウトになっている。
② 授業後の個別学習に役立つように,書き込めて自分のノートとしても活用でき,自分で考えることができるための工夫がされている。
③「公認心理師」を目指す人を読者対象とするため,基礎理論の修得とともに「臨床的視点」を大切にした目次構成となっている。
④ 公認心理師試験の準備に役立つだけでなく,資格をとって実践の場で活躍するまで活用できる専門的内容も盛り込まれている。

このように本シリーズは,心理学の基盤となる知識と臨床的視点をわかりやすく,学びやすく盛り込んだ総合的テキストとなっています。心の健康に関心をもち,心理学を学びたいと思っているみなさん,そして公認心理師を目指すみなさんに広くご利用いただけることを祈っております。

下山晴彦・佐藤隆夫・本郷一夫

編著者まえがき

本書は，大学・大学院における「公認心理師養成カリキュラム」の科目「教育・学校心理学」のテキストです。すなわち，「大学における必要な科目（25科目）」における「B. 心理学発展科目」の「実践心理学」に該当します。「実践心理学」は全５科目で，保健医療，福祉，教育，司法・犯罪，産業・労働の各分野の心理学から構成されています。本書は「教育」分野に対応したものです。

「教育」分野の実践心理学である「教育・学校心理学」に関係の深い学問領域として「教育心理学」と「学校心理学」があります。しかし，この二つの学問領域の内容を合体しただけでは，「教育・学校心理学」の内容は見えてきません。なぜなら「教育心理学」も「学校心理学」もそれぞれの学問に固有の背景や歴史があり，発展してきたからです。

そこで本書は，以上のことを踏まえて構成することにしました。

公認心理師としての「到達目標」と本書の内容の関係

本書は，公認心理師の資格取得を目指して「教育・学校心理学」という科目を履修する学修者を主対象としています。そのためのテキストの要件は，国家資格として求められる知識・能力の水準を示す「到達目標」に対応していることです。この「到達目標」に対応した内容を抽出するためには，「標準シラバス」（日本心理学会，2018）が参考になります。

しかし，それだけでは十分ではありません。なぜなら，資格取得後，実際の支援活動で必要な内容を含めることも大切だからです。そこで，本テキストにおける「教育・学校心理学」の内容（コンテンツ）を次の３つの方針に基づき考えることにしました。

① 公認心理師の到達目標から考える。
② 日本心理学会「標準シラバス」を基本とする。
③ 公認心理師の「教育に関する心理学」に対応した到達目標に関連するものは，本書の内容（コンテンツ）に含める（たとえば「特別支援教育」）。

表１は本書の各章と「到達目標」の関係を示したものです。

表１　本書の各章と公認心理師の到達目標の関連

１章 「教育・学校心理学」のとらえ方	７章　メンタルヘルス教育の課題と実践
2-1　自分の力で課題を発見し，自己学習によってそれを解決するための能力を身につける 2-2　社会の変化を捉えながら生涯にわたり自己研鑽を続ける意欲及び態度を身につける 18-1　教育現場の問題と背景が説明できる 18-2　教育現場における支援方式を説明できる	11-3　家族，集団及び文化が個人に及ぼす影響について概説できる 18-1　教育現場の問題と背景が説明できる 18-2　教育現場における支援方法を説明できる 23-3　教育分野に関係のある法律・制度の概説ができる 24-3　心の健康に関する知識の普及を図るための教育及び情報提供ができる
２章　教育・学校の組織・制度と支援の関係	**８章　健康教育の課題と支援**
18-1　教育現場の問題と背景が説明できる 18-2　教育現場における支援方法を説明できる 23-3　教育分野に関係のある法律・制度の概説ができる	18-1　教育現場の問題と背景が説明できる 11-3　家族，集団及び文化が個人に及ぼす影響について概説できる 23-3　教育分野に関係のある法律・制度の概説ができる
３章　学習・授業の課題と支援	**９章　特別支援教育の課題と支援**
11-3　家族，集団及び文化が個人に及ぼす影響について概説できる 18-1　教育現場の問題と背景が説明できる 18-2　教育現場における支援方法を説明できる 23-3　教育分野に関係のある法律・制度の概説ができる	11-3　家族，集団及び文化が個人に及ぼす影響について概説できる 18-1　教育現場の問題と背景が説明できる 18-2　教育現場における支援方法を説明できる 23-3　教育分野に関係のある法律・制度の概説ができる
４章　学級経営の課題と支援	**10章　教育・学校をめぐる新たな課題と支援**
11-3　家族，集団及び文化が個人に及ぼす影響について概説できる 18-1　教育現場の問題と背景が説明できる 18-2　教育現場における支援方法を説明できる 23-3　教育分野に関係のある法律・制度の概説ができる	11-3　家族，集団及び文化が個人に及ぼす影響について概説できる 18-1　教育現場の問題と背景が説明できる 18-2　教育現場における支援方法を説明できる 23-3　教育分野に関係のある法律・制度の概説ができる
５章　生徒指導の課題と支援	**11章　学校·教育システムの連携による支援**
11-3　家族，集団及び文化が個人に及ぼす影響について概説できる 18-1　教育現場の問題と背景が説明できる 18-2　教育現場における支援方法を説明できる 23-3　教育分野に関係のある法律・制度の概説ができる	3-1　多職種連携・地域連携による支援の意義を理解し，チームにおける公認心理師の役割を説明できる 23-3　教育分野に関係のある法律・制度の概説ができる
６章　キャリア教育の課題と支援	**12章　多様な職種によるチーム支援**
11-3　家族，集団及び文化が個人に及ぼす影響について概説できる 18-1　教育現場の問題と背景が説明できる 18-2　教育現場における支援方法を説明できる 23-3　教育分野に関係のある法律・制度の概説ができる	3-1　多職種連携・地域連携による支援の意義を理解し，チームにおける公認心理師の役割を説明できる 23-3　教育分野に関係のある法律・制度の概説ができる
	13章　教育・学校心理学に基づく公認心理師に求められる実践と役割
	2-1　自分の力で課題を発見し，自己学習によってそれを解決するための能力を身につける 2-2　社会の変化を捉えながら生涯にわたり自己研鑽を続ける意欲及び態度を身につける 3-1　多職種連携・地域連携による支援の意義を理解し，チームにおける公認心理師の役割を説明できる

出所：「公認心理師のカリキュラム等に関する基本的な考え方」を踏まえたカリキュラム到達目標（公認心理師カリキュラム等検討会報告書：平成29年5月31日）より一部抜粋，要約し掲載

本書の構成

ここでは，本書の第１章から第13章の具体的内容について，公認心理師に求められる資質・能力としての「標準シラバス」の内容（表２）を踏まえ紹介しておきます。

表２　一般社団法人日本心理学会　公認心理師養成大学教員連絡会（2018）に対応する本書の主な関連章

公認心理師大学カリキュラム 標準シラバス（日本心理学会）	本書の主な関連章
18 教育・学校心理学	
①　教育現場において生じる問題とその背景	
A　教育の制度・法律・倫理	2章
B　教育・学校の環境	2章，4章
C　学校における問題の理解	4章，5章，6章，10章
②　教育現場における心理社会的課題と必要な支援	
A　発達と学習	3章，4章
B　教授・学習	3章
C　教育分野における心理学的援助方法	1章，3章，13章
D　教育分野における心理学的アセスメント	1章，11章，13章
E　児童生徒に対する心理学的援助	1章，4章，7章，8章，9章，10章，11章，12章，13章
F　援助者・関係者への心理学的援助	1章，8章，13章

第１章「「教育・学校心理学」のとらえ方」では，「教育・学校心理学」という科目の意義と背景について述べ，さらに「実践心理学」としての「教育・学校心理学」の内容とその特徴を明らかにします。

第２章「教育・学校の組織・制度と支援の関係」では，公認心理師が教育現場で働くうえで理解しておく必要のある学校の組織や制度を理解し，学校における支援がどのように行われるのが望ましいかを考えていきます。

第３章「学習・授業の課題と支援」では，公認心理師が学習や授業の課題に応えるうえで必要な「子どもの学業不振」やそのアセスメントについて理解し，子どもへの支援的な授業，個別学習支援のあり方を考えていきます。

第４章「学級経営の課題と支援」では，日本の学校教育の特徴でもある「学級集団制度」の教育的意義と児童生徒の心理社会的発達を促進する心理的メカニズムについての理解を深め，公認心理師の役割を考えていきます。

第５章「生徒指導の課題と支援」では，学校現場における生徒指導の意義，いじめや不登校などの生徒指導上の諸課題に対応する際の留意点や支援方法を理解し，公認心理師の役割を考えていきます。

第６章「キャリア教育の課題と支援」では，技術革新，国際化，雇用形態の多様化に伴い大きく変化した産業構造のなかで，社会的・職業的自立を果たすために生まれたキャリア教育の意義を理解し，公認心理師の行う支援について考えていきます。

第７章「メンタルヘルス教育の課題と実践」では，メンタルヘルス教育の意義と学校におけるメンタルヘルス教育の背景や内容をふまえ，公認心理師が担うべきメンタルヘルス増進の役割について考えていきます。

第８章「健康教育の課題と支援」では，学校における健康教育の課題を主体的に解決できるようになるため，健康教育の意義，「学校保健」「学校安全」「食育・学校給食」に関わる子どもたちの健康課題とその対応について理解を深めていきます。

第９章「特別支援教育の課題と支援」では，発達障害をはじめ特別な支援ニーズをもつ者の理解と対応を取り上げます。法律やそれに基づく教育や学校における取り組みについての理解を深めていきます。

第10章「教育・学校をめぐる新たな課題と支援」では，公認心理師が出会う可能性のある学級崩壊，保護者との連携，子どもの貧困，児童虐待等を取り上げ，理解を深めるとともに，それぞれの支援について考えていきます。

第11章「学校・教育システムの連携による支援」では，教育機関としての学校の特徴について教師を中心に理解し，幼稚園や保育園，学校等の教育機関と家庭の連携，学校等と家庭との連携，保護者と地域社会との連携のなかで公認心理師に期待される役割について考えていきます。

第12章「多様な職種によるチーム援助」では，子どもの援助のキーワードとしての「チーム援助」における多職種連携についての理解を深め，教育関連法規をふまえつつ援助にあたる公認心理師に求められる役割を考えていきます。

第13章「教育・学校心理学に基づく公認心理師に求められる実践と役割」では，「教育・学校心理学」に基づく公認心理師の実践モデル，公認心理師の役割，公認心理師活用の課題とこれからの教育について理解し，教育分野における公認心理師に期待されていることが何かを考えていきます。

2021年１月

編者　小野瀬雅人

目次

本書の使い方

❶ まず，**各章の冒頭にある導入文（この章で学ぶこと）**を読み，章の概要を理解しましょう。

❷ 本文横には書き込みやすいよう罫線が引いてあります。気になったことなどを自分なりに書き込んでみましょう。また，下記の項目についてもチェックしてみましょう。
- **語句説明**……重要語句に関する説明が記載されています。
- **プラスα**……本文で解説している内容に加えて，発展的な学習に必要な項目が解説されています。
- **参照**……本文の内容と関連するほかの章が示されています。

❸ 本文を読み終わったら章末の「**考えてみよう**」を確認しましょう。
- **考えてみよう**……この章に関連して調べたり，考えたりするためのテーマが提示されています。

❹ 最後に「**本章のキーワードのまとめ**」を確認しましょう。ここで紹介されているキーワードはいずれも本文で取りあげられているものです。本文を振り返りながら復習してみましょう。

公認心理師
スタンダードテキストシリーズ

教育・学校心理学

臨床の視点

「教育」とは，『広辞苑』（第７版）によれば「教え育てること。望ましい知識・技能・規範などの学習を促進する意図的な働きかけの諸活動。」とあります。人は生まれると同時に，家族等のさまざまな働きかけにより生きるために必要な着衣・食事・言葉などの能力を習得していきます。そして親やきょうだいなどの家族のなかで人との関わり方も学んでいきます。これは家庭教育と呼ばれています。学校に入学すると社会において必要なさまざまな知識や技能，対人関係能力を習得し，社会人として自立できる力が育っていきます。これは学校教育と呼ばれています。さらに，社会人となっても職場に適応するための教育や市民としての教育を受ける機会も多くなります。これは社会教育と呼ばれています。私たちの大部分がこのような「教育」のプロセスをたどっていきますが，必ずしも平穏に進むとは限りません。多くの人が学校の勉強につまずいたり，人間関係で悩んだり，進路で迷ったりしながら成長していくのです。しかしながら，そのプロセスでの「つまずき」「悩み」「迷い」は，それを抱えた人にとって重大な問題にまで発展し，自らの命を絶つことにまで深刻化することもあります。その意味で心理学に基づく支援を行う人は，家庭・学校・社会教育におけるこれらの問題の心理学的背景を理解しておくことが大切であると思います。

第1章 「教育・学校心理学」のとらえ方

この章では，公認心理師の「教育分野」における実践で必要とされる科目「教育・学校心理学」の学問的背景とその特徴について述べます。この科目を構成する「教育心理学」と「学校心理学」はそれぞれの歴史的背景のもとで発展してきました。したがって，内容構成においても本書で学ぶそれぞれの特徴がみられるといっても過言ではありません。これらのことを理解することは，本書を学ぶ意義の理解に通じるとともに，公認心理師の実践力の向上にもつながります。

1 「教育・学校心理学」の学問的背景

1 「教育・学校心理学」とは

公認心理師は，保健医療，福祉，教育，司法・犯罪，産業・労働の各分野等において，心理学の専門知識および技術をもって実践を行いますが，本書はそのなかの「教育」分野に関するものです。

公認心理師の国家資格化にともない，「公認心理師の受験資格を得るために履修すべき科目」の一つとして「教育・学校心理学」が設定されました。この科目は，他の一部の科目と同様に，従来の科目を合わせた表記となっています。「知覚心理学」と「認知心理学」を合わせた「知覚・認知心理学」，「学習心理学」と「言語心理学」を合わせた「学習・言語心理学」等があります。「知覚心理学」と「認知心理学」，「学習心理学」と「言語心理学」はそれぞれ独立の体系をもつ科目でしたが，「公認心理師の業」に必要なものという視点，学問成立の歴史的背景や内容の関連性の視点から再編成した結果，1つの科目としてまとまったものといえるでしょう。

「公認心理師の業」とは，公認心理師法第2条で掲げる4つの行為になります。

① 心理に関する支援を要する者の心理状態を観察し，その結果を分析すること。
② 心理に関する支援を要する者に対し，その心理に関する相談に応じ，助言，指導その他の援助を行うこと。
③ 心理に関する支援を要する者の関係者に対し，その相談に応じ，助言，指導その他の援助を行うこと。
④ 心の健康に関する知識の普及を図るための教育及び情報の提供を行うこと。

2 「教育心理学」と「学校心理学」の異同

「教育・学校心理学」は，「公認心理師の業」の遂行に必要な**「教育心理学」**と**「学校心理学」**の知識・技能を再編した新しい科目です。ここでは，定義，内容，展開それぞれの視点から二つの学問領域が１つにまとまった理由を考えてみましょう。

①定　義

「教育心理学」は，「教育という事象を理論的・実証的に明らかにし，教育の改善に資するための学問」（日本教育心理学会，2003）と定義されています。学校は「教育」のための代表的な機関です。そのため，学校と教育心理学は密接な関係にあるといえます。しかし，教育心理学の「教育」は，「学校」の枠組みを超え，「広義には人間を社会化する作用とその過程全般」を指し，「人間に備わる潜在的可能性に働きかける意図的・組織的な社会的機能」（辰野ほか，1986）の意味も含まれます。そのため，教育心理学は，「教育」という「社会機能」を広く解釈し，その範囲を「学校教育を中心として，家庭教育*，保育，高等教育，社会人教育，企業内教育，生涯教育などが含まれる」（日本教育心理学会，2003）とし，教育に関する包括的な学問分野ととらえています。上述の「家庭教育」に続く社会人教育等は「社会教育*」と呼ばれています。

次に，「学校心理学」は「学校教育において児童生徒が学習・発達面，人格・社会面，進路面で出会う問題を解決し，成長することを促進する心理教育的援助サービスの理論と実践を支える学問体系」（日本教育心理学会，1996，2003）です。学校心理学は，学校教育と心理学双方のさまざまな領域を統合し，実際の子どもの援助の必要に応じて多様な内容領域を含む点に特徴があります。たとえば，援助ニーズの大きい子どもの問題解決や発達支援のために，複数の専門家と保護者が，共通の目的をもってそれぞれの役割を生かしながら援助をすすめる「チーム援助」の考え方は，被援助者に対する効果的な援助の必要性のなかで発展したものです。

②内　容

図1-1は「教育心理学」と「学校心理学」の内容・領域の関係を示したものです（日本教育心理学会，2003)。それぞれをみると，教育心理学は内容・領域ごとに理論的，実証的研究の成果で構成されていますが，学校心理学は，その大部分が教育心理学の領域を基盤としながら学校における子どもの問題への援助に必要な内容・領域を中心に構成されていることがわかります。

「教育心理学」の内容は，大きく分けて７つの領域から構成されています。

発達領域は，「発達心理学」と同様，幼児期（就学前)，児童期（小学校)，青年期（中学・高校・大学)，成人期，老年期までの言語，知的能力，運動能力等の心身の発達の特徴が含まれます。

プラスα

教育心理学

日本における教育心理学の普及・発展には，1953年の新制大学の教育学部設置に先立って施行された「教育職員免許法」の必修科目となったことがある。しかし，この法律の施行規則が1988年に改正されたことにより，科目としての「教育心理学」はなくなった。

学校心理学

「学校心理学」はSchool Psychologyを訳したものである。アメリカ心理学会（APA：American Psychological Association）では第16部会（Devision 16）となっている。アメリカでは School Psychologist と呼ばれる心理アセスメントの専門家が学校に配置されているが，日本にはこのような専門職はない。日本における学校心理学と共通部分もあるが，同じではないことに注意が必要である。

語句説明

家庭教育

子どもが生まれ育つ家庭という場で行われる教育。母国語，基本的生活習慣，価値意識などの形成（しつけ）を含む。

社会教育

青少年や成人に対する意図的・組織的教育のうち，家庭や学校における教育以外のものを指す。

図1-1　「教育心理学」と「学校心理学」の内容・領域の関連

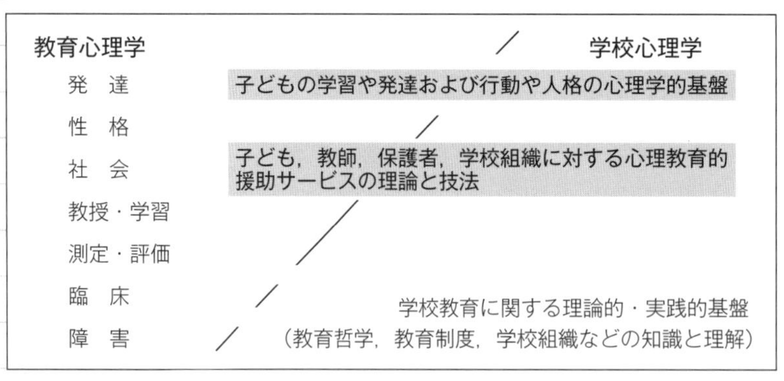

注：太字部分は，教育心理学と学校心理学で内容が重複することを示す
出所：日本教育心理学会，2003 に基づき作成

性格領域では，性格の構造，その測定，性格の個人差を生み出す要因などが含まれます。

社会領域では，学ぶ意欲に関連する動機づけ，対人関係，子どもや教師のストレス，社会的不適応などが含まれます。

教授・学習領域では，発達・社会・評価などの領域とも関連しながら，学習の理論，学習を支援する個別指導，グループ指導，集団指導の方法，個人差とそれに応じた指導，ICT*や学習環境の影響などの内容が含まれます。

測定・評価領域では，信頼性*・妥当性*の高いテストをつくるためのテスト理論，テストの得点から正確な情報を引き出すための統計的基礎などがあります。また学校での学習の目標となる学習指導要領に基づく指導と学習の成果の評価方法とその結果の解釈などが含まれます。学校における教育活動の評価は「**教育評価***」とも呼ばれ，教員養成教育においても重視されてきました。

臨床領域では，不登校，いじめ，学校でのストレスなどの実体を，個人の精神的成熟もしくは心理・社会的発達の視点から解明するとともに，それらの課題の解決を図る具体的方法とスクールカウンセラーの役割などが含まれます。

障害領域では，言語，知的能力，運動能力等で特別な支援を必要とする者に対する理解と支援方法，通級制度などのシステムの内容が含まれます。

他方，学校心理学の内容をみると，「教育心理学」を構成する上記領域のうち「学校教育」に関連するものを基盤として，支援対象の子どもとその支援にチームとして関わる教師や保護者についての理解とともに，支援のための理論と具体的な方法について取り上げています。また「教育心理学」では含まれない学校システムについての知識と理解，すなわち「学校教育に関する理論的，実践的基盤（教育哲学，教育社会学，教育制度，学校組織，学校・学級経営，障害児教育，教育方法などの知識と理解）」が「学校心理学」の領域のみにあることがわかります（図1-1）。

③展　開

「教育心理学」は「心理学という科学と実践としての教育との間を橋渡しする学問」として発展してきました（日本教育心理学会，2003)。たとえば，今日の教育心理学の礎を築いた人物とされる米国コロンビア大学のソーンダイク（Thorndike, E.R.）は，19 世紀末までの教育でまかり通ってきた教育方法である“心を鍛える”に対し，それを克服するものとして実験的方法の重要性を示

語句説明

ICT
情報通信技術（information computer, and technology）のこと。

信頼性
テストの安定性。繰り返しテストをしても同じ結果となる程度。

妥当性
テストの精度。測定しようとしている事柄の正確さの程度。

教育評価
学校等における教育目標を達成するために，その目標に照らして教育や学習の状況や成果を明らかにし，それらの改善を図るために行うシステムを指す。

しました。彼は，複数の課題に共通の要素が含まれない限り，ある種類の学習が他の学習へ転移することは難しいことを実証しました。また『算数の心理』（1922）を著し，学習者が必要とするものをドリルで獲得させることの重要性を示しました。

日本ではこのソーンダイクの影響を受けて明治維新以降，欧米諸国の教育方法や教員養成システムが導入され，教員養成校である師範学校で「心理学」という科目の授業が行われるようになりました。師範学校の教科書として『教育心理学』（塚原，1889）も出版されています（日本教育心理学会，2003）。

第二次世界大戦後，各都道府県に教員養成大学（学部）が設置されると，1949 年の「教育職員免許法」によって，主領域として発達，学習，人格と適応，測定と評価を柱とする「教育心理学」の教育と研究が進むことになりました。「教育心理学」は 1988（昭和 63）年の教育職員免許法の一部改正により，その内容が「幼児，児童及び生徒の心身の発達及び学習の過程（障害のある幼児，児童及び生徒の心身の発達及び学習の過程を含む。）」「生徒指導の理論及び方法」「教育相談（カウンセリングに関する基礎的な知識を含む。）の理論及び方法」「進路指導の理論及び方法」に分かれました。さらに 2016（平成 28）年の一部改正では「幼児，児童及び生徒の心身の発達及び学習の過程」「特別の支援を必要とする幼児，児童及び生徒に対する理解（1 単位以上修得）」「生徒指導の理論及び方法」「教育相談（カウンセリングに関する基礎的な知識を含む）の理論及び方法」「進路指導（キャリア教育に関する基礎的な事項を含む）の理論及び方法」となっています。以上のように「教育心理学」は 1988 年以降，細分化され現在に至っています。

他方，「学校心理学」はアメリカ合衆国で発展した“スクール・サイコロジー（School Psychology）”を基盤として発展した学問領域です。その起源は，1896 年にウィットマー（Witmer, L.）がペンシルベニア大学の心理相談室で学習面や情緒面に問題のある子どもの指導を始めたことにあります。すなわち，子どもを直接指導するのではなく，教師や保護者を通して問題のある子どもを間接的に指導するコンサルテーションを行ったことに特徴があったのです。ウィットマーがこの活動で成果をあげたことが，後に「スクール・サイコロジー」の起源とされることにつながりました。

アメリカのスクール・サイコロジスト（School Psychologist）は，大学院でスクール・サイコロジーを修得し学校でのインターンを経験した後，スクール・サイコロジストとして，各学校に配置され実践活動を行ってきました。その業務の中心はアセスメント（心理教育診断）ですが，子どもを直接指導するのではなく，教師や保護者を通して問題のある子どもを間接的に指導するコンサルテーションを行う点に特徴がありました。スクール・サイコロジストの業務をまとめると，アセスメント（心理教育診断），カウンセリング，コンサル

表1-1　学校心理学の学問体系

①　教育心理学に関する科目
②　発達心理学に関する科目
③　臨床心理学に関する科目
④　生徒指導・進路指導（実習を含む）に関する科目
⑤　教育評価・心理結果（実習を含む）に関する科目
⑥　学校カウンセリング（実習を含む）に関する科目
⑦　障害児の教育と心理に関する科目

テーション，調査・研究（石隈，1992）となります。したがって「スクール・サイコロジー」は，子どもの学習面や情緒面の問題を対象とした教育相談を中心とする実践家活動を支える学問分野といえるでしょう。

アメリカのスクール・サイコロジーの日本への導入は，1989 年，日本教育心理学会「教育心理学指導専門家養成検討委員会」設置とともに本格化しました。つまり，1988 年の教員免許法の一部改正に伴い，日本教育心理学会は，教員養成大学の大学院で学校教育に関連性の強い，教育心理学，発達心理学，臨床心理学等の専攻修了者に対して「専修免許状の授与欄に『学校心理学』の名称を記載する」ことを求める活動を文部科学省や教育委員会に対して開始しました。この運動により全国 20 の都道府県教育委員会から学校心理学を付記した専修免許状を発行できるようになりました。

その後，生徒指導・教育相談をめぐる学校のニーズの高まりとともに，日本教育心理学会は「専修免許状の学校心理学付記活動」の趣旨を活かすため，大学院で「専門的に学校心理学を学修した」者に対して「学校心理士」の資格を認定できるよう，表1-1の７つの領域を総合した学問体系を「学校心理学」ととらえるようになりました。

④まとめ

以上から，教育心理学と学校心理学の関係をまとめると，いずれも「教育」の現場を対象としていることがわかります。違いは，教育心理学がその内容領域の独立性が比較的強いのに対して，学校心理学は「教育」の現場である学校での子どもの問題解決を目的としており，その解決のために教育心理学の内容領域を活用しつつ，それに必要な新たな研究領域を開拓しながら発展している学問領域といえるでしょう。

こうしてみると，公認心理師が教育分野，特に学校を中心に活動しようとするときには，「教育心理学」と「学校心理学」の両方の内容を理解しておくことが不可欠であることがわかります。このことが，公認心理師の「教育」分野の実践科目として，二つの学問領域が一つになった理由といえそうです。

2　「実践心理学」としての「教育・学校心理学」の特徴

「教育・学校心理学」は，「教育分野」における「実践心理学」の科目に位置づけられています。公認心理師が教育現場での「実践」を遂行するためには，

「学校心理学」が蓄積してきた「支援の方法」を理解しておくことが有益です。

1 援助者――誰が援助するのか

学校心理学では，子どもの援助者を「ヘルパー*」と呼び，専門的ヘルパー，役割的ヘルパー，複合的ヘルパー，ボランティアヘルパーの４種類に分けて考えています（表1-2）。

心理教育的援助サービス*の担い手には，スクールカウンセラーや教育センター相談員のように，「援助」を職業として行う人がいます。これを「専門的ヘルパー」と呼んでいます。

専門的ヘルパーとともに「援助チーム」に加わって，子どもの「援助」を行うメンバーには，たとえば，被援助者である子どもの保護者のような「役割的ヘルパー」がいます。特に保護者は子どもが生まれてからずっと一緒に生活していることが多いので，子どもの長所（強み）と短所（弱み）を理解していることが多いようです。子どもの問題の理解や援助方針の策定に役立つ重要な情報をもっていると考えられます。

また，被援助者となる子どもの学校の教師は，本来の職業である教師としての役目と子どもの「援助者」としての役目の両方を担うので「複合的ヘルパー」と呼んでいます。教師は，家庭での状況しか知らない保護者とは異なった視点から子どもの学校での行動特徴をとらえています。学校での授業の様子や友達関係などに関して重要な情報をもっています。

最後に，学校で親しい子どもだけでなく，塾やスポーツクラブで被援助者の子どもと親しい子どもや指導者なども重要な情報をもっています。このような「援助者」を「ボランティアヘルパー」と呼んでいます。

このように，被援助者となる子どもの援助にあたっては，その子どもを取り巻く多くの人たちが，問題解決につながる重要な情報をもっているので，公認心理師が教育分野で子どもの援助活動を行う際には，専門的ヘルパーである公認心理師以外のヘルパーも「援助チーム」に加えることが大切です。

語句説明

ヘルパー
心理教育的援助サービスの担い手のこと。
→12章参照

心理教育的援助サービス
子どもが学校での課題に取り組む際に出会う問題の解決を援助し成長を促進すること。
→13章参照

表1-2 ヘルパーの分類

種　類	ヘルパーの説明	典型的なヘルパー
専門的ヘルパー	心理教育的援助サービスを主たる仕事として専門的に行う者	スクールカウンセラー 教育センター相談員
役割的ヘルパー	役割の１つあるいは一側面として心理教育的援助サービスを行う者	保護者
複合的ヘルパー	職業上の複数の役割を関連させながら，その１つあるいは一側面として心理教育的援助サービスを行う者	教師
ボランティアヘルパー	子どもを援助することが，職業上，家族としての役割とは直接的には関係なく，子どもや教師・保護者にとって援助的な関わりを自発的にする者	友だち，地域の隣人

出所：石隈，1999

図1-2　三段階の心理教育的援助サービスとその対象，および問題の例

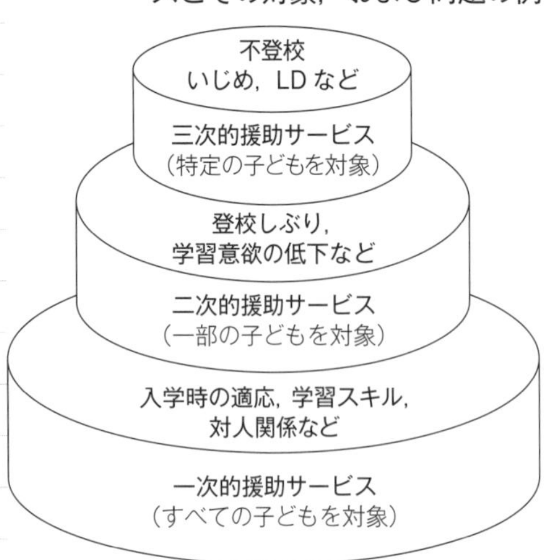

出所：石隈，2006

2　援助対象—誰を援助するのか

学校心理学における「心理教育的援助サービスの理論と方法」では，「援助対象」に関して「**三段階の心理教育的援助サービス**」（図1-2）の考え方があります。

一次的援助サービス*は，すべての子どもがもつと思われる基礎的な援助ニーズに対応するものです。たとえば，対人関係（友人関係）スキルや学習意欲の高め方の援助などが該当します。これは発達促進を目指すため「開発的援助」とも呼ばれています。

二次的援助サービス*は，援助ニーズの大きい一部の子どもを対象としたもので，特別な配慮や援助が必要な状況が生まれたときに対応するものです。たとえば，家庭環境の変化（両親の離婚や再婚，新しいきょうだいの誕生など）が原因で，対人関係で苦戦したり，転校が原因で授業中の学習活動につまずきがみられたりする子どもへの援助が該当します。これは問題の重大化を予防することにつながるので「予防的援助」とも呼ばれています。

三次的援助サービス*は，重大な援助ニーズをもつ特定の子どもを対象としたものです。たとえば，長期欠席，いじめ，障害，非行などの問題をもつ子どもへの対応です。この場合は，専門的ヘルパーを中心に，役割的ヘルパーである保護者，複合的ヘルパーである教師がチームを結成して支援（チーム援助）にあたります。これは重大な問題の解決を図るため「治療的援助」とも呼ばれています。

公認心理師は，学校等の教育分野で「援助活動」をする際，援助ニーズの程度に応じて，さらに「援助対象」を分けて考えることで援助の効果を高めることができます。

> **語句説明**
>
> **一次的援助サービス**
> すべての児童生徒を対象とした発達促進を目指す「開発的」な援助サービス。
>
> **二次的援助サービス**
> 問題が起こり始めた児童生徒を対象とする問題の重大化の「予防的」な援助サービス。
>
> **三次的援助サービス**
> 重大な問題をかかえる児童生徒を対象とする「治療的」な援助サービス。
>
> →13章参照

3　援助方法—どのように援助するのか

次に学校心理学における「援助方法」として，援助対象とそれを取り巻く環境（人的・物的）を理解し課題解決の方法を提案するためのアセスメント，援助対象に直接面談しながら問題解決を図る方法としてのカウンセリング（直接援助），援助対象に直接援助する者（保護者や教師等）に対する援助を通して援助対象の問題解決を図る方法としてのコンサルテーション（間接援助）があります（図1-3）。

①アセスメント

アセスメント*は，公認心理師が向き合う対象である被援助者について理解するうえで重要なプロセスです。アセスメントは，被援助者の「内的資源」を対

> **語句説明**
>
> **アセスメント**
> 被援助者が抱える問題の状況を理解し，援助計画をたてるための情報を集めるプロセス。

象とするものと，被援助者を取り巻く「外的資源」を対象とするものに分けて考えます。ここでの「資源（resourse）」とは，具体的には「援助資源」を意味します。

内的資源は人格，知能，学力など被援助者自身に関するものなので，「自助資源」とも呼ばれています。それに対して外的資源は被援助者を取り巻く家族，学校，地域社会における資源で，被援助者の問題解決に役立つものなので「援助資源」とも呼ばれています。学校心理学では学習面，心理社会面，進路面，健康面ごとにアセスメントの方法を紹介しているので参考になります（石隈ほか，2016）。たとえば，学習面では知能検査，学力検査のほか，学習意欲，学習習慣，学習適応性など，心理社会面では性格の５側面（開放性，誠実性，外向性，協調性，神経症傾向）をみる「ビッグファイブ」や学級集団内の関係性をみる「Q-U」など，進路面では「進路成熟尺度」など，健康面では「健康調査（保健調査）」などがあります。その他に全般的なアセスメントとしては「SOSチェックリスト」（石隈，1999）があります。

公認心理師は，これらの情報に基づき，問題解決のための仮説をたてて支援活動を実行していきます。**学校におけるアセスメント***では，被援助者となる子どもの「内的資源（自助資源）」と「外的資源（援助資源）」の情報を集めることが重要で，解決に至るか否かはアセスメントで集めた情報の質に左右されます。したがって，援助資源チェックシート（第12章，図12-7参照）などを活用することが大切です。

②カウンセリング

カウンセリング*は，公認心理師の行う直接援助の方法です。教育分野におけるカウンセリングは，主に「スクールカウンセラー」としての活動が中心となります。その場合，前述の専門的ヘルパーとして活動することになります。

学校では集団としての子どもに対して，集団としての教職員が関わるというスタイルで指導や援助が行われています（半田，2016）。したがって，援助ニーズが高く，個別の関わりが必要な子どもに対しても，複数の援助者がチームを組織して関わることが大切です。

カウンセリングの方法にはカウンセラーのクライエント（相談者）への共感的で受容的理解を重視する「クライエント中心療法」，クライエントの思考スタイルの変容を促す「論理療法」，行動心理学の行動理論を応用した「行動療法」，子どもたちのもっている「解決している部分」や「強み」を重視し，教師が子どもたちの資源や才能を開花させる「ブリーフカウンセリング」などがあります。

③コンサルテーションとコーディネーション

コンサルテーション*は，アメリカのスクール・サイコロジストや日本の学校

図1-3　学校心理士の直接援助と間接援助

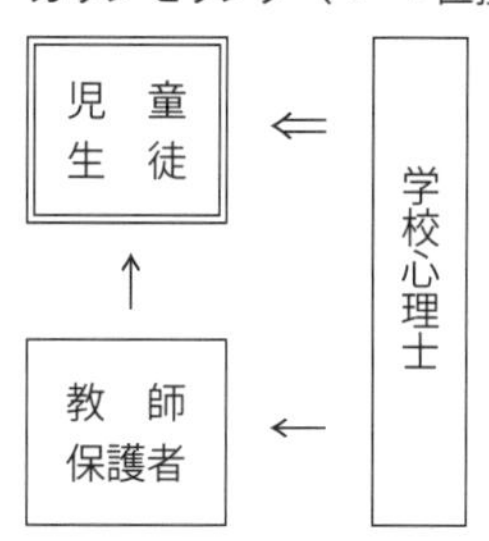

出所：小野瀬，2016

参照
Q-U
→４章

SOS チェックリスト
→13章

援助資源チェックシート
→12章

語句説明

学校におけるアセスメント
学校における子どもの問題を解決するために行われる心理教育的援助サービスの一つで，子どもの資源（自助資源・援助資源）を明らかにし，援助計画をたてるうえで重要なプロセスとなる。

カウンセリング
児童生徒に対する直接援助。

コンサルテーション
教師や保護者を通して児童生徒を支援する間接援助。いくつかのタイプがある。
研修型：学校の教師や保護者等，児童生徒に

直接援助する者に対して，援助の技法やその進め方について研修を行うことがこれにあたる。たとえば「子どもの学習スタイル」や「子どもの問題行動への対応」の講演会を行う等が考えられる。
問題解決型：学校場面において児童生徒の問題が生じたときに，その解決を目的として行う。通常，①問題の定義と問題状況のアセスメント，②目標の設定と問題解決方針・解決案の決定，③解決策の実施，を行う。チーム援助が効果的である。
システム介入型：学校というシステム（組織）の経営やカリキュラム編成といった問題に対して行う。
→12章参照

コーディネーション
援助が必要な子どもについての学校生活に関する情報をつなぎ，さまざまなヘルパーが援助方針を共有し，まとめていくこと。

心理士等の行う間接援助の方法です。学校心理士は専門的ヘルパーとして，複合的ヘルパーの教師や役割的ヘルパーの保護者等が援助対象である子どもに援助できるよう働きかけます。その意味で，コンサルテーションは異なる分野，異なる役割をもつ者どうしが，援助対象である子どもや子どもの環境について話し合う「作戦会議」といえるでしょう。

さらに，チーム援助にあたっては，その効果を高めるため，前述のヘルパーにあたる援助資源を調整しながら問題解決を図る**コーディネーション***も重要です。

学校心理学では，学校レベル，家庭・学校・地域レベルでのチーム援助が子どもの援助ニーズに応じて効果的に機能するためには，このコーディネーションが有効であるとしています（石隈，2016）。

④公認心理師が教育分野で援助活動をするために

公認心理師が教育分野で活動する場合，学校だけでなく家庭や社会との関係も視野に入れて対応する必要があります。たとえば，家庭教育は，保護者が子どもに対して家庭で行う「言葉」や「生活習慣」を教えること等，生きていくうえで不可欠なライフスキル（生きていくための技術）の習得を促進します。しかし近年では，それが必ずしも機能していないため，子どもが就学後の学校環境に適応がうまくできない「小１プロブレム」も援助対象になっています。また，社会教育は，学校教育法に基づく学校教育を除いた青少年や成人を対象とした教育活動で，近年，休日におけるスポーツ活動や博物館で行う自然観察会等が含まれます。これらの活動も含めて，指導者が子どもや成人の指導に関わる際に生じた課題を援助することも，公認心理師の役割となります。

したがって，公認心理師が教育分野で援助活動をするためには，学校教育はもちろん，家庭教育，社会教育を含めて援助できるための基礎・基本となる知識・技能を「教育・学校心理学」を通して修得しておくことが大切です。

考えてみよう

「教育・学校心理学」の課題は，「教育」や「学校」を取り巻く環境と密接に関連しています。なぜ，「教育」や「学校」の課題がこのように多様な環境との関係で生じるのか，それに対してどのように対応していったらよいのか，そのために公認心理師に求められる資質・力量は何かを，自分自身の課題と関係づけ，その解決方法を考えながら，本章の内容を振り返ってみましょう。

本章のキーワードのまとめ

教育心理学	「教育」という事象，つまり「教え育てる」「教えられ育てられる」という営みを，理論的・実証的に明らかにし，教育の改善に資するための学問。調査・実験・実践などを通して，数量的データや質的データを用いて研究が進められる。
学校心理学	学校教育において児童・生徒が学習面，心理/社会面，進路面，健康面において出会う問題を解決し，成長することを促進する心理教育的援助サービスの理論と実践を支える学問体系。
教育評価	教育活動によって生じた学習者の変化を教育目標に照らして判定し，その状況や成果をふまえて学習者の学習活動と教師の指導の改善に活かすほか，成績等の情報の記録（指導要録等），教育課程等の研究等のために行うシステムを指す。近年，欧米では「学習のアセスメント」と呼ばれるようになった。
心理教育的援助サービス	一人一人の子どもの問題状況の解決や危機状況への対応を援助し，子どもの成長を促進することをめざした教育活動である（石隈，1999)。「援助サービス」，「教育援助」ともいう。
三段階の援助サービス	心理教育的援助サービスは，子どもの援助ニーズに応じて，三段階に分けることができる。すべての子どもを対象とする発達促進的・開発的な一次的援助サービス，問題をもつ危険性の高い子どもを対象とする予防的な二次的援助サービス，特別な援助を個別に提供する必要のある特定の子どもを対象とする治療的な三次的援助サービスがある。
アセスメント	被援助者が抱える問題の状況を理解し，援助計画をたてるため，面接，観察，検査（心理テスト）等を通して情報を集めるプロセスを指す。近年，欧米では，日本における「教育評価」もアセスメントに含まれるようになった。
学校におけるアセスメント	学校における子どもの問題を解決するために行われる心理教育援助サービスの一つ。すなわち，子どもの知能，性格，社会性，学力などの自助資源，教師や子どもの友人などの人的な援助資源，教室環境や学校の施設などの物的な援助資源の状況を明らかにして援助計画をたて，子どもの問題解決に資する情報を集めるプロセスを指す。
カウンセリング	子どもへの直接的な援助サービスで，個別または集団での面接，相談室や保健室での自由な活動，学級集団に対するソーシャルスキルトレーニングなどが含まれる。
コンサルテーション	専門家の立場から，コンサルタントとして教師や校長，保護者，地域の相談機関のスタッフなどに対して，子どもの問題状況の解決を効果的に援助できるよう働きかけること。専門家とコンサルタントを受けるメンバーが「援助チーム」を結成し作戦会議を行うこともある。
コーディネーション	子どもの援助者が集まり，子どもの苦戦状況についての情報を集めながら，子どもに対する援助方針を共有し，援助活動をまとめるプロセス。通常，担任教師，保護者，コーディネーターなどから成る個別の援助チームや，校内の各種担当から成るコーディネーション委員会により活動を進める。

第2章 教育・学校の組織・制度と支援の関係

公認心理師として教育現場で働くためには，学校などの教育機関の仕組みや制度を把握しておく必要があります。そこで本章では，学校の組織や制度を示し，スクールカウンセラーの役割や，学校における支援がどのように行われるのかについて解説します。また，支援に関係の深い学校関連機関や，教育に関する法律について理解を深めます。

1 教育機関の法律上の位置づけ

第1節では，支援に関係の深い学校関連機関や，教育に関する法律について理解を深めます。教育・学校分野では，校内連携だけでなく，児童相談所や保健センターなどの他の機関との連携についても求められています。他の機関と連携する際，児童虐待防止法や精神保健福祉法などの法律が関係してくることがあります。他の領域について，ある程度の法律的な知識を知っておかなければ，他機関との連携が十分になされず，支援が難しくなることもあります。

1 教育基本法

教育基本法は，1947（昭和22）年に学校教育法とともに制定され，2006（平成18）年には，日本の教育環境の変化などを理由に大きく改正されました。

教育基本法において，教育の目的は次のように定められています。

〈教育の目的〉

第一条　教育は，人格の完成を目指し，平和で民主的な国家及び社会の形成者として必要な資質を備えた心身ともに健康な国民の育成を期して行われなければならない。

また，第4条では〈教育の機会均等〉が掲げられ，改正によって「障害のある者が，その障害の状態に応じ，十分な教育を受けられるよう，教育上必要な支援を講じなければならない」と明記されました。

〈学校教育〉については，第6条にて，「教育を受ける者の心身の発達に応じて，体系的な教育が組織的に行われなければならない」とされ，さらに，

「教育を受ける者が，（中略）自ら進んで学習に取り組む意欲を高めることを重視して行われなければならない」とされています。

2 学校教育法

学校教育法は，学校（幼稚園，小学校，中学校，義務教育学校，高等学校，中等教育学校，特別支援学校，大学，高等専門学校）の設置や目的など，学校教育の基本的事項を定めたものです。1947（昭和22）年に制定され，2017（平成29）年の改正に至るまで，改正が重ねられています。

2007（平成19）年の学校教育法の改正では，特別支援教育が同法に位置づけられました。文部科学省は特別支援教育について，「障害のある幼児児童生徒の自立や社会参加に向けた主体的な取組を支援するという視点に立ち，幼児児童生徒一人一人の教育的ニーズを把握し，その持てる力を高め，生活や学習上の困難を改善又は克服するため，適切な指導及び必要な支援を行うもの」と定義しています。同法における特別支援学校の目的は，次のとおりです。

〈特別支援学校の目的〉

> 第七十二条　特別支援学校は，視覚障害者，聴覚障害者，知的障害者，肢体不自由者又は病弱者（身体虚弱者を含む。以下同じ。）に対して，幼稚園，小学校，中学校又は高等学校に準ずる教育を施すとともに，障害による学習上又は生活上の困難を克服し自立を図るために必要な知識技能を授けることを目的とする。

さらに，「学校教育法施行規則」第8章「特別支援教育」第118条～第141条（2006（平成18）年改正）では，発達障害（自閉症者・学習障害者・注意欠陥多動性障害者など）が通級の対象となりました。また，2017（平成29）年の改正では，**スクールカウンセラー（SC）**や**スクールソーシャルワーカー（SSW*）**の名称と職務が明記されました。

「特別支援教育の推進について（通知）」（文部科学省，2007）では，校長が特別支援教育コーディネーターを指名し，校務分掌（後述）に位置づけることも明記されています。

3 いじめ防止対策推進法

いじめ防止対策推進法では，児童等に対してのいじめの禁止（第4条），児童等がいじめを行うことがないように保護者が指導すること（第9条），いじめ防止に対する施策として，複数の教職員，心理，福祉等に関する専門的な知識を有する者やその他の関係者により構成されるいじめの防止等の対策のための組織を置くこと（第22条）などが定められています。

また，いじめによる「重大事態」とは，①児童等の生命，心身又は財産に重大な被害が生じた疑いがあると認めるとき，②児童等が相当の期間学校を欠席

語句説明

スクールソーシャルワーカー（SSW）

児童生徒の福祉に関する支援に従事する人のこと。「①問題を抱える児童生徒が置かれた環境への働きかけ，②関係機関等とのネットワークの構築，連携・調整，③学校内におけるチーム体制の構築，支援，④保護者，教職員等に対する支援・相談・情報提供，⑤教職員等への研修活動」等を行う。

→5章，10章参照

参照

いじめ防止対策推進法

→5章

することを余儀なくされている疑いがあると認めるときとされています（第28条）。

4 教育機会確保法

プラスα

不登校の支援について

不登校児童生徒への支援については，不登校状態を「問題行動」ととらえず，学校・家庭・社会が不登校児童生徒に寄り添い共感的理解と受容の姿勢をもつことが支援につながると考えられている。こうした姿勢は児童生徒の自己肯定感を高めるためにも重要であり，また支援してくれる大人との信頼関係の構築が社会性や人間性の伸長につながり，結果として社会的自立につながることが期待されている（文部科学省，2016）。

教育機会確保法は 2016（平成 28）年に施行され，不登校の子どもに，学校外での多様な学びの場を提供することを目的としています。正式名称は「義務教育の段階における普通教育に相当する教育の機会の確保等に関する法律」といいます。

この法律でいう不登校児童生徒とは，「相当の期間学校を欠席する児童生徒であって，学校における集団の生活に関する心理的な負担その他の事由のために就学が困難である状況として文部科学大臣が定める状況にあると認められるもの」をいいます。また，文部科学省が行う不登校等の調査では，不登校とは，「何らかの心理的，情緒的，身体的，あるいは社会的要因・背景により，児童生徒が登校しないあるいはしたくともできない状況にある者（ただし，「病気」や「経済的理由」による者を除く。）」と定義されています。

不登校児童生徒への取り組みとして，第 3 章「不登校児童生徒等に対する教育機会の確保等」第 8 条では，次のように記されています。

〈学校における取組への支援〉

> 国及び地方公共団体は，全ての児童生徒が豊かな学校生活を送り，安心して教育を受けられるよう，児童生徒と学校の教職員との信頼関係及び児童生徒相互の良好な関係の構築を図るための取組，児童生徒の置かれている環境その他の事情及びその意思を把握するための取組，学校生活上の困難を有する個々の児童生徒の状況に応じた支援その他の学校における取組を支援するために必要な措置を講ずるよう努めるものとする。

つまり，すべての児童生徒を対象とした予防的支援，児童生徒のアセスメント，また，特に援助を必要とする児童生徒への対応の 3 点を積極的に行うことが明記されています。

そのほか同章には，支援の状況等に係る情報の共有の促進等（第 9 条），特別の教育課程に基づく教育を行う学校の整備等（第 10 条），学習支援を行う教育施設の整備等（第 11 条），学校以外の場における学習活動の状況等の継続的な把握（第 12 条）など，不登校児童生徒に対する措置の実施について記されています。

5 学校保健安全法

参照

学校保健安全法

→7章，8章

この法律は，1958（昭和 33）年に「学校保健法」として制定され，2009（平成 21）年の改正で「学校保健安全法」と改称されました。健康相談や健康診断などの学校保健，学校安全について記されたものです。学校における教育活動が安全な環境において実施され，児童生徒等の安全の確保が図られるよう，学校における安全管理に関し必要な事項を定めたものです。

そのほか，保健室（第７条），健康相談（第８条），保健指導（第９条），地域の医療機関等との連携（第10条）などについて定められています。

6　その他の法律

教育現場に関わる公認心理師などの援助者には，教育関連の法律のほかに，表2-1のような法律や，児童福祉法*，障害者基本法*，障害者総合支援法*といった法律の理解も深めておくと，他職種と連携する際に役立つでしょう。

表2-1　教育に関連する法律

児童虐待防止法 「児童虐待の防止等に関する法律」 2000（平成12）年施行 2007（平成19）年改正	児童に対する虐待の禁止，児童虐待の予防及び早期発見など，児童虐待の防止に関する国や地方公共団体の責務，児童虐待を受けた児童の保護，自立支援のための措置等が定められている。児童虐待を受けたと思われる（疑わしい場合も含む）児童を発見した者は，福祉事務所，または児童相談所に通告しなければならないという規定がある。
障害者差別解消法 「障害を理由とする差別の解消の推進に関する法律」 2016（平成28）年施行	障害者基本法の基本的な理念にのっとり，障害者に対して不当な差別的取り扱いを禁止したもの。合理的配慮（障害者が社会的障壁を除去するために何らかの対応を必要としているという意思が伝えられた際に，それに対して重すぎない範囲で対応すること）の提供を求めている。
発達障害者支援法 2005（平成17）年施行 2016（平成28）年改正	発達障害の症状の早期発見，早期支援を行うことのほか，学校教育における発達障害者への支援，発達障害者の就労の支援，発達障害者支援センターの指定等についても定められている。この法律における発達障害は，自閉症，アスペルガー症候群その他の広汎性発達障害，学習障害，注意欠陥多動性障害その他これに類する脳機能の障害とされている。

2　学校の組織と教育関連施設

ここからは，学校の組織や制度を示し，スクールカウンセラーの役割や，学校における支援がどのように行われるのかについて解説します。心理職として教育現場で働くためには，学校などの教育機関の組織を把握しておく必要があります。

1　校内の組織

学校経営は，校長の裁量に任されている部分が多く，校長がリーダーシップ

語句説明

児童福祉法
1947年に制定。子育て，保育，虐待，障害児などに関する支援について定めている。乳児院，母子生活支援施設，児童相談所，児童養護施設，児童自立支援施設，児童家庭支援センターなどが定められている。

障害者基本法
1993年に制定。障害のある人の法律や制度について基本的な考え方が示されている。障害と障害者について定義している。2011年に改正され，インクルーシブ教育についてもその項目で書かれている。

障害者総合支援法
2012年に制定。障害のある人への支援について定められている。社会参加の機会の確保および地域社会における共生，社会的障壁の除去に資するよう，総合的かつ計画的に行われることを法律の基本理念としている。

参照

発達障害者支援法
→9章

を発揮して全体を調整し，学校運営の方向性を示します（文部科学省，2010）。校長のリーダーシップのもと，教務部や生徒指導部といった組織体制が組まれるのです。そのため，公認心理師などがスクールカウンセラー（以下，SC）として関わる場合にも，その学校の校長の教育方針を踏まえ，意図を汲んで業務を行う必要があります。

参照
スクールカウンセラー
→5章，12章

1995年から文部科学省（当時，文部省）によって開始されたスクールカウンセラー制度は，現在，スクールカウンセラー等活用事業として継続され，全国の公立中学校に配置が完了し，小学校への配置が本格的に進められつつあります。また24時間体制の電話相談の実施，教育相談体制の整備についても定められています。そして「スクールカウンセラー等活用事業実施要領平成30年4月1日一部改正」の「スクールカウンセラーの選考」では，公認心理師であることが条件の一つとして提示され（文部科学省，2018），公認心理師の教育現場での活躍が期待されます。

SCの主な職務は，次のようになります（文部科学省，2010）。

〈SCの主な職務〉

- ▶ 児童生徒へのアセスメント活動*
- ▶ 児童生徒や保護者へのカウンセリング活動*
- ▶ 学校内におけるチーム体制の支援*
- ▶ 保護者，教職員に対する支援・相談・情報提供
- ▶ 関係機関等の紹介
- ▶ 教職員などへの研修活動　　　　　　　など

語句説明

アセスメント活動
児童生徒の抱える問題を理解し，援助のための作戦を立てること。

カウンセリング活動
教師やカウンセラーによる子どもへの直接的援助的関わりのこと。授業や保健室での援助活動などが含まれる。

チーム体制の支援
児童生徒の問題や危機に対して，担任をはじめとした教職員や保護者などとチーム体制を組んだ際には，アセスメントやカウンセリングなど行いながら支援していくことが求められる。

つまり，SCの業務は，児童生徒や保護者に対する援助と，教職員に対する支援・援助，さらに，外部機関との連携となります。

これらのSCの業務は，学校組織における「**教育相談**」の枠組みで行われます。教育相談は，どのレベルの専門性に位置づけるかによって定義が変わります（山谷，2016）。教育相談は，教職員であればだれでもできなければならない教育方法の一つです。しかし，教職員といっても学級担任，副担任，教育相談係，養護教諭，管理職など，さまざまな立場があるため，立場によって専門性が異なります。たとえば，学級担任が行う場合は，問題の解決のほか，未然防止，心身の発達の促進などのスキルが必要となります。また，教育相談係が行う場合は，学級担任へのサポートや校内への情報提供，校内および校外の関係機関との連絡調整などが求められます。文部科学省（2010）の『生徒指導提要』では，「教育相談は，児童生徒それぞれの発達に即して，好ましい人間関係を育て，生活によく適応させ，自己理解を深めさせ，人格の成長への援助を図るもの」と述べられています。教育相談では主に児童生徒個人に焦点を当て，個人面接（カウンセリング）や心理的支援を行います。それに対して，教

図2-1　生徒指導の学校教育活動における位置づけ

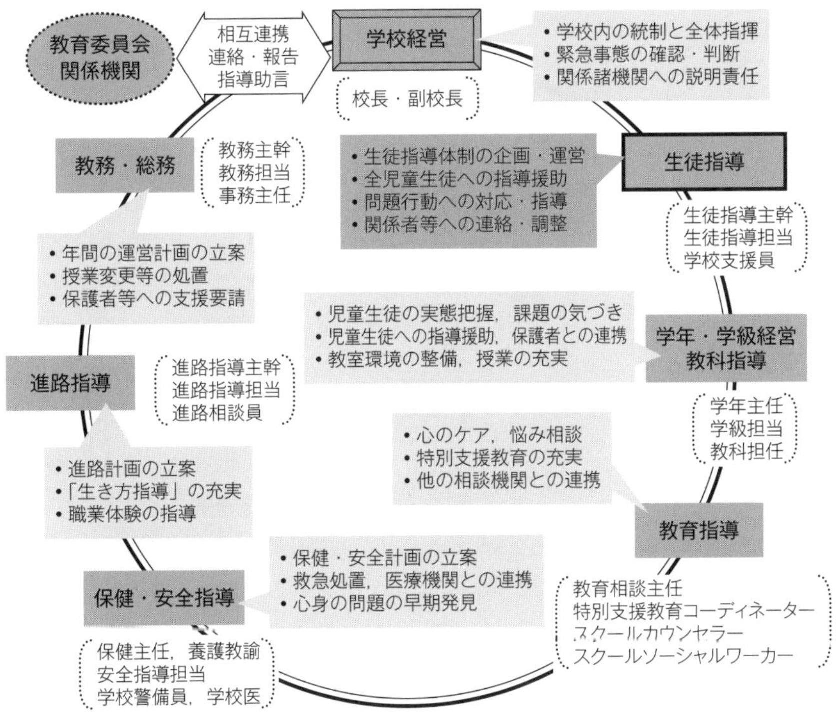

教育委員会
関係機関
相互連携
連絡・報告
指導助言
学校経営
校長・副校長
・学校内の統制と全体指揮
・緊急事態の確認・判断
・関係諸機関への説明責任
生徒指導
・生徒指導体制の企画・運営
・全児童生徒への指導援助
・問題行動への対応・指導
・関係者等への連絡・調整
生徒指導主幹
生徒指導担当
学校支援員
教務・総務
教務主幹
教務担当
事務主任
・年間の運営計画の立案
・授業変更等の処置
・保護者等への支援要請
学年・学級経営
教科指導
・児童生徒の実態把握，課題の気づき
・児童生徒への指導援助，保護者との連携
・教室環境の整備，授業の充実
学年主任
学級担当
教科担任
進路指導
進路指導主幹
進路指導担当
進路相談員
・進路計画の立案
・「生き方指導」の充実
・職業体験の指導
教育指導
・心のケア，悩み相談
・特別支援教育の充実
・他の相談機関との連携
教育相談主任
特別支援教育コーディネーター
スクールカウンセラー
スクールソーシャルワーカー
保健・安全指導
・保健・安全計画の立案
・救急処置，医療機関との連携
・心身の問題の早期発見
保健主任，養護教諭
安全指導担当
学校警備員，学校医

出所：文部科学省，2010

育相談と関連の強い生徒指導では，児童生徒の集団による指導が中心です。「**生徒指導**とは，一人一人の児童生徒の人格を尊重し，個性の伸長を図りながら，社会的資質や行動力を高めることを目指して行われる教育活動のことです」(文部科学省，2010)。生徒指導と教育相談は，方針的に指導の中心となる場が個人と集団と異なりますが，児童生徒一人ひとりの内面の成長を目指して行うという点で共通しています。

また，生徒指導，教育相談に関連が深い，進路指導，保健・安全指導などの位置づけや内容は，図2-1を参照してください。学校運営は校務分掌(こうむぶんしょう)*の仕組みのもとで行われますが，図2-1にあるように，それぞれが関連し，それぞれの担当者が協働して，児童生徒の援助に取り組みます。とりわけ，生徒指導や教育相談に関連する援助の協働にあたっては，SCが調整役を務めることも考えられます。

さて，現在の教育現場では，複雑化・多様化する児童生徒の課題に対応するために，教員の負担が増え，授業などの教育指導に専念しづらいことが指摘されています(文部科学省，2015)。

そのようななか，文部科学省(2015)は「チームとしての学校の在り方と今後の改善方策について(答申)」において，「チームとしての学校(以下，チーム学校)」を現するための3つの視点を提案しています。それは，①専門

語句説明

校務分掌

「学校教育の効果を上げるため，学校運営に必要な校務を校長が所属職員に学校全体を見通して分担し，処理していくことである」(文部科学省，2010)。校長を筆頭に，職員会議等の会議や，運営委員会等の委員会，事務部，教務部，生徒指導部といった組織を設定する。

参照

チーム学校

→12章

図2-2 チームとしての学校（いじめ対策組織）

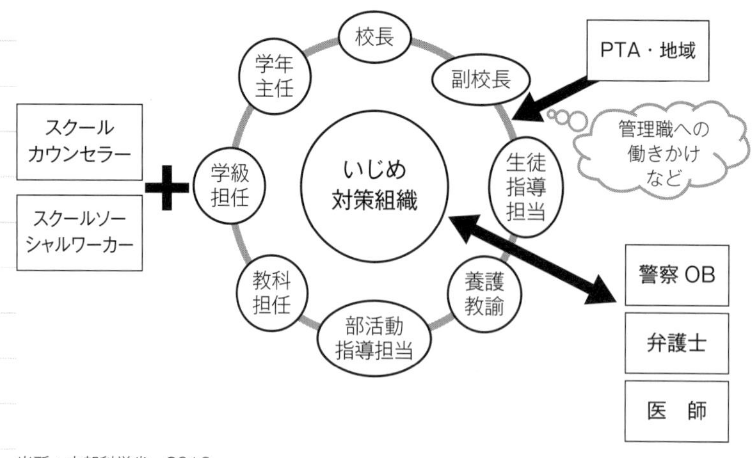

出所：文部科学省，2016

図2-3 校内の3段階の援助チーム

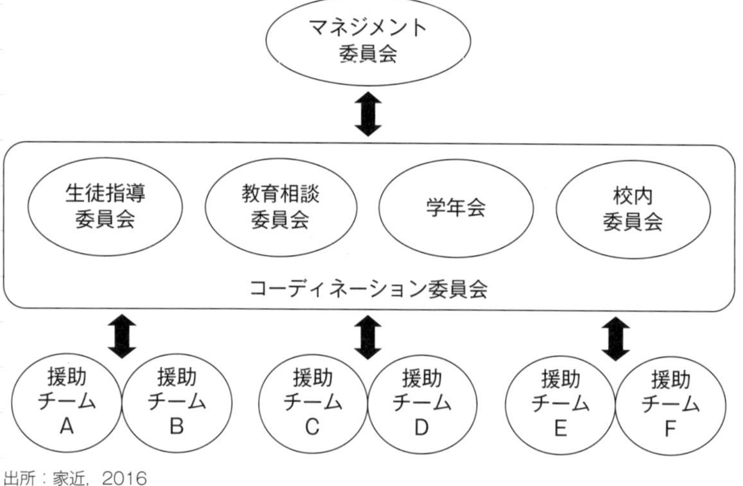

出所：家近，2016

性に基づくチーム体制の構築，②学校のマネジメント機能の強化，③教職員一人一人が力を発揮できる環境の整備です。「チーム学校」の組織図は図2-2に示します。

このような視点から，学校心理学における心理教育的援助サービスでは，学校組織の3段階のシステムを提示しています（図2-3）。「チームとしての学校」が成果を上げるためには，必要な教職員の配置と，学校や教職員のマネジメント，組織文化等の改革に一体的に取り組まなければなりません。**マネジメント委員会**におけるマネジメントとは，「学校教育全体の援助サービスのシステムを支え，予算，人的配置，教育目標，学校経営に関する意思決定を行う」（山口・石隈，2009）ことです。企画・運営委員会がこれに当たり，管理職，主任などによって構成されます。マネジメント委員会では，子どもたちの学校生活の状況や援助ニーズを把握し，学校自体がもつ資源（例：教職員の力，学校・地域の力）について明確にしながら，教育目標（例：不登校への対応，特別支援教育の充実），人事（例：スクールカウンセラーの雇用，**特別支援教育コーディネーター***の指名），保健室の運営などについて話し合います（石隈ほか，2005）。

また，コーディネーションとは「学校内外の援助資源を調整しながらチームを形成し，**個別の援助チーム***およびシステムレベルで，援助活動を調整するプロセス」（瀬戸・石隈，2002）と定義されます。複数のコーディネーター（生徒指導主事・教育相談担当，特別支援教育コーディネーター，養護教諭，SCなど）によって行われるものです。マネジメント委員会が学校全体の意思決定や教育計画を行うのに対して，**コーディネーション委員会***では，情報の共有や，連絡・調整の役割を担います。家近・石隈（2003）は，中学校における3年間の実

参照

マネジメント委員会

→12章，13章

語句説明

特別支援教育コーディネーター

特別支援教育推進のキーパーソンとして，関係機関との連絡調整や，保護者との連携の窓口として機能する。学校によっては，特別支援教育以外にも，い

践からコーディネーション委員会の４つの機能を見出し，①教育関係者へのコンサルテーションおよび相互コンサルテーション機能（それぞれの専門性を活かしたコンサルテーションを行うこと），②学年，学校レベルの連絡・調整機能，③個別のチーム援助の促進機能，④マネジメントの促進機能，をあげています。

つまり，文部科学省の示した３つの視点から「チーム学校」を実現するためには，校長のリーダーシップのもと，適切な学校運営が行われ，専門性に基づくチーム体制を構築する横のコーディネーションと，学校におけるマネジメントを充実させる縦のコーディネーションが鍵を握るのです。

2　校外の施設

学校内部の教職員だけでは対応しきれない児童生徒の課題や問題行動については，外部の関係機関と連携し，協力し合って児童生徒の支援にあたらなければなりません。連携先は，保健医療，福祉，教育，司法・矯正などを専門とする機関が考えられ，多岐にわたります。学校が連携を図る可能性がある機関は，例として表2-2のような機関があります。

表2-2　校外の専門機関

専門機関	業務内容など
市町村・教育委員会	教育課程，学習指導，生徒指導に関する相談・指導・助言，法的な助言。
教育相談センター 教育相談所，教育研究所	児童生徒の性格，行動，心身障害，学校生活，家庭生活等の教育に関する相談。
教育支援センター*（適応指導教室）	不登校児童生徒の学校復帰への支援。
発達障害者支援センター	発達障害に関する相談・生活支援。
保健所 保健センター 保健福祉センター	地域保健法に基づき，都道府県，政令指定都市，中核都市その他指定された市または特別区に設置。疾病の予防，衛生の向上などの地域住民の健康の保持増進。
精神科（児童精神科）クリニック	神経症や精神的疾患に関する相談・予防・治療。
精神保健福祉センター	精神保健福祉法に基づき，各都道府県・指定都市に設置。主な業務は，精神保健に関する相談，人材育成，普及啓発，調査研究，精神医療審査会の審査に関する事務等。
児童相談所	児童福祉法に基づき，各都道府県・指定都市等に設置。18歳未満の子どもに関するさまざまな相談（養護相談，育成相談，非行相談，障害相談等）に対応。都道府県によっては，その規模などに応じ複数の児童相談所及びその支所を設置。主な業務は，児童福祉司や児

じめや不登校の事例のコーディネーターを担うこともある。
→９章参照

語句説明

個別の援助チーム

問題状況や危機状況にある子どもの問題解決や発達支援のために，事例ごとに構成される実働部隊である。保護者・教師（担任）・コーディネーターが核となり，養護教諭やSC，または外部機関と連携をとることもある。

コーディネーション委員会

マネジメント委員会と個別の援助チームの橋渡しとなり，学校内外の援助資源を調整しながら，援助活動を調整する役割を担う。学校の生徒指導主事等の複数のコーディネーターによって行われる。

教育支援センター（適応指導教室）

退職した教員や，SC，SSW等によって，不登校児童生徒の学校復帰への支援を行っている。

プラスα

児童相談所における養護相談と育成相談

児童相談所における養護相談のなかには，保護者の死亡，家出，失踪，入院，離婚などの理由による養育困難などに関する相談のほか，近年増加している児童虐待に関する相談も含まれる。また，育成相談には，育児やしつけ，ひきこもりに関する相談以外にも，友達と遊べない，落ち着きがないといった性格行動上の相談，不登校相談，進学適性や学業不振といった適性相談が含まれる。児童福祉司は，子ども，保護者等から子どもの福祉に関する相談に応じる。
児童心理司は子ども，保護者等の相談に応じ，診断面接，心理検査，観察等によって子ども，保護者等に対し心理診断を行う。

	童心理司が保護者や関係者から子どもに関する相談に応じ，子どもや家庭について必要な心理判定や調査を実施し指導を行う。児童福祉法に基づき行動観察や緊急保護のために一時保護の制度もある。
児童自立支援施設	不良行為を行ったり，そのおそれがあり，また生活指導の必要な児童に対し，入所や通所をさせて，個々の状況に応じた自立支援を行う。
児童心理治療施設	家庭や学校における人間関係など環境上の理由により，社会生活への適応が困難となった児童に対し，短期間の入所または通所により，心理的な治療および生活指導などを行う施設。また，退所者への相談等の援助を行う。 2017（平成29）年の児童福祉法の改正により，「情緒障害児短期治療施設」から名称が改められた。
少年サポートセンター 少年安全課 （警察署）	警察では，少年サポートセンターや警察署少年安全課，交番で青少年の非行・いじめ等に関する悩み，犯罪・虐待等の被害者の悩みなどに関する援助を行っている。 少年サポートセンターは，子どもの非行，問題行動，しつけ，犯罪被害に関する相談を行う。
大学などの相談所	家庭，教育や心理に関する相談。
電話相談	電話での相談，自殺予防の相談。

出所：文部科学省，2010；山口・石隈，2005を参考に作成

このような関係機関があることや，それぞれがどのような役割を果たしているかについては，児童生徒の支援をするにあたり，十分に情報を収集し，その特徴や利用方法について理解しておく必要があります。そのうえで，連携のマニュアルを作成し，そして，学校としてできること，できないことを明確にしておくと，問題発生時に役立つと思います。

考えてみよう

教育分野と関連の深い，保健医療分野，福祉分野，司法・矯正分野の法律をあげ，その法律について調べてみましょう。

本章のキーワードのまとめ

スクール カウンセラー （SC）	児童生徒の心理に関する支援に従事する者のことで，学校等に配置されている。児童生徒に対する相談・助言のほか，保護者や教職員に対する相談（カウンセリング，コンサルテーション），事件・事故等の緊急対応における被害児童生徒の心のケアなどの役割を担っている。
スクール ソーシャル ワーカー（SSW）	児童生徒の福祉に関する支援に従事する。「①問題を抱える児童生徒が置かれた環境への働きかけ，②関係機関等とのネットワークの構築，連携・調整，③学校内におけるチーム体制の構築，支援，④保護者，教職員等に対する支援・相談・情報提供，⑤教職員等への研修活動」等を行う。
教育機会確保法	2016（平成 28）年に施行され，不登校の子どもに，学校外での多様な学びの場を提供することを目的とした法律。
教育相談	児童生徒それぞれの発達に即して，好ましい人間関係を育て，生活によく適応させ，自己理解を深めさせ，人格の成長への援助を図るもの。
生徒指導	教育活動の一つであり，教育課程の内外において一人ひとりの児童生徒の健全な成長を促し，児童生徒自ら現在及び将来における自己実現を図っていくための自己指導能力の育成を目指すもの。
マネジメント 委員会	学校における援助サービスのうえに立ち，予算，人的配置，教育目標，学校経営に関する意思決定を行う。管理職，主任層によって構成された企画・運営委員会などのことを指す。
特別支援教育 コーディネーター	特別支援教育推進のキーパーソンとして，関係機関との連絡調整や，保護者との連携の窓口として機能する。学校によっては，特別支援教育以外にも，いじめや不登校の事例のコーディネーターを担うこともある。
個別の援助 チーム	問題状況や危機状況にある子どもの問題解決や発達支援のために，事例ごとに構成される実働部隊。保護者・教師（担任）・コーディネーターが核となり，養護教諭や SC，または外部機関と連携をとることもある。
コーディネー ション委員会	マネジメント委員会と個別の援助チームの橋渡しとなり，学校内外の援助資源を調整しながら，援助活動を調整する役割を担う。学校の生徒指導主事等の複数のコーディネーターによって行われる。
教育支援センター （適応指導教室）	退職した教員や，スクールカウンセラー（SC），スクールソーシャルワーカー（SSW）等によって，不登校児童生徒の学校復帰への支援が行われる。

第3章 学習・授業の課題と支援

公認心理師が教育分野において果たすべき職務は，いじめや不登校への心理的支援に限りません。それらは重要ですが，学校は「学舎」ですから，学習や授業の課題にも応える必要があります。本章では，子どもの学業不振について知り，「自立した学習者」になるために，いかに支援的な授業をつくり上げ，時には個別的な学習支援を提供すればよいかを考えていきましょう。

1　子どもの学業不振とは？

文科省が毎年行う全国学力・学習状況調査（令和元年度，算数・数学）によると，「授業がよくわからない」小学生や中学生は全体の約2割にのぼります。ここから，児童生徒のなかで学校の学習や授業で課題（以下，困り感）を抱える者がいかに多いかがわかり，公認心理師が子どもの困り感に注目すべき理由が自覚されてきます。それではまずは子どもの学業不振について考えてみましょう。

1　応病与薬の発想

良い医師が患者の病気に応じて薬を与えるというたとえを応病与薬といいます。「病」を診ない医術を戒めるたとえですが，公認心理師にも当てはまるはずです。子どもは一人ひとりがかけがえのない存在なのですから，身につけてきた知識やスキル，態度や信念には豊かな個人差があります。かけがえのない子どもが学習や授業で困り感を抱えているなら，それを究明したうえで応病与薬の発想で手助けをしたいと願うことは当然でしょう。

この願いのもとで，1997年に学校心理士の資格が誕生し，子どもへの学習支援が強く意識されていきました。**学習支援***とは「学業不振の原因に関する客観的診断と対応をする方法」をいいます（林，2015）。この精神は2017年に施行された公認心理師法にも引き継がれ，直接支援*ばかりではなく，間接支援*も期待されていったのです（図3-1）。

それでは，公認心理師の提供する学習支援が直接的であれ，間接的であれ，重視したい点は何でしょうか。それは，本書の随所で述べられているように，一次的援助サービス（開発的支援），二次的援助サービス（予防的支援），三次的

プラスα
全国学力・学習状況調査
2007年より全国の小中学校の最高学年（小6，中3）を対象に実施してきた学力調査のこと。2007（平成19）年度から2019（令和元）年度までを通じて，「算数・数学の授業はよくわかる」の質問項目で「よくわからない」（4件法での下位2群の合計値）という回答が約2割みられている。以下のURLを参考のこと。
http://www.nier.go.jp/kaihatsu/zenkokugakuryoku.html

語句説明
学習支援
児童生徒が抱える学業不振の原因を客観的に診断し，直接的あるいは間接的な支援を提供すること。学習支援は授業を介する場合もあれば，相談室で個別に行う場合もある。どちらも学習者の自立の支援を目指す。

図3-1　公認心理師の学習支援

注：細い矢印（→）がコンサルテーションを表す

語句説明

直接支援・間接支援

支援者と被支援者との関係性により支援行為は２つに区分される。被支援者に直に向き合う直接支援に対して，間接支援とは直接支援を行う教師や保護者等を支える間接的な支援行為であり，コンサルテーションとも呼ばれる（小野瀬，2011）。

参照

一次的援助サービス
二次的援助サービス
三次的援助サービス

→13章

援助サービス（治療的支援）を提供することです。また３つに共通する前提は，困り感を見逃さないで問題解決者になることです（Merrell et al., 2006）。このためには，カウンセリングマインドをもって，学習や授業での困り感をつかみ取ることが出発点です（小野瀬，2010）。次項では，子どもの学業不振に焦点をあてて，この困り感の真相を実際に掴んでいきましょう。

2　子どもの学業不振の真相

学業不振*（underachievement）とは，教科学習の達成度に遅滞を示す状態を指します。学習達成の遅滞を表す言葉は多彩で，ほかにも学習困難や学習障害等がありますが，このなかで学業不振の定義は相対的に明確です。理由は，学習の可能性を知能検査などで判定し，それよりも学業成績が「低い」場合をいうからです。つまり，知能に全く見合わない学業成績が生じた場合をいうわけで，このため判定の基準が明確なのです。

この学業不振は，①子どもの学び方（学習習慣・学習方略・個人内要因），教師の教え方（指導方法や教師の人格特性），教育環境のあり方（学校環境・家庭環境）がもつれた糸のように絡み合って起こりますが，ポイントは子どもの無努力が招いた顛末ではない点です。図3-2と図3-3を踏まえて，子どもの心のなかで起こっている真相をとらえてみましょう。

図3-3は，図3-2の「曲がったホース」の問題（「運動の法則」）を小学校３，４年生に提示し，ボールが飛び出す軌跡を尋ねた結果です。彼らは未就学児より学びがすすんでいるにもかかわらず正答率が最も低くなっており，その後回

語句説明

学業不振

学習の可能性を示す知能は標準以上でありながら，期待される学業成績が規準に達していない場合をいう。成就値（学力偏差値－知能偏差値）で算出される。成就値が－７から－10以下の子どもを学業不振児（under achiever）と判定する。

→12章参照

図3-2 「曲がったホース」の問題

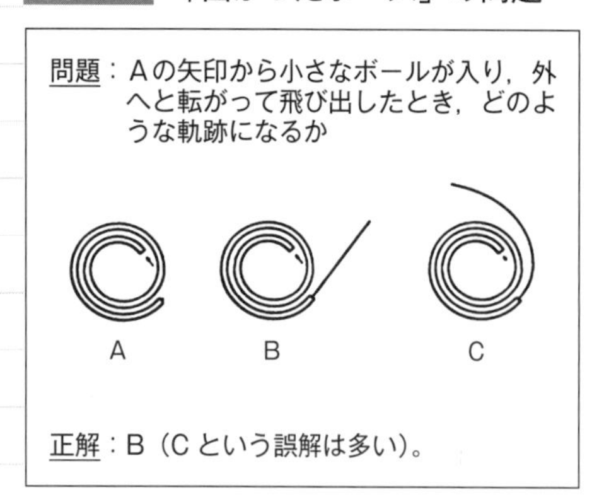

出所：Kaiser et al., 1986より作成

図3-3 正答者数と正答率

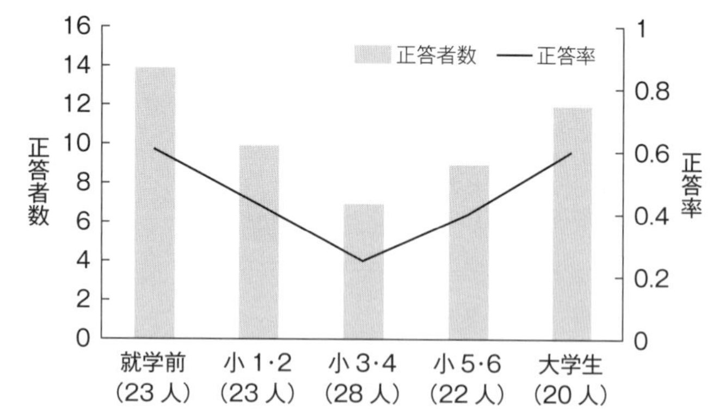

注：（ ）内は人数
出所：Kaiser et al., 1986より作成

復することがわかります。これは，未就学児の段階では水遊びなどの体験からボールの軌跡を知っていたのに，小学生になり理論としての「運動の法則」を理解しようとすると，体験に基づく素朴な知識（素朴概念*）と理論とが整合しないためなのです。彼らは小学校3，4年にもなれば類似の知識（台風の渦巻き等）も得るでしょうから，これらを積極的に使い，むしろ能動的に意味理解*を行おうとした所産と考えられるのです。

3 基礎にある学習不適応

学習不振児の心を覗いてみえてくることは，「小さな世界」から「大きな世界」へと漕ぎ出す段で，以前とは似て非なる課題が登場し，これに立ち向かう際につまずくという点です。みなさんは思い当たることはありませんか。

小学校，中学校，高校へとより上位の学校に移る時期を学校間移行期といいますが，以前に身につけた知識やスキルでは乗り越えられなくなったことはないですか。たとえば，単純な足し算なら指を使うと就学前でもできたのに，分数や割合が登場した途端に苦戦しませんでしたか（吉田，2009）。学校間移行期では教科学習のつまずきが多く生じますが，これはその子なりの知識やスキルで乗り越えようとしたからであることを見逃してはいけません。

「乗り越える」と言いましたが，学習場面では「乗り越える」ことを学習適応（academic adjustment）と呼びます。これは，「学習場面における種々の障害を乗り越え，能力相応あるいはそれ以上の学習効果をあげていく傾向」を指すのですが（辰野・応用教育研究所，1966），これに対して学習場面の障害を乗り越えられていない状態が学習不適応ということになります。

実は，学習場面には以前とは似て非なる課題が登場し，以前の知識やスキルでは乗り越えがたい障害になるのです。たとえば幼稚園から小学校にあがると，授業中の先生の説明は幼稚園の先生のお話とは似て非なるものになります。北

語句説明

素朴概念
子どもが体験を通して獲得した概念をいう。これに対して学校教育を通じて獲得したものが科学的概念である。

意味理解
子どもが情報を選択的に取り入れ，それを体制化し，既有知識と統合することによって，一貫した表象を構成すること。

プラスα

学校間移行期と学習適応
就学前と就学後の「小1プロブレム」，小学校と中学校との間の「中1ギャップ」，中学校と高校との間の「高1クライシス」では，いずれも授業形態の変化が「乗り越えがたい」障害になってくる。学習適応性の低い児童生徒はこれを「乗り越える」際に苦戦する傾向がある。

尾・速水（1986）は，小学生に対して「先生の説明がわかりますか」等の設問を用いて，言語的説明の理解と学習適応性が関連していることを明らかにしました。これは中高生にもみられ，高１クライシスを乗り切るためにも重要なことです。授業で使う教科書の説明文をいかに理解するかが学習適応の高低を決め，学習適応が低くなると学業不振につながるからです（山本・織田，2018）。

公認心理師には，授業場面で何が障害になり，子どもがどう乗り越えているかをつかむ眼差しが大事になるのです。次節で詳しくみていきましょう。

2　子どもの学業不振とアセスメントの視点

学習支援の始発点として重要になるのがアセスメント（診断）であり，これは支援に役立てるための総合的な情報収集といえます。つまり，①面接（子どもに直接会って情報を収集），②観察（授業等で対象児を観て診断），③検査（さまざまな心理検査を用いた原因解明）を用いて学業不振の原因を探るプロセスです。それでは，アセスメントのポイントをみていきましょう。

1　大事になる「子どもの論理」

公認心理師は授業のプロではないかもしれませんが，実はすでに２つの「論理」をもっています。一つに「教科の論理」であり，もう一つに「子どもの論理」です。前者は教科を支える学問体系です。たとえば図3-4のようなアルファベットでは「A」の次に「B」が来て，次に「C」が来ますが，これは英語学に基づく論理です。これらは，授業の専門家ではなくても，自分の教育経験から了解いただけるでしょう。

これに対して，「子どもの論理」は教科内容（教材）を受け入れる子どもの心理をいいます（吉田，2009）。「B」は「13」に見えなくもありません。確かに「A」の隣に書かれてあれば「B」といいたいのですが，「B」である必然性は全くなく，「13」に見えたという当事者だけに起こり得る主観的世界があってもよいわけです。確かに，図3-4を「12」から読み降ろすと「13」にも見えるのであり，これが子どものパーソナルな視点です（梶田，1986）。

こうした見え方や考え方は当事者中心（パーソンセンタード）と呼ばれており，公認心理師は大事にしたい視点です。なぜなら，子ども自らが理解しようとしたときの彼らの主観的世界を見抜けるからです。もちろん，「教科の論理」を振りかざしても主観的世界は見抜けず，学業不振の原因は究明できません。どうしても教科の知識を深めると，「教科の論理」で究明しようとしがちになってしまうものです。

プラスα
アクティブラーニングでの課題
アクティブラーニング型の授業では，児童同士や生徒同士に言語的説明を求める傾向がある。しかし，他者への説明を苦手とする児童や生徒は一定数おり，学習が進まないばかりか，交友関係にトラブルを抱えるケースさえある。彼らの説明活動の支援が新たに求められてくる（山本，2019）。

プラスα
心理検査
アセスメントに利用する心理検査には以下のものがある（小野瀬，2011）。
[知識・理解] K-ABC，WISC-R，NRT，CRT，読書力診断検査，思考創造力検査。
[適性] 学習適応性検査，認知スタイル検査。
[意欲・態度] 基本的生活習慣検査，学習興味検査。

プラスα
子どものパーソナルな視点
梶田（1986）は個人に固有のものの見方や考え方（パーソナルセオリー）が学習者の内面に築かれていると考える。ここから個人レベルの学習・指導論（PLATT）を提唱している。

図3-4　「B」にも「13」にも見える文字

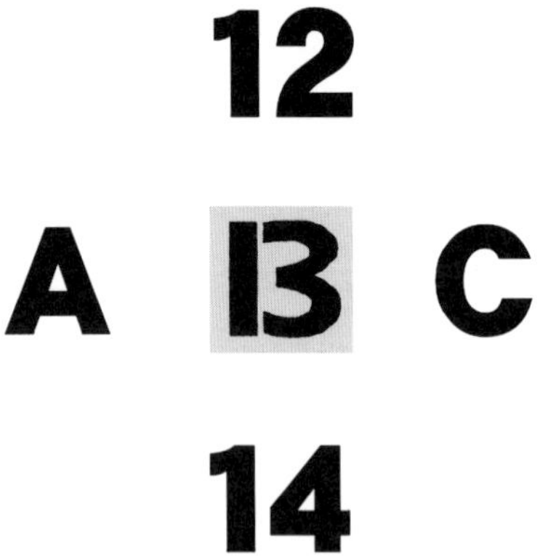

12

A　13　C

14

2　「子どもの論理」の構成：「生活の論理」と「認識の論理」

「子どもの論理」は，「生活の論理」と「認識の論理」からできています。まず「生活の論理」は，山村で「ほんものの学力」を育て上げた東井（1979）によると，子どもの生活実態のうえに直に形成された意味理解の仕方であるとされます。たとえば，農作業のお手伝いをよくする子どもならば，図3-2でホースから水がどう出るかは容易にわかるかもしれませんが，この「生活の論理」は他方で素朴概念となって学習を妨げ，学業不振をもたらすこともあります。

次に「認識の論理」とは，ピアジェ（Piaget & Inhelder, 1966）の認知発達理論*を源とするものであり，子どもの認識論上の論理です。ピアジェは，認知の発達が4つの段階で進むと考えて，子どもの意味理解の不振を解明したことは有名です。「認識の論理」を重視する考え方は，その後ブルーナー（Bruner, 1961）に引き継がれ，その後の認知科学の発展により重要な理論が構築されていきました。時代を経ても「認識の論理」の重要性が主張されつづけているわけです。このなかにあって，メイヤー（Mayer, 2017）の示した学習過程のモデル（図3-5）はアセスメントのための有効なモデルとして押さえておきたいものです。

語句説明

ピアジェの認知発達理論

ピアジェは，感覚運動期，前操作期，具体的操作期，形式的操作期の各段階では均衡が保たれているが，同化と調整の働きによりくずれると次の発達段階にすすむという認知発達理論を提唱した。

プラスα

認知科学がもたらした諸理論

理解や思考時に必要となる一時的なワークスペースの重要性を示した作業記憶理論（Baddeley, 2000）や，この作業記憶の容量自体が理解や思考プロセスを決めると考えた認知負荷理論（van Merriënboer & Sweller, 2005）が有名である。

3　学習過程モデルに基づくアセスメント

図3-5はメイヤー（Mayer, 2008, 2017）が示した学習過程のモデルです。耳や目から入ってきた特定の情報に注意を向け（選択過程），音声やイメージの形で作業記憶に蓄えてから整理して表象（言語モデルと視覚モデル）を構築し（体制化過程），それを自分の既有知識と関係づける（統合過程）という「選択—体制化—統合」のプロセスとして描かれています。これら3種類の学習過程は意味をつくり出すので生成過程とも呼ばれています（Fiorella & Mayer, 2015）。最近では，メイヤーのモデルには動機づけとメタ認知が加わり，一層

図3-5　学習過程のモデル

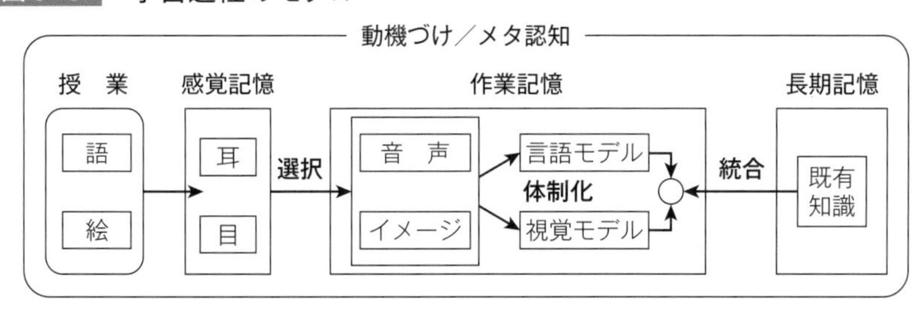

注：Mayer のモデルでは，児童生徒が，選択，体制化，統合でつまずいたとき，主体的に学習方略を立ち上げて学習のつまずきを解消すると考えている
出所：Mayer，2017 より作成

ダイナミックになりました（Mayer，2017）。

公認心理師がこのモデルを使って子どもを注意深く観察すれば，学習過程のどこでつまずいたかが査定できます。たとえば，印字が悪くて読みにくく目を凝らす子どもがいたとします。これは選択過程でつまずいた場合ですが，ここから，「大事な文字が読み取りにくく困り，自らわかろうと努力しているのだな」と，困り感が汲み取れます。また，この観察結果を心理検査につなげていき，より適切な客観的な診断ができるのです。

3　子どもへの支援的な授業

冒頭で，学校での学習支援には一次，二次，三次の援助サービスが含まれると言いましたが，学校では毎日，授業を通して教師が子どもの困り感に対して学習支援をしています。これを授業支援といい，一次と二次の援助サービスが中心になります。ここで公認心理師は，教師の授業支援を支えていくことになるのですが，これは子どもへの間接支援にあたり，コンサルテーションに該当します（図3-1）。それでは，公認心理師が教師の授業支援をいかに支えていけばよいでしょうか。支援的な授業のつくり方という観点から考えていきましょう。

1　支援的な授業のポイント

支援的な授業づくりでは，教師と２点を共有することが基本になります。第１は，授業を「アセスメントの場」とし教師と情報を共有することです。もちろん毎日の授業で，教師は子どもの表情やしぐさなどの授業参加行動をよく見ているはずです。特に自ら心理的な支援を行うのだという強い信念をもつ教師においてその傾向は高く（林・水野，2005），子どものアセスメントを頻繁に行っていることが知られています。このように，授業を「アセスメントの場」にできるならば，授業はつまずいた子どもを「発見する場」になるでしょう。このために公認心理師が教師に，「授業が始まる前に教科書を出しているか」「発言する友達のほうを見ているか」など，有効な視点を提示し，共有することが望まれます。

第2は，有効性のある豊かな支援方法を教師と共有することです。クロンバックら（Cronbach & Snow, 1977）は，**適性処遇交互作用***の重要性を主張しました。これは，子どもの適性によって効果的な処遇は異なることをいうのですが，実際は中学から高校へと学年が上がり，一方的な講義形式の授業が中心になりだすと，一人ひとりの適性に応じた支援的な授業が軽視されがちになります。こうした状況を改善するために，公認心理師は教師と伴走しながら，多角的な視点から有効な支援方法を示す必要があります。ソーシャル・サポート理論（House, 1981）によると支援には，情報的，道具的，情緒的，評価的支援の4種類の支援*がありますから，そのなかで最も有効な支援方法を教師と共有したいものです。

2 支援的な授業がもつ3要素とは？

支援的な授業は3つの要素をもっているといわれています。それは，①教師，②教材，③子ども，です。公認心理師は授業のプロではありませんが，これらを知っておくことで，その授業がどれくらい支援的かが評価でき，教師への支援に役立てることができます。

まず，「教師」についてですが，授業で教師がどのような支援を提供しているかが大事です。ブルーナーらは，子どもの課題達成をしやすくする6つの手助けが大事と考えて，これを足場がけ*と呼びました（Wood et al., 1976）。足場がけには表3-1のように，6つの方略（方法）があり，名称が堅いところがありますが，実例でおさえると内容がわかりやすいです。たとえば，表3-1の「招集」と呼ばれる足場がけ方略は「興味を課題に集中させ，引きつける」方略です。たとえば，「マンガ教材で興味を誘う方法」（情報的支援），「笑顔で

表3-1 足場がけの6つの方略

足場がけ方略	内　容
招　集	興味を課題に集中させ，引きつける
自由度の低減	解決に至る手順を減らし，課題を単純にする
方向性の維持	目的へ方向づけ，その方向づけを維持させる
重要な特徴の明確化	支援者が求める正解と子どもの遂行とのズレを明確に示す
欲求不満の統制	子どもの意思を尊重し，ストレスを低減させる
説　明	モデルとなる解き方をわかりやすく説き明かし，実演する

語句説明

適性処遇交互作用(aptitude-treatment interaction：ATI)
子どもの個人差の源にある適性（学力，既有知識，性格，態度，興味，学習スタイルなど）と教師の処遇（教授法，教授スタイルなど）の間には交互作用があり，子どもの適性によって効果的な処遇は異なるという現象をいう。「個に応じた指導」の基礎になる考え方である。

4種類の支援
ハウスのソーシャル・サポート理論では，4種類の支援を区別する。つまり，情報的支援（説明の提供），道具的支援（教材等の提供），情緒的支援（安心等の情緒の提供），評価的支援（評価の提供），の4種である。
→13章参照

足場がけ
未就学児が積木を組み立てる際に，知識をもっている大人がどのような個別指導(tutoring)をするかを観察し，導き出した。建築の作業員が組み立てる足場から連想された概念である。

引きつける方法」(情緒的支援)，が具体的に思い浮かびます。その他の足場がけ方略についても同様に具体案を考えておくことが大事です。

次に，「教材」ですが，前節で述べたように「子どもの論理」に重心を移すことが肝要です。教材とは「教育の目的を達成するために授業や学習に使う材料」(辰野，1992) ですから，子どもが「使える」ことが何よりも大事です。このためには，前節の図3-5のとおり，３つの学習過程に応じた支援がポイントであり，たとえば，「野球」に熱中している小学６年生に対して「比」の理解を支援する場合，「野球」を素材にして，「自分のチームが相手チームに６対２で勝ったとき，何倍の点を取った？」というように子どもの知識に合った素材を選ぶ形です。この例は初歩的な統合支援の例ですが，幅広い年齢の児童生徒に有効なはずです。

最後に「子ども」ですが，支援を受け取る子どもにも目指して欲しい点があります。それは「自立した学習者」であることです (市川，1998)。子どもたちには以下の４点を目指して欲しいものです。

① 知的好奇心のような内発的動機づけを大事にして欲しい。
② つまずいても諦めず表3-2のような**学習方略**を生み出して欲しい。
③ 特に理解状態を監視し改善するメタ認知方略を心掛けて欲しい。
④ 自信（自己効力感）を大事に取り組んで欲しい。

表3-2　さまざまな学習方略

カテゴリー	内　容
選択方略	下線を引く，明暗をつける，キーワードに注意する，字体に注意する，見返す，など
体制化方略	グループに分ける，順々に並べる，図表を作る，概括する，階層化する，記憶術を用いる，など
統合方略	文と絵を対応づける，既有知識と関係づける，関係づけを求める質問をする（精緻化質問），など
動機づけ方略	注意散漫を減らす，積極的信念を持つ（自己効力感・結果期待），生産的環境をつくる，など
メタ認知方略	理解の失敗を自己監視する，自問する，一貫性をチェックする，再読する，など

出所：Mayer，2017；辰野，1992 をもとに作成

3　学習意欲の低下に対処する支援的な授業

日本では子どもの学習意欲が低く，**学力低下***につながり，**学力の二極化***がすすんでいると懸念されています。このため，公認心理師には教科を越えて子どもの学習意欲をいかに高めるかという重い課題が突きつけられています。

語句説明

学力低下と学力の二極化

1999年頃より，基礎学力や学習意欲の低下を懸念する声が高まり，「学力低下論争」が巻き起こった。OECD の実施する国際学力調査 PISA の結果では知識の活用でひ弱さが示され，全般に学力の低い層の割合が多く，中間層の少ない「二こぶ式」の得点分布から，学力の二極化が懸念された。その後，学力向上を目指す方策が講じられていった。

プラスα

動機づけ

デシとライアンは自己決定理論を提唱し，こうした古典的な二分法を発展させる考え方を示している（Deci & Ryan, 2002）。彼らは学習者の自己決定に基づき，外発的動機づけから内発的動機づけまでを連続体としてとらえる考え方を示した。

教育心理学では，子どもの学習意欲は動機づけの問題として検討されてきました。動機づけとは，行動を引き起こし，持続させ，一定の方向に導く過程です。その方向により，動機づけは，外的な報酬の獲得に向かう**外発的動機づけ**と，内的な満足に向かう**内発的動機づけ**に区別されます。支援的な授業では，子どもの高い自律性を支援することで，自ら進んで学びに取り組み，自ら課題を遂行するという内発的動機づけを促したいところです。

それでは授業で子どもの自律性をいかに支援すればよいでしょうか。どんな教師も子どもと密な人間関係をつくり，これを土台に自律性を支援するような言葉がけを目指し，それを動機づけにつなげていき，学業不振を解消していこうと考えるものです。しかし，長年にわたり身についた教師の言葉がけは一朝一夕には変わりません。ここでコンサルテーションがまさに有効性を発揮します（小野瀬，2011）。公認心理師が教師と伴走しつつ教師の言葉がけを支援します。その結果，コンサルテーションにより教師のセルフモニタリングが促され，たとえば表3-3のように，教師の日常の言葉かけが子どもの自立性を促すものに変わり，子どものやる気を高める言葉がけへと変貌を遂げていくのです。

また，最近の研究として，子どもの自律性をさらに高める働きかけとして，言葉がけをより洗練させた，「説明をともなう理由づけ」が重要視されつつあります（中谷，2010）。「説明をともなう理由づけ」とは，課題を行うための必要性や重要性を染みこむように子どもに説き明かすことです。教師には単なる指導にならないように促す必要があり，それを聴いた子どもが納得することが鍵です。

表3-3　コンサルテーションによる言葉がけの変化

やる気の出ない言葉がけの例	やる気の出る言葉がけの例
「ハアー，どうしたのこの点数」，「こんなこともわからないのか」，「お前には無理だ」，「さっさとしなさい」，「もういいわ」，「バンドなんかやってるから」，「本当にやる気あんの」，「学校やめてもいいんだぞ」，「ちゃんと説明を聞きなさい」，「このままじゃ，○年になれないぞ」	「がんばれ（がんばったな）」，「応援している」，「君にはできる」，「すごい」，「もうちょっとでできる」，「やればできるじゃない」，「惜しかったね」，「おお，できているよ。その調子，その調子でいいぞ」，「あと○○やったら「今日」の授業は終わり」

出所：小野瀬，2010

語句説明

自己効力感（self-efficacy）

バンデューラによると，「ある特定状況下で，ある特定行動を遂行できる力が自分にはあるという確信」であるとされる（Bandura, 1977）。自己効力感は，状況を越えた個人差としてよりも，状況に依存した個人差として扱う方が適切である。

4 動機づけを支える原因帰属と自己効力感

もちろん，動機づけは子どもの自律性が関わるので，そう簡単に発現しないことも理解すべきだと考えます。なぜなら，子ども自身のとらえ方が関わるからです。その一つは「自己」についてのとらえ方（**自己効力感***）です。自己効力感とは「行動を遂げる力が自分にはあるという確信をもつこと」をいいます。

これが高いと困難な課題でも学習意欲を持続させるのですが，低いと悲観的になり学習意欲が減退します。また，**学習性無力感***を抱えている場合もみられます。学習性無力感とは，自分のコントロールとは無関係に行動の結果が生じる状況を繰り返し経験したために成立した「どうせやっても無駄」というとらえ方です。これは学業不振児によくみられる特徴です。

もう一つは「原因」についてのとらえ方（**原因帰属***）です。子どもは成績が悪かった場合に，「なぜそうなったのか」という原因を自分なりにとらえますが，これを原因帰属といいます。もしもその子どもが自分の努力不足のような自分で容易に変更できる原因に帰属するならば，足りない努力を増すように頑張れるのですが，変更できない原因（たとえば能力不足）に帰属してしまうと意欲が湧かなくなります。

以上から，子どもの動機づけを高めるには，子どもの自己効力感を高め，原因帰属を変えるように授業をつくることもまた大事だと気づかされます。

4　個別的な学習支援のあり方

子どものなかには学習内容について「○○がわからない」と強く訴え，三次的援助サービス（治療的支援）を強く求める者がいます。このような場合，公認心理師は相談室で直接の支援を提供する必要があります。ここでは，先駆的に進められてきた**認知カウンセリング**（市川，1998）に学び，個別学習支援のポイントを考えていきましょう。

1　個別学習支援のポイント

認知カウンセリングとは，学習や理解に関する認知的な悩みをかかえる子どもに対して個別的な面接を通じて原因を探り，解決のための支援を行う個別学習相談です（市川，1998）。

認知カウンセリングのポイントは第１に，子どもの自立に向けた支援的な態度です。子どもがその後に同じ状態に陥っても立ち上がり，生き抜くように願って支援する点です。この願いはいわゆる「生きる力*」に込められた学習観に通底します。また，ここでの「学習」は教育心理学でいう**自己調整学習***に対応します。つまり，子ども自らが主体的に自らの学習過程を動かしていく力をいうわけですから，この支援はまさに学習者の自立支援といえるわけです。

第２は，子どもの「わからない」という悩みに対するピンポイントな支援です。しばしば「ここがわかっていないんだね！」と，悩みを代弁したがるカウンセラーがいますが，子どもの主訴となる理解状態を子ども自身が自覚する

語句説明

学習性無力感（learned helplessness）
セリグマンによると，統制できない状況を繰り返し経験することによって，自分の行動と結果とが無関係だという認知が生まれ，これにより成立する無力感をいう（Seligman & Maier，1967）。「何をやっても無駄」と受け取りやすく，やる気をもって取り組めなくなると考えられる。

原因帰属（causal attribution）
成功や失敗という行動の結果について，「なぜそうなったのか」という原因を探索する過程を原因帰属いう。この原因には，位置（自分の内にあるか外か），安定性（安定しているか否か），統制可能性（統制できたか否か）の３つの次元がある。

生きる力
21世紀の教育の基本方針として中教審答申で示された理念。変化する社会で生きるために必要な資質・能力をいう。つまり，社会が変化しても自分で課題を見つけ，自ら学び，自ら考え，たくましく生き抜く力である。

自己調整学習（self-regulated learning）
主体的・能動的な学びを自己制御学習と呼び，研究が蓄積されてきた。これらを踏まえて，ジマーマンは自己調整学習を体系化していった。自己調整学習は，学習

者自身が自らの目標達成に向けて，動機づけ・学習方略・メタ認知の３要素を能動的に関与して進める学習過程をいう（Zimmerman & Schunk，2011）。

セルフモニタリング
学習者が自身の理解状態をふり返り，どのように理解しようとしているか，どれくらい理解しているか，を自己監視することをいう。また，広く，主訴となる行動等を自らで監視することをいう場合もある。

こと（**セルフモニタリング***）がむしろ大事であり，この自覚を支援できなければ無意味です。特に，図3-6のように，つまずいている理解状態を自ら監視（理解監視）できるように支援することを目指します。

以下では，「自立的な学習者」に向けたピンポイントな支援という観点から，算数・数学，読解，作文に対する支援の事例を紹介します。

図3-6　セルフモニタリング

2　算数・数学への個別学習支援

計算で見直しをしないために成績が振るわない子どもが多くいます。中学１年生の後半から成績が急降下し，中学２年生の夏休みに猛勉強したのに低下が進み，「勉強法がわからない」と訴える中学２年生の女生徒の事例を植阪（2010）より紹介します。カウンセラーが診断すると，女生徒は間違った箇所に印をつける活動も，振り返りも，していませんでした。そこでセルフモニタリングを支援するために，教訓帰納*を促す指導を行いました。連立方程式等を題材として，その年の10月から翌年２月まで９回にわたり，教訓帰納を指導したのです。

指導の初期（10月から11月初旬）では少しずつ教訓帰納の効果を実感し始めます。テストでは解けなかった箇所を解き直すとなぜ解けるかを考えていくうちに，同じような間違いを繰り返していることを自覚し，教訓として引き出

語句説明

教訓帰納
教訓帰納とは，問題を解き終えた後に問題に使えるルールを教訓として引き出す学習方略のこと。図3-7では，「移項してから計算する」という教訓が引き出された。

図3-7　作成した教訓

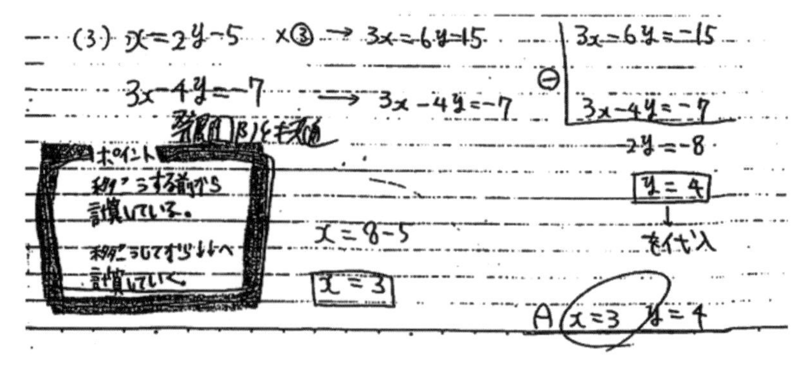

注：「ポイント」として囲まれた部分が教訓（「移項する前から計算している」等と書かれている）
出所：植阪，2010

すことができるようになりました（図3-7の太線で枠取りがされた部分）。中期になると一次関数にも教訓を使うようになり，いわゆる転移が起こりますが，後期になり，継続して自発的な利用ができるようになりました。クライアントのセルフモニタリングに狙いを定めたピンポイントの指導が奏功したわけです。「自分が理解していないのはどこかがわかる」というセルフモニタリングの力が育成され，単元や教科を越えて転移したことは，「自立的な学習者」への支援と呼ぶことができます。

3　読解への個別学習支援

小中高を通じて，説明文の読解を苦手とする子どもは多くいます。ただ，この苦手意識は国語科という一つの教科を越えて，すべての教科や時には学校生活にも及びます。特に１節で「高１クライシス」を乗り切るために教科書の説明文の読解が大事だと述べましたが，高校にあがると，いかに説明文を読解するかが学習適応や学業達成を決めていきます。ここには，説明文の「文章構造をとらえた読み方」，いわゆる構造方略*の未発達が関わりますから，これを支援する必要があると考えられます（山本・織田，2018；山本ほか，2020）。

この構造方略の支援に対しては二つの視点があるといわれています（山本・織田，2018）。一つは適性形成型支援で，支援を受ける子どもの基礎的な適性を高める支援です。たとえば，犬塚・高橋（2006）は注意のコントロールに問題があり構造的な読解に苦戦する高校２年生に，構造方略の基礎になる「形式段落で区切る方略」を指導しました。６回の指導を経て注意を限定し，部分的な理解を支援することで，構造的な読解が高まりました。対してもう一つは処遇適合型支援であり，たとえば構造方略が働きやすいように教科書をデザインすることです。山本ほか（2018）は，見出しや余白行などのメタテキスト（テキストを意味づけるテキスト表現）の効果を示しています。

構造方略に対するピンポイントの支援により，学習不適応や学業不振への改善が期待できます。

4　作文への個別学習支援

作文の基礎にある漢字の書き取りでも苦手がみられます。その漢字が「複雑な記号を書き写したような」レベルでしかなかった小学３年生男児の事例を，中村ほか（2011）に基づき紹介します。カウンセリングの場面で本児が萎縮した態度をみせるため，有能感の低さが浮かび上がりました。そこで，カウンセラーは書字指導に加えて，有能感に狙いを定めて，承認（褒め言葉）により有能感を高める方針をとりました。

その結果，バランスのとれた字も書けるようになり，「初めてこんなにきれいな字が書けた」との喜びも聞かれ，担任からは本人も自信がつき，意欲が高

語句説明

構造方略

説明文の読解では，文章構造を同定し活用することが有益である。ここで，文章構造を把握した読み方は構造方略と呼ばれている。中高移行期では約半数が未発達であり，教科書中心になる高校の授業では学業不振をもたらす要因とも考えられている。図3-5のモデルでは体制化方略の一つである（山本ほか，2018）。

プラスα

適性形成型支援と処遇適合型支援

北尾（2002）は，クロンバックら（Cronbach & Snow, 1977）に基づき，適性と処遇に交互作用がある点に着目して，それぞれの改善によって学習効果が最大化すると考えた。この北尾の考え方を受けて，山本・織田（2018）は，適性形成型支援と処遇適合型支援の２つの支援を構想した。適性形成型支援は適性の改善であり，処遇適合型支援は処遇の改善である。

まってきたと報告も受けることになりました。学習意欲の基礎にある有能感に狙いを定めて，周囲からの賞賛（褒め言葉やご褒美）が効果をもたらし，学習者の自立を促した好例です。作文に問題がみられても，それだけを見ず，その基礎にある原因を見抜くようなアセスメントが奏功したといえます。

5 特別なニーズをもつ子どもへの個別学習支援

発達障害児にとって算数文章題はかなり難しい課題です。東原・前川（1997）は算数文章題の４つの解決過程*にピンポイントの狙いを定めた支援が重要であると指摘しています。これに応えて，遠藤（2010）は，特別支援学級に所属し知的能力に不相応な学力を示す中学３年生の男児に22回にわたる支援を行いました。WISC-Ⅲを実施すると，問題理解（統合）から立式（プラン化）に移る際に記憶の負担が高まり混乱することがわかり，具体物を動かしながら立式を行うように支援しました。その結果，ピンポイントの支援が奏功し，立式におけるつまずきが解消されていきました。

2005年に施行された発達障害者支援法に基づき，軽度発達障害の子どもが他の子どもと同様に授業を受けるようになりました。このなかで強い困り感を抱いた子どもがいた場合には，アセスメントを駆使して起因する学習過程にピンポイントで狙いを定め，子どもに届くように支援を工夫する必要があります。まさに本章の冒頭で述べた応病与薬の学習支援です。この原則は通級指導*や授業のユニバーサルデザイン*を図る際にも有効であるだけでなく，すべての子どもにも役立つ支援原則だと考えられます。

考えてみよう

自分の小学校から高校までの授業をふり返って，どの学年，どの教科，どの単元で，理解や学習のつまずきが顕著に現れたかを思い出してみましょう。そのうえで，図3-5の学習過程モデルに当てはめて，そのつまずきが選択，体制化，統合，動機づけ，メタ認知のどこで生じたかを考えてみましょう。また，そのつまずきに対して，どのように支援すればよいかも考えてみましょう。

語句説明

算数文章題の４つの解決過程

算数文章題の４つの解決過程は，①変換（問題文を読んで各文を理解する），②統合（各文の表象を統合し問題状況を理解する），③プラン化（適切な方略を適用し数式を立てる），④実行（立てた数式を計算する）である（Mayer et al., 1991）。

通級指導

発達障害などの児童生徒が通常学級に通いながら，別室で障害に応じた指導をうけることをいう。2018年度より高校でも制度化され，小中高すべてで制度化された。

授業のユニバーサルデザイン

通常学級において，発達障害のある子どもだけでなく，発達障害を含むすべての子どもにとって理解しやすい授業をつくることをいう。→13章参照

本章のキーワードのまとめ

学習支援	児童生徒が抱える学業不振の原因を客観的に診断して，直接的あるいは間接的な支援を提供すること。支援には授業を介する場合もあれば，相談室で個別に行う場合もある。どちらも学習者としての自立の支援を目指す。
学業不振	学習の可能性を示す知能は標準以上でありながら，期待される学業成績が規準に達していない場合をいう。成就値（学力偏差値－知能偏差値）で算出される。成就値が－7 から－10 以下の子どもを学業不振児（underachiever）と判定する。
適性処遇交互作用	子どもの個人差の元にある適性（学力，既有知識，性格，態度，興味，学習スタイルなど）と処遇（教授法，教授スタイルなど）には交互作用があり，子どもの適性によって効果的な処遇は異なるという現象をいう。「個に応じた指導」の基礎になる考え方である。
学習方略	学習の効果を高めることを目指して意図的に行う心的操作あるいは活動であり，学習活動を効果的，効率的に行うために学習者がとる方法をいう。選択方略，体制化方略，統合方略，動機づけ方略，メタ認知方略に大別できる。
学力低下と学力の二極化	1999 年頃より，日本では基礎学力や学習意欲の低下を懸念する声が高まり，「学力低下論争」が巻き起こった。OECD の実施する国際学力調査 PISA の結果では知識の活用でひ弱さが示され，全般に学力の低い層の割合が多く，中間層の少ない「二こぶ式」の得点分布から，学力の二極化が懸念された。その後，学力向上を目指す方策が講じられていった。
外発的動機づけ・内発的動機づけ	動機づけとは，ある行動を引き起こし，その行動を持続させ，一定の方向に導く過程である。その方向により，外的な報酬の獲得に向かう外発的動機づけと，内的な満足に向かう内発的動機づけに分類できる。
自己効力感	バンデューラによると，「ある特定状況下である特定行動を遂行できる力が自分にはあるという確信」であるとされる（Bandura，1977）。自己効力感は，状況を越えた個人差としてよりも，状況に依存した個人差として扱う方が適切である。
学習性無力感	セリグマンによると，統制できない状況を繰り返し経験することによって，自分の行動と結果とが無関係だという認知により成立する無力感をいう（Seligman & Maier，1967）。「何をやっても無駄」と受け取るため，やる気をもって取り組めなくなる。
原因帰属	成功や失敗という行動の結果について，「なぜそうなったのか」という原因を探索する過程をいう。原因には，位置（自分の内にあるか外か），安定性（安定しているか否か），統制可能性（統制できたか否か）の 3 次元がある。
認知カウンセリング	「わからない」や「覚えられない」といった認知的な悩みに対して，学習者自身が自覚し対処するように学習者の自立を支援する個別学習相談をいう。認知心理学に基づく点に特徴がある。
自己調整学習	主体的・能動的な学びを自己制御学習と呼び，研究が蓄積されてきた。これらを踏まえて，ジマーマンは自己調整学習を体系化した。自己調整学習は，学習者自身が自らの目標達成に向けて，動機づけ・学習方略・メタ認知の 3 要素を能動的に関与して進める学習過程をいう（Zimmerman & Schunk，2011）。
セルフモニタリング	学習者が自身の理解状態をふり返り，どのように理解しようとしているか，どれくらい理解しているか，を自己監視することをいう。また，広く，主訴となる行動等を自ら監視することをいう場合もある。

第4章 学級経営の課題と支援

この章では，日本の学校教育の特徴でもある学級集団制度について，その教育的意義と，児童生徒の心理社会的発達を促進する心理的メカニズムについて述べていきます。この領域は，児童生徒の主体的・対話的で深い学びを支える学習集団の形成と表裏一体です。学級集団づくりの意味と方法論を理解するためには，集団のもつ教育的・心理的な作用の知識が必要となります。

1 学級集団とは

日本の学校教育は，教科教育とともに，**特別活動**[*]を中心とした**教科外活動**[*]も教育課程に含め，人格の育成をその目的にしています。そして，この学校教育の教育活動の目的が具体的に展開される場が，学級集団です。

学級集団は，教員という成人をリーダーとし，同年齢のメンバーが最低一年間固定され組織された，閉鎖集団です。日本の学級集団は学習活動を行うだけではなく，児童生徒たち同士の関わり合いを通した生活活動や行事などの特別活動も展開される場でもあるのです。知識や技能の獲得を目指す教科学習の場であるだけではなく，学級生活を通して行われる人格形成の場でもあるのです。

1 学級経営と学級集団づくり

現在まで「学級経営学」という体系化された研究領域が確立されてはいません。日本の教員たちが用いる「学級経営」という言葉には，以下のすべてが含まれています。児童生徒への授業の実施，児童生徒個々の生徒指導，教育相談，進路指導のすべての担当を前提に，児童生徒たちに関係づくりをさせながら相互交流を促して集団として組織化し，学びあう・支えあうシステムを形成して，児童生徒たちに一定レベルの学習内容を定着させる，社会性やコミュニケーション能力，道徳性や発達段階に見合った心理社会的な発達を促していく，というすべての対応の総体です（河村，2010）。

学級経営は，学習指導と生徒指導とオーバーラップしている面がとても多く，教員はこれらの複数の対応を関連づけて一貫性をもたせていきます。ここに教員の教育実践における一つの専門性があり，難しさがあるといえます。

語句説明

特別活動

学校教育の教育課程における教科外活動で，望ましい集団活動を通して人間形成を図る教育活動である。特別活動には，学級活動，児童会活動，クラブ活動および学校行事がある。

教科外活動

教科は，学校教育として，文化遺産の知識や技能を，教育的観点から系統的に組織したもので，児童生徒が学習すべき教科として，国語，社会，算数，理科，音楽，図画工作，家庭，体育などがある。教科外活動とは，学校教育における教科以外の学習で，特別活動などがある。

プラスα

学級集団

国によって学級集団の定義が異なり，アメリカの学級集団は，学習集団である。

学級経営の第一歩が，「学級集団づくり」です。

学級集団と一概に呼ばれることが多いのですが，学級は最初から学級集団になっているわけではないのです。集団とは単なる人々の集まりではなく，「共有する行動様式」，いわゆる対人関係や集団として動く際のマナーやルールを共有する人々の集まりが集団なのです。

今日の学級経営の難しさは，まずこの学級集団づくりにあるのです。学級に集まった児童生徒たちが，最低限の共有する行動様式を身につけていないことで，教員が児童生徒を集団として活動させることが難しいのです。

したがって，教員は教育課程で定められた授業や活動を展開させながら，①学級に集まった児童生徒たちに対して，学級活動に参加させるために基本的な「共有する行動様式」を身につけさせること，同時に，②児童生徒同士が親和的で建設的な人間関係を形成できるようにすることを，水面下で取り組んでいかなければならないのです。これが，学級集団づくりの実際です。

①と②が徐々に確立されてくると，学級は集団として成立してきます。そして，児童生徒たちが①と②を自発的に能動的に取り組むようになると，学級集団が集団としてさらに成熟し，学級集団は教育力のある場となるのです。

教育力*のある学級集団は，所属する児童生徒一人ひとりにとっての居場所となり，彼らの心理社会的な発達を促進するのです。たとえば，児童生徒が日々の学級生活のなかで相互に学び合って社会性を身につける，親和的な人間関係のなかで，自分を対象化する作用が生まれ，自己の確立を促進する，などです。

教育力のある学級集団の育成，その学級集団での活動や生活を通して，児童生徒一人ひとりの心理社会的な発達を促進すること，これが教員の学級経営の目標です。このような学級経営が，学校教育の目的を具現化するのです。

語句説明

教育力

教育力とは，児童生徒間の建設的な学びあいなどから生起するものである。

2　学級風土

最低１年間，固定されたメンバーと担任教員で構成される日本の学級集団では，児童生徒たちの間の相互作用，インフォーマルな小集団の分化，児童生徒たちと教員との関係などにより，学級集団には特有の雰囲気が現出してきます。

このような学級全体のもつ雰囲気を「**学級風土**」といいます。一般に，組織風土とは，組織や職場の日々の行動に関して，明示的または黙示的に存在している「べし，べからず」といった規則，集団規範のことであり，所属するメンバーはその影響を受け，その集団特有の考え方や行動を意識的・無意識的に身につけるようになっていきます。児童生徒は，意識する・しないにかかわらず，所属する学級集団の学級風土に大きな影響を受けていくのです。

①支持的風土と防衛的風土

学級活動が展開されるその土壌となる学級集団の状態は，学級風土の視点からみると，支持的風土と防衛的風土との２つに分けられます。前者が理想とされ，そのような風土づくりが学級経営上の課題となるのです。

支持的風土とは，次のような特徴があることが指摘されています。①級友との間に信頼感がある，②率直にものが言える雰囲気がある，③組織として寛容さがあり相互扶助がみられる，④他の集団に対して敵意が少ない，⑤目的追究に対しての自発性が尊重される，⑥学級活動に積極的な参加がみられ，自発的に仕事をする，⑦多様な自己評価が行われる，⑧協同と調和が尊重される，⑨創造的な思考と自律性が尊重される，等です。

防衛的風土とは，次のような特徴があることが指摘されています。①級友との間に不信感がある，②攻撃的でとげとげしい雰囲気がある，③組織として統制と服従が強調される，④戦闘的で地位や権力への関心が強い，⑤目的追究に操作と策略が多い，⑥小グループ間に対立，競争関係がある，⑦保守的で他律性が強い，等です。

つまり，児童生徒たちは支持的風土のある学級集団のなかで，さまざまな学級活動を相互に協同的に取り組むことを通して，そのプロセスのなかから自律，協力，自主性，リーダーシップなどの資質が育成され，人格形成につながっていくのです。教員には支持的風土のある学級集団づくりが求められるといえます。

②所属集団と準拠集団

児童生徒たちにとって学級とは，最初は，自らの意志とは無関係に決められた教員と他の児童生徒たちとで構成される単なる「所属集団」です。このような学級集団は，外からの建設的な働きかけがないと，時間の経過とともに児童生徒たちの間に防衛的風土が広がりやすいものです。それを支持的風土のある学級集団にするためには，児童生徒たちにとっての「**準拠集団**」となるようにしていくことが必要です。

準拠集団とは，個人がある集団に愛着や親しみを感じるなど，心理的に結びつきをもち，自らその集団に積極的にコミットしたいと考えるようになり，結果として個人が信念・態度・価値を決定する場合や行動指針を求める場合などに，判断の根拠を提供する社会集団のことです。日常生活を営む個人に，物事を判断する準拠枠*を与える集団です。

個人は愛着や尊敬の念をもつ人や集団に同一化して「そのような人（人々）と同じようになりたい」と欲し，その人（人々）の行動や考え方をモデリング*する傾向があります。これが学習者側の学習成立の第一歩となるのです。

したがって，支持的風土のある学級集団において，その風土に同一化している級友たちと相互作用している過程で，児童生徒たちは徐々に支持的風土のある学級集団のなかで大切にされている価値観や行動の仕方を自然と身につけるのです。学級集団づくりと児童生徒たち個々の人間育成は表裏一体であり，同

語句説明

準拠枠

準拠枠とは，人が物事を判断する際の基準のようなものである。

モデリング

教員や友人などを見本（モデル）に，そのものの動作や行動を見て，同じような動作や行動をすることであり，同時に，モデルのもつ背景の信念も学ぶことが大事である。

時進行で育成されていく，というのはまさにこのことを表しているのです。

個の形成と集団の形成，個性の形成と社会性の形成，これらは一見対立するもののようにみえますが，個と集団は相即不離な関係なのです。個を生かすには個を大切にする集団が必要です。個を大切にする集団のなかでこそ，個性も社会性も育成されていくのです。

3　学級集団の発達過程と退行過程

学級集団は児童生徒間の相互作用，集団の分化，集団機能の変化などによりその様相は変化します。それが**学級集団の発達過程**です。河村（2012a,b）は実際の学校現場の学級集団の状態の実態を，複数年にわたって調査したなかで，児童生徒の学級生活の満足度と学力の定着度が高く，児童の協同的で自主的な活動が成立した複数の学級集団を抽出し，学級がそのような状態に至るプロセスを特長あるまとまりで分類し，学級集団の発達過程を明らかにしました。表4-1にその概略を示します。

表4-1　学級集団の発達過程

〈第一段階　混沌・緊張期〉 学級編成直後の段階で，児童生徒同士に交流が少なく，学級のルールも定着しておらず，一人ひとりがバラバラの状態である。
〈第二段階　小集団形成期〉 学級のルールが徐々に意識され始め，児童生徒同士の交流も活性化してくるが，その広がりは気心の知れた小集団内に留まっている状態である。
〈第三段階　中集団形成期〉 学級のルールがかなり定着し，小集団同士のぶつかり合いの結果後に一定の安定に達すると，指導力のあるリーダーがいる小集団などが中心となって，複数の小集団が連携でき，学級の半数の児童生徒たちが一緒に行動できる状態である。
〈第四段階　全体集団成立期〉 学級のルールが児童生徒たちにほぼ定着し，一部の学級全体の流れに反する児童生徒や小集団ともある程度の折り合いがつき，児童生徒たちのほぼ全員で行動できる状態である。
〈第五段階　自治的集団成立期〉 学級のルールが児童生徒たちに内在化され，一定の規則正しい全体生活や行動が，温和な雰囲気のなかで展開され，児童生徒たちは自他の成長のために協力できる状態である。

出所：河村，2012a，b

教育力のある学級集団の状態は，学級集団の発達過程では〈第五段階　自治的集団成立期〉に該当します。学級集団の発達過程を図4-1に示しました。

また，学級集団の状態は常にプラスの方向に発達するだけではなく，マイナスの方向に退行する場合も少なくありません。学級集団の退行過程を図4-2に示しました。退行した学級集団の状態が行きつく先が「学級崩壊」という現象で，学校での教育活動が不全状態に陥ってしまうのです。学級崩壊については後述します。

プラスα

自治的

子ども全体で活動できる場合でも，教員の指導のもとでできる場合と，子どもたちで主体的に，自己管理してできる場合とでは質が異なる。より後者に向かうようになることが，自治的になることである。

図4-1　学級集団の発達過程と学級の様子

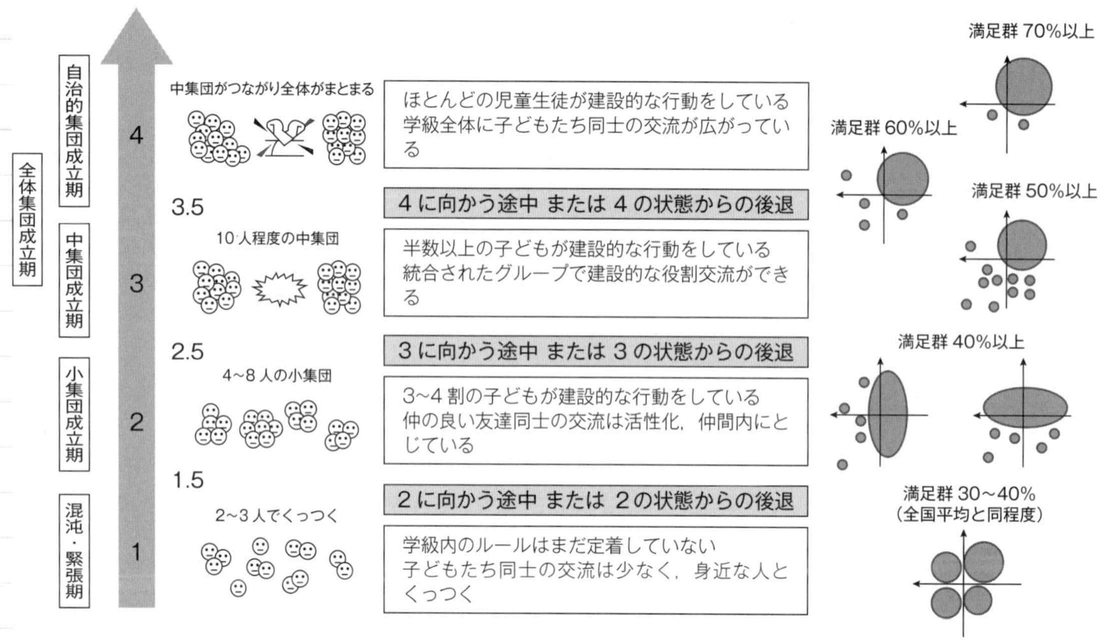

注：図の左の縦軸は学級集団の発達段階を表し，右側の図は，左の段階に応じた学級集団分析尺度 Q-U の結果のプロットである。
出所：河村，2012b より作成

図4-2　学級集団の退行過程と学級の様子

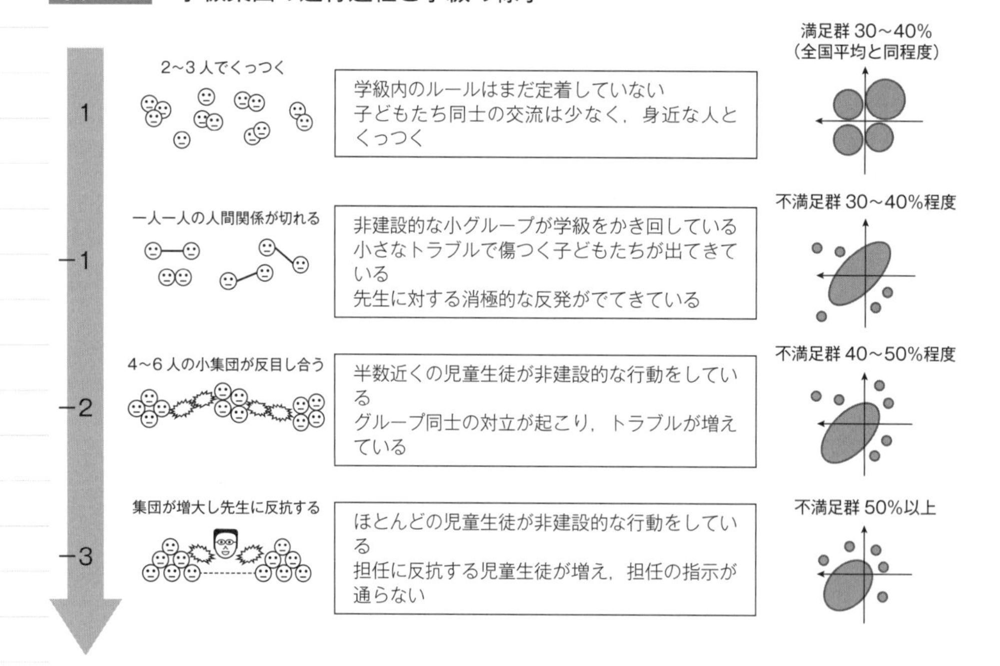

注：図の左の縦軸は学級集団の発達段階を表し，右側の図は，左の段階に応じた学級集団分析尺度 Q-U の結果のプロットである。
出所：河村，2012b より作成

4　主体性を育む満足感

学級集団づくりにつながる学級活動の内容は，児童生徒にとって楽しさや喜び，面白さが伴うこと，感動を体験できることが大事です。それも単に感動を受動的に体験するだけではなく，感動それ自体を集団的に生み出すような体験が望ましいのです。人間が自ら主体的に活動したくなるのは，楽しさや喜び，面白さにつながる活動のときだからです。これはオペラント条件づけ*の原理で，人は行動した後で満足感などの快刺激を獲得すると，その後主体的な行動が増えるのです。つまり，児童生徒の主体性や創造性を育成するためには，満足感が得られる協同的な学級活動が必要なのです。ただし，このときの楽しさや喜び，面白さは，不真面目・遊び半分・いいかげんで楽などとは本質的に異なることは言うまでもありません。

特に，学級のすべての児童生徒が集団活動のつくり手であり，かつ，その享受者であるという状況は大きな感動を生起させやすく，個人の自律，協力，自主性，リーダーシップなどの資質を高めるだけではなく，児童生徒同士の連帯感も高めます。これが支持的風土のある学級集団の形成につながるのです。

学級集団づくりが上手くいくとは，学級活動が良好に建設的に展開され，すべての児童生徒が満足感を獲得でき，充実感の共有や相互承認ができることなのです。それが結果的に，学級の授業の質的な向上を促し，また，学年単位や全校単位の集団活動の良好さにも寄与していくのです。

以上の個と集団の相即不離な関係の活動を通して，個と集団を同時進行で育成していくことのアセスメントには，標準化された心理検査Q-Uを用いて展開する方法が学校現場では広がっています（後述）。

語句説明

オペラント条件づけ

報酬や罰といった結果を得ることによって，自発的に行動をとるようになる学習のことである。絶食させたネズミが，偶然，ブザーが鳴ったときに，ボタンを押す行動で，餌が出てくることを学習したのちは，餌を得るために，自発的にそのような行動をとるようになる，というスキナーの実験が有名である。

プラスα

標準化

標準化とは，心理テストの信頼性と妥当性が検証されて，確認されていることである。

2　学校教育の問題と学級集団

1　児童生徒の問題行動等

文部科学省では，児童生徒の問題行動等について，今後の生徒指導の推進の参考とするため「児童生徒の問題行動・不登校等生徒指導上の諸課題に関する調査」を毎年実施しています。調査の内容は，「暴力行為」「いじめ」「不登校」「中途退学」などです。

これらの問題は，児童生徒個人の気質のみによって起こるわけではなく，対人関係や所属する集団の環境の影響のなかで生起しているのです。「不登校」や「いじめ」などの問題は，学級集団の状態と深い関連があります。本節では，

「不登校」や「いじめ」の問題を学級集団の状態との関係から説明します。さらに，学級集団の状態が教育環境ではなくなった「学級崩壊」についても説明します。

2 学級集団に起因する問題

1980年代半ばから深刻化してきた，不登校やいじめなどの問題の背景には，児童生徒たちの対人関係に関連した問題があります。家庭や地域社会のなかでの体験学習の不足により，対人関係をうまく形成できない，維持できない，過度に不安や緊張が高くなってしまう，またストレスを適切に処理できない，などの傾向が指摘されています。そして，これらの傾向は，対人関係を避けること，逆に攻撃的になってしまうなどの行動や態度として表面化しているのです。

その結果，児童生徒たちが集まり，ともに活動し生活する学級という場面で，対人関係に起因したさまざまなトラブルが発生し，学級は，児童生徒たちにとって，とてもストレスフルな場所になっているのです。このような学級集団の状態が，「不登校」「いじめ」「学級崩壊」の問題と密接にリンクしているのです。

①不登校

文部科学省は，不登校の児童生徒を，何らかの心理的，情緒的，身体的，あるいは社会的要因・背景により，登校しない，あるいはしたくともできない状況にあるため年間30日以上欠席した者のうち，病気や経済的な理由による者を除いたものと定義しています。

2016（平成28）年度の問題行動・不登校調査（文部科学省）では，不登校の小学生は1991（平成3）年以降の統計では初めて3万人を超え，中学生は1998（平成10）年度以降ほぼ10万人前後で推移しています。

これに対して2017（平成29）年2月に「義務教育の段階における普通教育に相当する教育の機会の確保等に関する法律」が施行され，学校における取組への支援，特別の教育課程に基づく教育を行う学校の整備と学習活動への継続的な支援など，不登校児童生徒等に対する取組が進められています。

不登校の児童生徒は「学校」不適応とカテゴライズされますが，そのほとんどが実は「学級」不適応と考えられます。学校生活において学級集団は，児童生徒が日常的に所属すべき集団だからです。そして，不登校になった要因として最も多いのが，いじめられてはいないが，なんとなくクラスに入りにくい，仲の良い友達がいないという「いじめを除く友人関係をめぐる問題」です。これらはまさに学級集団の状態に関わる問題なのです。

端的に言えば，学級集団の次の2点の問題です。

1） 学級集団の状態が支持的風土になっていない
2） 1）との関連で，学級内に親和的な人間関係が形成されていない

プラスα

義務教育の段階における普通教育に相当する教育の機会の確保等に関する法律

法律によって，フリースクールや夜間中学の設置が推進され，夜間中学にはスクールカウンセラー・スクールソーシャルワーカーの配置も促進されるなど，特別な支援が必要な児童生徒へのサポートの厚みが増してきている。

不登校になった要因

不登校になった要因で，家庭生活の要因は小学校では50%を越え，中学校では30%である。学校生活の要因で「いじめを除く友人関係をめぐる問題」の次に多いのが，学業不振である。

その結果，児童生徒はストレスが高まり，そこにトラブルなどのきっかけ要因が発生すると，不登校行動に至る可能性が高まるのです。

その際，ストレスの高まりを抑止するものとして，**ソーシャルサポート***（社会的関係のなかでやりとりされる支援）があります。学級のなかでの，周りの友人や担任の教員からの有形無形の援助を指します。たとえば，愚痴や悩みを聞いてもらう，困っていることにアドバイスをもらう，おしゃべりなどの気分転換に誘ってくれる，などです。それによってストレスが低減していくのです。

しかし，友人も担任の教員も，当事者の児童生徒にとって心を許せるような親和的な関係になっていなければ，ソーシャルサポートの作用は期待できないのです。そればかりか，関係が悪ければ，逆に，友人や担任の教員も大きなストレッサー（ストレスの原因となるもの）になってしまうのです。

②いじめ

2013年6月「いじめ防止対策推進法」が公布され，同年9月施行されました。この法律は，繰り返されるいじめ問題に対して，教育委員会や学校に，実効性のある具体的な組織的な方法論で対応することを求めたものです。そして，2016（平成28）年に，より実質的な対応となることを目指して改正されました。

文部科学省が実施する調査のいじめの定義は，「児童等に対して，当該児童等が在籍する学校に在籍している等当該児童等と一定の人的関係にある他の児童生徒が行う心理的又は物理的な影響を与える行為（インターネットを通じて行われるものを含む。）であって，当該行為の対象となった児童等が心身の苦痛を感じているもの。」（第二条）とされています。同法律を理解するため，その目的等を以下に記しました。

<目的>

> **第一条**　この法律は，いじめが，いじめを受けた児童等の教育を受ける権利を著しく侵害し，その心身の健全な成長及び人格の形成に重大な影響を与えるのみならず，その生命又は身体に重大な危険を生じさせるおそれがあるものであることに鑑み，児童等の尊厳を保持するため，いじめの防止等（いじめの防止，いじめの早期発見及びいじめへの対処をいう。以下同じ。）のための対策に関し，基本理念を定め，国及び地方公共団体等の責務を明らかにし，並びにいじめの防止等のための対策に関する基本的な方針の策定について定めるとともに，いじめの防止等のための対策の基本となる事項を定めることにより，いじめの防止等のための対策を総合的かつ効果的に推進することを目的とする。

人は欲求不満（フラストレーション*）が高まると攻撃行動が喚起されやすいこと（欲求不満-攻撃仮説）が指摘されています。つまり，いじめの加害者になりがちな児童生徒は欲求不満が高まっていることが想定されるのです。さらに，メンバーの構成が固定されて外に閉じている閉鎖集団は，集団内に人間関係の軋轢が生じやすく，メンバーの欲求不満が高まりやすいことが知られています。

語句説明

ソーシャルサポート

ソーシャルサポートは，健康行動の維持や，ストレッサーの影響を緩和する働きがある。

プラスα

いじめ

いじめの態様では，①「冷やかしやからかい，悪口や脅し文句，嫌なことを言われる」が61.9%，②「軽くぶつかられたり，遊ぶふりをして叩かれたり，蹴られたりする」が21.4%，③「仲間はずれ，集団による無視をされる」が13.7%と，多い（「令和元年度児童生徒の問題行動・不登校等生徒指導上の諸課題に関する調査」文部科学省，2020）。

→5章参照

語句説明

欲求不満（フラストレーション）

何らかの原因によって，欲求の充足を妨げられている状態。または，それによっていらだちや緊張が高まった状態。

要するに，所属するメンバーが一定期間固定された日本の学級集団は閉鎖集団になりやすく，児童生徒個々の欲求不満が高まると，他の児童生徒を攻撃するなどの非建設的な行動が増加し，いじめを誘発しやすいのです。したがって，学級内に起こるいじめ問題を考えるとき，学級集団の状態はとても大きな影響要因であり，学級集団を形成する教員の学級経営のあり方は，学級内のいじめの問題を大きく左右するのです。

なお，2019 年度のいじめの認知件数は 61 万 2496 件と過去最多を更新しました（文部科学省，2020）。6 年連続での増加です。内訳は，小学校 48 万 4545 件（前年度比 5 万 8701 件増），中学校 10 万 6524 件（同 8820 件増），高校 1 万 8352 件（同 643 件増）で，特に小学校で大きく増加しています。

参照
学級崩壊
→ 10章

③学級崩壊

1990 年代後半から，授業が成立しないなど，学級を単位として教育活動が実施できない，いわゆる **“学級崩壊”** の問題が深刻化し，中・高等学校のみならず，小学校のすべての学年でも報告されています。「学級がうまく機能しない状況」がすでに一定の比率で存在しているということは，「学級」を一つの単位として教育をする日本の学校では，教育活動の基盤を揺るがす問題といえるのです（学級経営研究会，1998；全国連合小学校長会，2006；河村，1999，2000）。

さらに，昨今，学級崩壊という状態まで悪化しないまでも，学級内の規律が確立されず，児童生徒たちの関係性が悪くなりトラブルが頻発しているような，学級集団の状態が悪くなっている学級では，相対的にいじめの発生率が高まる，学習の定着率が低下することも指摘され（河村・武蔵，2008a，2008b），教員の学級経営の力量の向上を求める声が高まっています。

次期学習指導要領の改定（小学校では 2020 年，中学校では 2021 年実施）では，これからの知識基盤社会*で生きていく力となる資質・能力（コンピテンシー）の育成を，学習集団での協同学習*で目指すことが強調されています。まさに，学級集団づくりは，生徒指導面の基盤になるだけではなく，学習指導面での基盤となることが明確にされてきたのです。

語句説明
知識基盤社会
新しい知識・情報・技術が，政治・経済・文化をはじめ社会のあらゆる領域での活動の基盤として，飛躍的に重要性を増す社会である（中央教育審議会，2012）。

協同学習
協同学習とは，授業で，学習者たちが小グループで活動するなかで，学ぶ内容の理解・習得とともに，協同の意義・技能を磨き，協同の価値を学ぶことを目指した教育活動である。

3　学級集団に起因する問題に対する支援のあり方

「不登校」「いじめ」「学級崩壊」などの問題は，学級集団に関連する問題であり，問題を抱える児童生徒に個別対応をするだけでは解決することは難しく，環境要因である学級集団への対応が同時になされなければ，根本的な解決にはつながらないものです。本節では，この両面について解説します。

1　児童生徒への支援のあり方

児童生徒同士，また教員との関係が親和的な関係になるように育成することが，ソーシャルサポートを向上させることにつながります。

①ソーシャルスキル・トレーニング（SST）

親和的な関係を構築するために，学級内の児童生徒にソーシャルスキル・トレーニング（SST）をするのも有効です。人と関わる，社会や集団に参加し協同生活・活動するための知識と技術がソーシャルスキル（social skills）です。支持的風土のある学級集団が形成できないのは，学級内の児童生徒の性格の問題という前に，ソーシャルスキルが未熟で，ソーシャルスキルの学習不足といえるからです。

親和的で建設的にまとまった学級で子どもたちが活用しているソーシャルスキル，学級生活を満足度が高く意欲的に送っている子どもたちが活用しているソーシャルスキルの共通点が整理され，「**学級生活で必要とされるソーシャルスキル（CSS）**」として体系化されています（河村ほか，2007，2008）。一つは「配慮のスキル」で，「何か失敗したときに，ごめんなさいという」「友達が話しているときは，その話を最後まで聞く」など，対人関係における相手への気づかい，対人関係における最低限のマナーやルール，トラブルが起きたときにセルフコントロールしたり自省したりする姿勢，などが含まれたソーシャルスキルです。

もう一つは「関わりのスキル」で，「みんなと同じくらいはなしをする」「係りの仕事は最後までやりとげる」など，対人関係の形成と維持，集団活動に関わる姿勢，などの自主的な行動が含まれたソーシャルスキルです。CSS を身につけさせながら，子ども同士の対人関係を形成し，集団活動に取り組ませていくことが，支持的風土のある学級集団を育成する早道となります。

②構成的グループエンカウンター（SGE）

児童生徒間の親和的な関係を育成する有効な一つの手法が，グループ・アプローチを活用することです。グループ・アプローチとは，個人の心理的治療・教育・成長，個人間のコミュニケーションと対人関係の発展と改善，および組織の開発と変革などを目的として，小集団の機能・過程・ダイナミックス・特性を用いる各種技法の総称（野島，1999）です。グループ・アプローチは，**グループカウンセリング***と近似した効果が期待されます。そのなかの一つが**構成的グループエンカウンター（SGE）**です。

エンカウンターは「あるがままの自己」の自己開示です。これがメンバー同士やメンバーとリーダー間のリレーション（ふれあい：本音と本音の交流）を形成します。そして，リーダーがエクササイズ（課題）を使用し，グループ・サイズや時間を指定するといった場面設定（条件設定）をして，一定のプログラ

参照
ソーシャルスキル・トレーニング
対人関係を形成・維持する技術であるソーシャルスキルを習得するためのトレーニングを，ソーシャルスキル・トレーニング（SST）という。
→９章参照

プラスα
グループ・アプローチ
教育関係で活用されるグループ・アプローチは，参加するメンバーの人格形成の促進が目的になることが多い。グループでの生活・活動体験がそのまま体験学習として活かされるようにプログラムされているのである。

語句説明
グループカウンセリング
1対1で行うカウンセリングではなく，似たような悩みをもった数人の小グループとカウンセラーで行うカウンセリングである。他者のなかに自分を見たり，自分と他者との違いを認識したりできるので，自己理解や人間関係の理解も深まる。

ム（エクササイズ）を中心に進めていくものを構成的グループエンカウンター（國分，1981，1992）といいます。リーダーと教員の役割，プログラムと特別活動などと類似した点があり，教育活動と類似点が多く学校現場で幅広く取り組まれています。

2 学級を担任する教員への支援の必要性

学級集団づくりに関する「学級経営」の科目は，実は教員免許取得のための科目で必修になっていません。そのための学習は，3週間前後の教育実習があるのみです。したがって，建設的な学級集団を育成するにはどのような対応をすればいいのか，学級崩壊にならないようにするためにはどうすればいいのか，戸惑っている教員も少なくありません。学校現場では，目標とする学級集団の状態とそれを形成するための方法論について曖昧になっているのが現状で，ほとんどの教員の学級経営の進め方は「自己流」に近いものなのです。

さらに，特別な支援の必要な子どもも，可能な限り通常学級に在籍して，他の子どもたちと一緒に生活し学習する形態が目指される，インクルーシブ教育が推進されてくる学校現場（文部科学省，2012）では，「多様な人々との人間関係形成の場」となる学級集団づくりが求められ，学級づくりの難しさは高まっています。したがって，担任する学級集団をより建設的に学級経営できるための支援を求めている教員たちは少なくないのです。

3 問題の把握方法

前述の1項，2項に具体的に対処する支持的風土のある学級集団を形成するために，個々の児童生徒の多様な実態と学級集団の状態について，適切な実態把握が求められます。学校現場では，いじめアンケートなどが独自に作成され使用されています。そのようななかで，2017年度にのべ500万人の児童生徒に活用されたのが，妥当性と信頼性が担保された標準化された心理検査Q-U（QUESTIONNAIRE − UTILITIES）です。

参照
Q-U
→1章，13章

Q-Uは，児童生徒が学校生活において満足感や充実感を感じているか，自分の存在や行動をクラスメートや教員から承認されているか否かに関連している「承認感」と，不適応感やいじめ・冷やかしの被害の有無と関連している「被侵害・不適応感」の2つの下位尺度から構成され，児童生徒たちの学級生活の満足度と学級生活の領域別の意欲・充実感から，不登校になる可能性の高い児童生徒，いじめ被害を受けている可能性の高い児童生徒，各領域で意欲が低下している児童生徒，など，個々の児童生徒の特性や問題を発見することができるのです。

①子どもたち個々の把握

Q-Uでは各児童生徒の上記の2つの得点を全国平均値と比較して4つの群

に分類して理解します。

①学級生活満足群：「承認得点」高い，かつ，「被侵害・不適応得点」低い

不適応感やトラブルも少なく，学級生活・活動に意欲的に取り組めている児童生徒。

②非承認群：「承認得点」低い，かつ，「被侵害・不適応得点」低い

不適応感やいじめ被害を受けている可能性は低いが，学級内で認められることが少なく，自主的に活動することが少ない児童生徒。

③侵害行為認知群：「承認得点」高い，かつ，「被侵害・不適応得点」高い

対人関係でトラブルを抱えているか，自主的に活動しているが自己中心的な面があり他の児童生徒とトラブルを起こしている可能性の高い児童生徒，ネガティブなモニタリング*をする傾向の強い児童生徒など。

④学級生活不満足群：「承認得点」低い，かつ，「被侵害・不適応得点」高い

いじめや悪ふざけを受けている，不適応になっている可能性の高い児童生徒。学級のなかで自分の居場所を見出せないでいる児童生徒。

語句説明
モニタリング
モニタリングとは，対象を観察することである。

Q-U で分類された４つのタイプは，児童生徒たちの援助ニーズの目安になります。不満足群の児童生徒が３次支援レベル（問題行動が表出しており，学級内で，一人で自律して生活や活動ができない状態で，個別に特別の支援が求められるレベル）であることが想定され，非承認群と侵害行為認知群の児童生徒が２次支援レベル（問題行動は表出してはいないが，内面に問題を抱えていたり，不適応感も高まっていて，一斉指導や全体の活動のなかで個別配慮が常に必要なレベル）であることが想定されるのです。

②学級集団の状態の把握

学級内のすべての児童生徒たちの「承認感」と「被侵害・不適応感」の得点の交点の分布状態によって，学級集団の状態を判定することができます。学級集団の状態は，学級集団を学級内のルールの確立度とリレーション*（親和的な人間関係）の確立度の２つの視点でとらえます。学級内のすべての児童生徒たちの「被侵害・不適応感」の得点の分布を学級内の「ルールの共有」と対応させ，すべての児童生徒たちの「承認感」の得点の分布を学級内の「親和的な人間関係の確立」と対応させて考えるのです。それによって，学級集団の状態を，学級集団の一連の発達過程のなかに位置づけてとらえることができるのです（図4-1，4-2の右側の図）。

語句説明
リレーション
リレーションとは，互いに構えのない，率直に感情交流できるふれあいのある関係である。

現状の学級集団の状態を確認したら，目標とする学級集団の状態に近づけるために，学級内のルールとリレーションの確立のために何をするのかを検討します。検討が必要な領域は次の点です。

「担任教員の対児童生徒へのリーダーシップのとり方」「授業の進め方」「学級活動の展開の仕方（朝，帰りのホームルームも含めて）」「給食・掃除時間の展

開の仕方」「時間外（休み時間・放課後）に必要な対応（個別面接・補習授業等）」「学年の連携の仕方（TT（チームティーチング），合同授業等，担任教員の役割の明確化）」「担任教員のサポートのあり方，作戦会議の計画」「保護者への説明・協力体制のあり方」「個別対応が必要な児童生徒への対応のあり方」などです。

多くの学校では，Q-U を実施し，その結果を分析して学級集団づくりの対応策を立案し，実行する，この一連のプロセスを校内や学年団の教員たちで取り組んでいるのです。

このような検討会で難しいのは，学級集団が不安定になっている担任教員が，現状を受け入れることができず，その改善に取り組まないことです。教員は学級集団の状態を自分の評価ととらえがちで，それが悪いと自己否定されたと感じて抵抗がおこることが多いのです。そこで，このような検討会のコンサルテーションを担う公認心理師は，担任教員が頑張っていることを受容し，そのうえで評価ではなく，現状をよりよくする対応を考えよう，という展開に導くことが求められるのです。

考えてみよう

学級集団には発達過程がありますが，次の 2 点についてグループの学生同士で話し合ってみましょう。

1．小中高校時代で，最も思い出に残っている学級を取り上げ，その学級の発達過程の段階を推測し，具体的な状況にまつわるエピソードを 2，3 説明しましょう。
2．1. で取り上げた学級を担任された先生は，どのような学級集団づくりをされたのか，具体的な手立てにまつわるエピソードを 2，3 説明しましょう。

本章のキーワードのまとめ

特別活動	学校教育の教育課程における教科外活動で，望ましい集団活動を通して人間形成を図る教育活動である。特別活動には，学級活動，児童会活動，クラブ活動および学校行事がある。
教科外活動	教科は，学校教育として，文化遺産の知識や技能を，教育的観点から系統的に組織したもので，児童生徒が学習すべき教科として，国語，社会，算数，理科，音楽，図画工作，家庭，体育などがある。教科外活動とは，学校教育における教科以外の学習で，特別活動などがある。
学級風土	所属する児童生徒がその集団特有の考え方や行動を意識的・無意識的に身につけ行動するような，日々の行動に関して，「べし，べからず」といった規則，集団規範などの影響を与えるその学級独自の雰囲気である。
準拠集団	個人が愛着や親しみを感じ，自らその集団に積極的にコミットしたいと考え，結果として個人が信念・態度・価値を決定する場合や行動指針を求める場合などに判断の根拠を提供する社会集団のことである。
学級集団の発達過程	学級集団は児童生徒間の相互作用，集団の分化，集団機能の変化などによりその様相は変化する。それを学級集団の発達過程という。学級集団の発達過程には，プラスとマイナスの一定の方向性がある。
ソーシャルサポート	家族や友人，同僚などの周りの他者やサークルなどの集団から提供される心理的，実態的な援助をソーシャルサポートという。ソーシャルサポートには，情緒面に働きかける情緒的サポート，自己評価に働きかける評価的サポート，知識や情報提供などの情報的サポート，何らかの実体を伴う直接的な支援である道具的サポートなどがある。
学級崩壊	授業が成立しないなど，教育活動が学級という集団を単位として実施できないというような状態，学級がうまく機能しない状況を学級崩壊という。学級崩壊はすでに一定の比率で存在している。「学級」を単位として教育を展開する日本の学校では，学級崩壊は教育活動の基盤を揺るがす問題といえる。
学級生活で必要とされるソーシャルスキル（CSS）	親和的で建設的にまとまった学級で，学級生活を満足度が高く意欲的に送っている子どもたちが活用しているソーシャルスキルを整理して体系化したのが，「学級生活で必要とされるソーシャルスキル（CSS）」であり，「配慮のスキル」と「関わりのスキル」の２つの領域から成り立っている。
グループカウンセリング	１対１で行うカウンセリングではなく，似たような悩みをもった数人の小グループとカウンセラーで行うカウンセリングである。他者のなかに自分を見たり，自分と他者との違いを認識したりできるので，自己理解や人間関係の理解も深まる。
構成的グループエンカウンター（SGE）	グループエンカウンターとは集団のなかでの出会い・ふれあい（リレーション：本音と本音の交流）のことであり，リーダーがエクササイズを使用したり，そのためのグループ・サイズや時間を指定するといったように場面設定（条件設定）をして，一定のプログラム（エクササイズ）を中心にグループエンカウンターを進めていくものが構成的グループエンカウンターである。

第5章 生徒指導の課題と支援

この章では，学校現場における生徒指導とは何か，いじめや不登校などの生徒指導上の諸課題に対応する際の留意点や支援方法について述べます。生徒指導では，学校心理学や教育学の知識だけでなく，文部科学省や教育委員会の教育行政施策や学校教育法をはじめとする関連法規の理解が不可欠です。その意味では，「リーガルナレッジ（法知識）を基盤とした個別発達支援」が，生徒指導の特色といえます。

1 生徒指導とは何か

学校での教師の仕事として，生徒指導は教科指導と並ぶほど重要です。しかし，生徒指導とは何かということは，一般には意外なほど理解されていません。生徒指導のコ・ワーカー（co-worker：協働者）である**スクールカウンセラー**（以下，SC と略）やスクールソーシャルワーカー*（以下，SSW と略）も，まずこの点を理解しておくことが必要です。

参照
スクールカウンセラー
→2章，12章

語句説明
スクールソーシャルワーカー
スクールソーシャルワーカーは，2008年より文部科学省により導入された福祉の専門家である。たとえば，虐待を受けている子どもの援助を行う。具体的な業務に関しては，文部科学省が2010年度より毎年度「スクールソーシャルワーカー実践活動事例集」を公開している。
→2章，10章参照

1 生徒指導の定義と目的

生徒指導の国家的な基本書である『**生徒指導提要**』デジタルテキスト（文部科学省，2022）において，「生徒指導とは，児童生徒が，社会の中で自分らしく生きることができる存在へと，自発的・主体的に成長や発達する過程を支える教育活動のことである。なお，生徒指導上の課題に対応するために，必要に応じて指導や援助を行う」と定義されています。また，「生徒指導は，児童生徒一人一人の個性の発見とよさや可能性の伸長と社会的資質・能力の発達を支えると同時に，自己の幸福追求と社会に受け入れられる自己実現を支えることを目的とする」と明記されています。

生徒指導の定義や目的からわかるように，生徒指導は子ども一人ひとりの社会的自己実現をサポートする個別発達支援だといえます。子どもたちが，自分自身で個性の発見，よさや可能性を伸ばせるように手助けしながら，同時にソーシャルスキルを育み，子ども自身が状況に応じて適切に行動できるような自己指導能力*の獲得を支援します。なお，いじめ・暴力行為・不登校・虐待などが起きた場合は，その解決に向けた指導や援助を行います。

個別発達支援では，子ども一人一人の興味・関心，学力，社会性，家庭環境などの児童生徒理解が重要です。同時に，生徒指導を進めていくうえで，教師と子どもとの信頼的な人間関係，すなわち，子どもが先生に悩みや気になることをすぐに相談できる**教師―児童生徒関係**を築くことが基盤となります。

図5-1　生徒指導の重層的支援構造

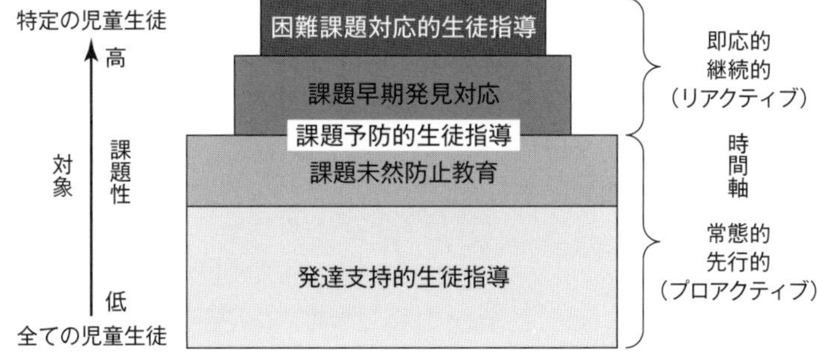

出所：文部科学省，2022

2　生徒指導の構造

同書では，生徒指導を組織的・計画的に実践するためのモデルとして，図5-1のような２軸３類４層から成る重層的支援構造が提示されています。

① ２軸とは，時間軸からの分類で，常態的・先行的（プロアクティブ）な生徒指導と即応的・継続的（リアクティブ）な生徒指導です。わかりやすくいうと，前者は，日常の授業や体験活動を通した育てる生徒指導です。後者は，諸課題に直面した場合の事後対応的・課題解決的なかかわり続ける生徒指導です。

② ３類とは，課題性の高低からの分類です。発達支持的生徒指導，課題予防的生徒指導，困難課題対応的生徒指導の順番で，生徒指導の課題性は高くなります。

③ ４層とは，子どもの対象範囲からの分類です。全ての子どもを対象とした「発達支持的生徒指導（第１層）」と「課題予防的生徒指導・課題未然防止教育（第２層）」，諸課題の初期状態にある一部の子どもを対象とした「課題予防的生徒指導・課題早期発見対応（第３層）」，諸課題を抱えている特定の子どもを対象とした「困難課題対応的生徒指導（第４層）」です。

学校心理学との対応関係でいうと，③の４層のうち，第１層と第２層が一次的援助サービス，第３層が二次的援助サービス，第４層が三次的援助サービスに相当します。SC や SSW は，学校の教職員と連携・協働して，全ての生徒指導にかかわります。特に，SC はいじめや不登校等の課題が起きてからのリアクティブな生徒指導が業務だと思われがちですが，未然防止を含むプロアクティブな生徒指導にも積極的にかかわることになります。

語句説明

自己指導能力

『生徒指導提要』では，児童生徒が，深い自己理解に基づき，「何をしたいのか」「何をするべきか」，主体的に問題や課題を発見し，自己の目標を選択・設定して，この目標の達成のため，自発的，自律的，かつ，他者の主体性を尊重しながら，自らの行動を決断し，実行する力，と定義されている。

3　生徒指導情報の収集法

生徒指導の諸課題の実態，教育施策，支援方法は，社会状況によって常に変化しています。そのため，生徒指導情報を収集して自己学習する習慣を身につけてください。生徒指導の収集方法は，以下の通りです。

①国レベルの情報

必読文献としては，『生徒指導提要』デジタルテキストと，文部科学省が毎年公開している「**児童生徒の問題行動・不登校等生徒指導上の諸課題に関する調査**」です。

前者は，学校教職員や関係機関等のスタッフ向けの共通教科書ですから，内容理解が必須です。とりわけ，第Ⅱ部のいじめ他諸課題のトピックは，〔関係法規や通知等〕・〔組織体制と計画〕・〔未然防止・早期発見・対応・困難課題対応〕・〔関係機関等との連携体制〕という項目で構成されているので，包括的に学習しておくことが大切です。後者は，生徒指導の諸課題に関する全国調査の結果です。各自治体の情報もあるので，実態把握の基礎資料です。

Web 検索で，「文部科学省」と「生徒指導」または「いじめ（課題名）」をキーワードにクロス検索をします。生徒指導の基本情報は，文部科学省ホームページにもありますが，この方がすばやく検索ができます。

また，文部科学省の研究機関として，国立教育政策研究所生徒指導・進路指導研究センターがあります。同センターの「1　生徒指導関係」に，生徒指導資料集・生徒指導支援資料・調査研究報告書・生徒指導リーフなどが公開されています。

②地方自治体レベルの情報

地方自治体の生徒指導施策や情報は，調べたい地方自治体名に教育委員会をつけたキーワードと，「生徒指導」をキーワードに Web 検索をします。たとえば，「東京都教育委員会」と「生徒指導」でクロス検索をすると，東京都の生徒指導の重点目標やいじめ関連情報などを閲覧できます。また，地方自治体が設置している教育センターにも生徒指導関係の教師向けのガイドブックや調査研究報告書などがあります。

③学会レベルの情報

生徒指導に関する研究情報については，日本学術会議協力学術研究団体（以下，学会と略）の情報があります。日本生徒指導学会は，我が国唯一の生徒指導に関する学会です。同学会の学会誌は，『生徒指導学研究』です。この他，一般社団法人日本学校教育相談学会があります。学会誌は，『学校教育相談研究』です。学会員となって，学会誌を定期購読する，年次大会で自己の研究を発表する，論文として公表することは自己の専門性を深めます。

プラスα

生徒指導リーフ

生徒指導を理解する手助けとなる資料として，国立教育政策研究所生徒指導・進路指導研究センターが，2012年から公開している『生徒指導リーフ』シリーズがある。

地方自治体独自の生徒指導の手引

教育委員会が独自に作成している教師向けの生徒指導ハンドブックやガイドブックは，当該地域での生徒指導を理解するうえで，大切である。

例：横浜市教育委員会（2015）『児童生徒指導の手引き（改訂版）』

2　普遍的な課題

生徒指導の課題を大別すると，学校現場で発生頻度の高い普遍的な課題と，発生頻度の低い特殊的な課題があります。

普遍的な課題として，いじめ，不登校，暴力行為があります。これらの実態については，前出の文部科学省が毎年度公表している「児童生徒の問題行動・不登校等生徒指導上の諸課題に関する調査」が参考になります。同調査は，文部科学省の当該ホーページや政府統計の総合窓口（e-Stat）に公開され，最新版から過去に遡って閲覧できます。SCとしては，必読文献です。以下，個々の課題について見てみましょう。

1 いじめと「いじめ防止対策推進法」

いじめ*は，生徒指導の問題行動として最も多くみられます。いじめの種類や程度は，言葉による冷やかしやインターネット上での書き込みやメッセージによる心理的いじめ，暴力による物理的いじめなど多様です。また，深刻ないじめで，自死する場合もあり，社会問題化しています。

いじめでは，いじめの防止，早期発見，対応が重要となります。その場合，**「いじめ防止対策推進法」**に準拠しなければなりません。同法は，2013年に公布・実施されており，全6章・35条から構成されています。第4条で「児童等は，いじめを行ってはならない」と明記されています。また，第22条で「学校におけるいじめの防止等の対策のための組織」を必ず設置することになっており，SCやSSWは「心理，福祉等に関する専門的な知識を有する者」としてスタッフになっていることが多いです。

深刻ないじめは，「重大事態」（第28条）となります。重大事態には，次の2種類があります。

① いじめにより当該学校に在籍する児童等の生命，心身又は財産に重大な被害が生じた疑いがあると認めるとき。（生命心身財産重大事態）

たとえば，子どもが自死を企図する，けがをする，金品を奪われる，精神性の疾患を発症するなどが該当します。

② いじめにより当該学校に在籍する児童等が相当の期間学校を欠席することを余儀なくされている疑いがあると認めるとき。（不登校重大事態）

いじめが原因となって，不登校となった場合です。欠席期間の目安は，自治体によって異なりますが，おおむね30日です。

学校のいじめ防止等については，各学校で「学校いじめ防止基本方針」を作成して，ホームページで公開しています。その基本方針をダウンロードして，当該学校のいじめ防止等の組織，いじめの未然防止策，早期発見の方法，いじめや重大事態が起きた場合の対応フロー，いじめ防止教育や研修の年間計画を理解することが重要となります。

2 切れ目のない不登校支援

いじめに次いで多いのが，不登校です。前出の生徒指導調査では，長期欠席

語句説明

いじめ

いじめ防止対策推進法では，以下のように定義されている。

「第二条　この法律において「いじめ」とは，児童等に対して，当該児童等が在籍する学校に在籍している等当該児童等と一定の人的関係にある他の児童等が行う心理的又は物理的な影響を与える行為（インターネットを通じて行われるものを含む。）であって，当該行為の対象となった児童等が心身の苦痛を感じているものをいう。」

→4章参照

プラスα

いじめ対策事例集

文部科学省が，いじめ対策の実事例を紹介している。いじめ対策に関する実践的知識を得ることができる。

文部科学省初等中等教育局児童生徒課（2018）『いじめ対策に係る事例集』

生徒指導の対応フロー

生徒指導に関する対応の流れは，以下が参考となる。

水野治久・諸富祥彦編（2013）『教師のための問題対応フローチャート――不登校・授業・問題行動・虐待・保護者対応のチェックポイント』図書文化社

のうち「不登校」とは，「何らかの心理的，情緒的，身体的，あるいは社会的要因・背景により，児童生徒が登校しないあるいはしたくともできない状況にある者（ただし，「病気」や「経済的理由」による者を除く。）」を指しています。また，年度間に連続又は断続して年間 30 日以上欠席した子どもが該当します。不登校は，心の問題のみならず，子どもの進路問題や将来的な社会的自立の問題に直結します。

不登校の要因・背景は，多様で複雑です。小中学校では，本人に係る要因としては，「無気力・不安」が最も多く，次いで「生活リズムの乱れ，あそび・非行」が多いです。「家庭に係る状況」でみると，「親子の関わり方」が多いです。「学校に係る状況」では，「いじめを除く友人関係をめぐる問題」が最も多く，次いで「学業の不振」が多くみられます。この他，発達障害の二次障害と考えられるケースや児童虐待が背景にあるケースがあります。そのため，義務教育の段階における普通教育に相当する教育の機会の確保等に関する法律にあるように，子どもの実態把握が重要となります。

不登校の対応では，学級・ホームルーム担任単独での支援だけでなく，担任・生徒指導担当・教育相談担当・養護教諭・SC・SSW が校内支援チームを編成して支援する，あるいは学校と教育委員会・病院・警察・福祉機関などがネットワーク型支援チームを編成して支援するのが一般的です。

子どもが一度不登校になると，長期化する傾向にあります。また，小学校から中学校への学年進行とともに，増加傾向にあります。年度内の不登校解消率は，約 3 割程度であるため学年を超えた継続的な支援と，小学校から中学校，中学校から高等学校へと校種をつなぐ切れ目のない支援が必要となります。文部科学省（2019）は，子ども一人ひとりの不登校の状態の的確な把握と，教職員や関係機関等との情報共有による組織的・計画的支援を行うために，「**児童生徒理解・支援シート**」の作成を推奨しています。

3 暴力行為と懲戒

暴力行為には，対教師暴力・生徒間暴力・対人暴力・器物損壊の 4 種類が含まれます。暴力行為は，絶対に許されるものではありません。したがって，加害側の子どもに対しては，法的対応が必要となる場合があります。

「学校教育法」第 11 条で，校長及び教員は，教育上必要があると認めるときは，子どもに対して「**懲戒**を加えることができる。ただし，体罰を加えることはできない」と規定されています。懲戒の種類としては，訓告・停学・退学（「学校教育法施行規則」第 26 条第 2 項）の 3 つがあります。公立の小・中学校では，訓告以外はできません。また，「学校教育法」第 35 条では，他の子どもや教師に暴言や怪我を負わせる，施設を損壊する，授業妨害をするなどを繰り返し行う子どもに対しては，市町村教育委員会がその保護者に**出席停止***を命

プラスα

不登校対応への支援ガイドブック

各教育委員会で，不登校の子どもへの支援に関するガイドブックが作成されているので，それを閲覧することも大切である。
例：東京都教育委員会『児童・生徒を支援するためのガイドブック～不登校への適切な対応に向けて～』(2018)

語句説明

出席停止

出席停止では，対象となる子どもに指導を行うため停学とは異なる。
学校教育法「第三十五条　市町村の教育委員会は，次に掲げる行為の一又は二以上を繰り返し行う等性行不良であつて他の児童の教育に妨げがあると認める児童があるときは，その保護者に対して，児童の出席停止を命ずることができる。
一　他の児童に傷害，心身の苦痛又は財産上の損失を与える行為
二　職員に傷害又は心身の苦痛を与える行為
三　施設又は設備を損壊する行為
四　授業その他の教育活動の実施を妨げる行為」

ずることができます。この出席停止措置は，義務教育段階の子どもが対象です。

暴力行為は軽重にかかわらず，一度起きてしまうと学校崩壊につながります。暴力行為が起きてからの対応以上に，起きないような防止教育が大切となります。暴力行為のない学校づくり研究会（2013）『暴力行為のない学校づくりについて（報告書）』で示されているように，ソーシャルスキルトレーニングや自分の怒りの感情をコントロールするアンガーマネジメントなど心理教育プログラムを，教師と協力して小・中・高等学校で計画的に実践して防止することが大切です。

3　特殊的な課題

発生頻度は低いが深刻で特殊的な課題として，少年非行，児童虐待，薬物乱用があります。

1　少年非行と「少年法」

20歳未満の者が犯罪行為を行った場合，一般的には刑法で裁かれることはなく，「**少年法**」による処遇となります。この法律で「少年」とは，20歳に満たない者を指します。非行少年は，次のように分類されています。

① 刑罰法規に触れるが14歳未満で刑事責任を問われない触法少年

② 14歳以上20歳未満の刑罰法規に触れる行為をした犯罪少年

③ 刑罰法規には該当しないが将来の犯罪への関与が予測される行為（イ　保護者の正当な監督に服しない性癖のあること。ロ　正当の理由がなく家庭に寄り附かないこと。ハ　犯罪性のある人若しくは不道徳な人と交際し，又はいかがわしい場所に出入すること。ニ　自己又は他人の徳性を害する行為をする性癖のあること。）を行うぐ犯（虞犯）少年

14歳以上の少年事件は，原則家庭裁判所に送致されます。家庭裁判所では調査を行い，ケースによっては審判不開始となります。審判が開始された場合は，不処分・保護処分・検察官送致などがあります。審判とは，当該の子どもに本当に非行があったかどうかを確認し，非行内容や個々の子どもの抱える問題性に応じた適切な処分を選択するための手続です。

保護処分には，次の3種類があります。

①保護観察

子どもを施設に送致せずに，保護観察官（常勤の国家公務員）や保護司（法務大臣から委嘱を受けた非常勤の国家公務員）の指導・監督の下に，社会内で更生を図ります。

プラスα

少年非行の統計データ

特殊的な課題の動向に関する統計データと説明資料が，警察庁から公開されている。

警察庁（2022）『少年からのシグナル』

語句説明

児童自立支援施設

児童福祉法での定義は，以下の通りである。

「第四十四条　児童自立支援施設は，不良行為をなし，又はなすおそれのある児童及び家庭環境その他の環境上の理由により生活指導等を要する児童を入所させ，又は保護者の下から通わせて，個々の児童の状況に応じて必要な指導を行い，その自立を支援し，あわせて退所した者について相談その他の援助を行うことを目的とする施設とする」。

児童養護施設

「第四十一条　児童養護施設は，保護者のない児童（乳児を除く。ただし，安定した生活環境の確保その他の理由により特に必要のある場合には，乳児を含む。以下この条において同じ。），虐待されている児童その他環境上養護を要する児童を入所させて，これを養護し，あわせて退所した者に対する相談その他の自立のための援助を行うことを目的とする施設とする」。

参照

児童虐待

→10章

プラスα

児童虐待施策情報

児童虐待に関しては，厚生労働省ホームページの「児童虐待防止対策」に児童虐待の動向，防止の取組，法令や通知などが掲載されている。

②児童自立支援施設*・児童養護施設*送致

両施設ともに，児童福祉法によって設置されています。保護者がいない，あるいは保護者による監護が適当ではない子どもに対して，安定した生活環境の下で，生活指導・学習指導・体験活動などを通して養育されます。

③少年院送致

少年院は，法務省所管の施設で，犯罪傾向の進度や心身の障害の有無によって第１種から第５種まであります。少年法では，第１種から第３種少年院のいずれかに送致されます。少年院では，生活指導，職業指導，教科指導，保健・体育及び特別活動などの矯正教育が行われています。参考資料としては，法務省矯正局『明日につなぐ　少年院のしおり』があります。

④検察官送致

14歳以上の子どもが凶悪な犯罪を行った場合に，保護処分でなく刑事処分が適当だと判断された時は，検察庁に事案が返されます。

なお，18・19歳の者が罪を犯した場合には，「特定少年」として17歳以下の少年とは異なる特例を定めています。具体的な保護処分は，少年院送致，2年間の保護観察（遵守事項に違反した場合には第５種少年院に収容することが可能），6か月の保護観察のいずれかとなります。

学校での非行防止は，保護者や警察などの関係機関と連携・協力の下に，「非行防止教室」プログラムとして実施されています。

2　児童虐待と通告義務

児童虐待は，急増しています。虐待を受けた多くの子どもが死亡するなど，社会問題化しています。児童虐待では，**「児童虐待の防止等に関する法律」**（2000年）の理解が不可欠です。近年，保護者が子どもに過度の教育的期待を言葉で押しつける教育虐待が注目されていますが，同法で規定されている子どもへの保護者や同居人による児童虐待には，次の４種類があります。なお，同法での「児童」とは，18歳未満の子どもを指しています。

①身体的虐待

児童の身体に外傷が生じ，又は生じるおそれのある暴行を加えること。（殴る・蹴る・熱湯や油をかけるなど）

②性的虐待

児童にわいせつな行為をすること又は児童をしてわいせつな行為をさせること。（子どもへの性暴力やポルノ画像・動画の被写体にするなど）

③心理的虐待

児童に対する著しい暴言又は著しく拒絶的な対応，児童が同居する家庭における配偶者に対する暴力その他の児童に著しい心理的外傷を与える言動を行うこと。（子どもに対する暴言や無視，きょうだい間での極端な差別的扱い，ドメス

ティック・バイオレンスなど）

④ネグレクト

児童の心身の正常な発達を妨げるような著しい減食又は長時間の放置，保護者以外の同居人による①から③に掲げる行為と同様の行為の放置その他の保護者としての監護を著しく怠ること。（衣食住の世話をしない，病気でも医師にみせない，車に長時間放置する，家に閉じ込め学校に行かせないなど）

同法第６条では，「児童虐待を受けたと思われる児童を発見した者」は，速やかに，市町村や都道府県の設置する福祉事務所や**児童相談所***に通告しなければならないことが明記されています。通告に際しては，確証がなくてよいです。また，通告は守秘義務違反にはなりません。

教師・SC・SSW は，児童虐待を発見しやすい立場にあることを自覚し，児童虐待の早期発見に努めなければなりません。児童虐待の対応に当たっては，文部科学省（2020）『学校・教育委員会等向け 虐待対応の手引き 令和２年６月改訂版』で自己学習しておくとよいです。

3　薬物乱用と喫煙・飲酒防止

薬物乱用は，低年齢化し中学生や高校生でみられます。また，薬物乱用は，子どもの喫煙経験や飲酒経験と関連すると言われています。そのためタバコや酒は，薬物乱用につながるゲートウェイ・ドラッグ（入門薬物）と呼ばれています。そのため薬物乱用防止を促進するために，小学校の体育や中学・高等学校の保健体育を中心に，喫煙・飲酒防止教育が実施されています。

法的には，喫煙は，明治 33 年に公布・施行された「未成年者喫煙禁止法」で禁止されてきました。また，飲酒は，大正 11 年に制定された「未成年者飲酒禁止法」で禁止されてきました。これらの法律は，民法改正による成年年齢の引き下げに伴い，2022 年４月１日より「二十歳未満ノ者ノ喫煙ノ禁止ニ関スル法律」および「二十歳未満ノ者ノ飲酒ノ禁止ニ関スル法律」に改めることになりました。

乱用薬物には，覚醒剤・大麻・ヘロイン・コカイン・MDMA，覚醒剤・大麻に似た化学構造をもつ物質を添加した危険ドラッグやシンナーなどの有機溶剤があります。乱用薬物を，一度でも使用すると薬物乱用となります。

薬物乱用は，〔①薬物の使用→②薬物効果の減少・消失→③精神的・身体的苦痛（退薬症状または離脱症状ともいう）→④薬物探索行動→④薬物の使用〕のサイクルを繰り返します。薬物を一度使用すると，耐性ができるため薬物の量が増加します。薬物乱用は，脳をはじめ心身に機能障害をもたらします。また，薬物による幻覚や妄想から殺人や暴力をふるう，薬物欲しさに窃盗，恐喝，売春などをします。薬物乱用は，薬物ごとに法律で厳しく規制されています。たとえば，覚醒剤は覚醒剤取締法によって禁止されています。

語句説明

児童相談所

児童福祉法にもとづいて設置され，18歳未満の子どもに関する相談や通告を受けつけてくれる。

例：東京都（2022）『児童相談所のしおり～2022年（令和４年）版～』および『みんなの力で防ごう　児童虐待～虐待相談のあらまし～』

プラスα

薬物乱用防止の啓発

薬物乱用防止に関しては，以下の資料が役立つ。

警察庁（2022）『薬物乱用のない社会を』

薬物乱用防止については，薬物乱用対策推進会議（2018）『第五次薬物乱用防止五か年戦略』において，薬物乱用防止教室を「すべての中学校及び高等学校において年１回は開催するとともに，地域の実情に応じて小学校においても開催に努める。」と明記しています。

参照
スクールカウンセラー（SC）
→2章，12章

4　スクールカウンセラーの職務

日本での SC 制度は，1995 年に文部科学省によって開始されました。その後，2017 年３月に，学校教育法施行規則の一部改正により SC の職務内容が規定されました。職務内容を抜粋すると，次のようになります。

① 不登校，いじめ等の未然防止，早期発見，支援・対応等
- 児童生徒及び保護者からの相談対応
- 学級や学校集団に対する援助
- 教職員や組織に対する助言・援助（コンサルテーション）
- 児童生徒の心の教育，児童生徒及び保護者に対する啓発活動

② 不登校，いじめ等を認知した場合又はその疑いが生じた場合，災害等が発生した際の援助
- 児童生徒への援助
- 保護者への助言・援助（コンサルテーション）
- 教職員や組織に対する助言・援助（コンサルテーション）
- 事案に対する学校内連携・支援チーム体制の構築・支援

SC の従来の生徒指導でのイメージは，不登校やいじめなどが起きた後の個別カウンセリングによる三次的援助者です。しかし，これからの SC は，学校の教職員，保護者，地域住民，関係機関のスタッフと連携・協働し，未然防止や早期発見・早期解決に貢献する一次的教育援助者，二次的教育援助者としても期待されています。

考えてみよう

「いじめ防止対策推進法」から，いじめの防止，早期発見，対応の各段階で SC として何ができるか考えてみましょう。

本章のキーワードのまとめ

生徒指導提要	文部科学省が，2022 年 12 月にデジタルテキストで公表した生徒指導に関する基本書である。小学校段階から高等学校段階までの生徒指導の理論や諸課題への対応方法等を，網羅的にまとめた，組織的・体系的な生徒指導の取組を進める際の拠り所である。
教師―児童生徒関係	子どもと教師の出会いは，強制的である。そのため，子どもたちが，困ったときや気になることがあったときに，すぐに教師に相談できるようにするには，両者の間に信頼的な人間関係が構築されておかなければならない。
児童生徒の問題行動・不登校等生徒指導上の諸課題に関する調査	文部科学省が，47 都道府県ならびに指定都市に毎年度実施している生徒指導の諸課題の実態調査である。暴力行為・いじめ・出席停止・不登校・自殺など，統計データが設置者別，校種別，学年別，性別，地域別で掲載されている。
いじめ防止対策推進法	2013 年に公布されたいじめの防止，早期発見，対処を規定した法律である。全 6 章 35 条から構成されている。学校のいじめ防止等は，学校いじめ防止基本方針に準拠して行われる。
児童生徒理解・支援シート	不登校の子ども一人ひとりの状態を的確に把握し，支援にかかわる教職員や関係機関などの職員と情報を共有し組織的・計画的・継続的に支援を行うために作成されるシートである。
懲戒と出席停止	暴力行為に対しては，学校教育法第 11 条により懲戒を加えることができる。ただし，体罰は禁止されている。懲戒の種類は，訓告・停学・退学がある。また，同法 35 条では，市町村教育委員会は，性行不良の子どもの保護者に対して，出席停止を命ずることができる。
少年法	20 歳未満の者が，犯罪行為を行った場合に適用される法律である。非行少年は，触法少年，ぐ犯少年，犯罪少年の 3 つに分類される。14 歳以上の子どもは，原則家庭裁判所に送致され審判に付される。
児童虐待の防止等に関する法律	2000 年に施行された児童虐待防止に関する法律である。児童虐待の定義（身体的虐待，心理的虐待，性的虐待，ネグレクト）や通告の義務が規定されている。児童虐待の通告は，確証がなくてもよく，守秘義務違反にもならない。
児童相談所	児童福祉法にもとづいて設置され，18 歳未満の子どもに関する相談を受け付ける。児童虐待は，養護相談に含まれる。児童福祉司・児童心理司・医師・保健師などの専門スタッフが相談にあたる。深刻な身体的虐待，性的虐待，ネグレクトの場合，当該の子どもを一時保護する。また，里親の斡旋も行う。

第6章 キャリア教育の課題と支援

本章ではキャリア教育について学びます。技術革新，国際化，雇用形態の多様化などから産業構造は大きく変わりました。学校から社会へ若者を送り出す School to Work（社会・職業への移行）という課題を円滑に進めるために，そして社会的・職業的自立を果たすためにキャリア教育は生まれ，推進されています。そしてキャリアカウンセリングはキャリア教育の要の一つであり，公認心理師への期待も大きい領域です。

1 キャリア教育とは何か

ここでは，キャリア*教育とはどんな教育のことなのか，そして心理学はキャリア教育にどのように貢献できるのかという点について学んでいきます。

文部科学省（2011）によると，キャリア教育とは，「一人一人の**社会的・職業的自立**に向け，必要な基盤となる能力や態度を育てることを通して，キャリア発達を促す教育」であるとされています。そして「特定の活動や指導方法に限定されるものではなく，様々な教育活動を通して実践されるものであり，一人一人の発達や社会人・職業人としての自立を促す視点から，学校教育を構成していくための理念と方向性を示すもの」とも説明されています。

大切な点はキャリア発達を促すことで，一人一人の社会的・職業的自立を目指していること，さまざまな教育機会がキャリア教育の活動となり得るという点です。つまり，相談場面で不登校の生徒と今後の方針について話題にするときにも，キャリア教育を意識することが重要だといえるのです。

語句説明
キャリア
キャリアという言葉の語源はラテン語の「轍（わだち）」であり，現時点までにたどってきた道のりとこれから進んでいく道のりの両方を意味する。人は単に仕事や職業だけではなく，家庭や余暇などのさまざまな場面で何かしらの役割を経験し，選んで，価値づけていく。これらの役割とその経験の積み重ねとつらなりがキャリアである。

1 キャリア教育の起源と導入経緯

では，キャリア教育はどのように生まれ，どのように発展してきたのでしょうか。キャリア教育の起源をたどると，1908年に米国ボストンで始まった**パーソンズ**（Parsons, F.）の職業指導運動に至ります。この運動は，若者への職業選択の相談や支援として始まりました。そして，学校から社会（職業）への移行，つまり School to Work をいかに円滑に進めるかという社会的課題に応えるために生まれ，発展していきます。パーソンズはこの運動の中心となった人物であり，自己理解，職業理解，マッチングという3段階で進められる職業決定の支援プロセスは，特性因子論としてよく知られています。実は，アメリカ心理学会（APA）の第17部会に位置づいているカウンセリング心理学の起源も同じくこの運動になります。

ときは流れて，職業（Vocation）という言葉はキャリア（Career）という概念に移り変わりました。この変化に伴って，職業選択（Vocational Choice）の支援は，人がどのような人生を選び，社会のなかでどのような役割を担って生きていくかという中長期的な課題への支援へとその質を変えていきました。つまり，**キャリア発達**（Career Development）を促すことが支援の目的に変わったのです。なお，キャリア発達は，社会のなかで自分の役割を果たしながら自分らしい生き方を実現していく過程と定義されています（文部科学省，2011）。しかし，これらの変遷はあれども，その中核にはSchool to Workという普遍の課題があります。人がどう生きていくのかを支援する，そのために必要な力を身につけるといった理念は，19世紀初頭から現在のキャリア教育まで一貫して通底するものであり，カウンセリング心理学においても同様です。

また，School to Workを円滑に進めていくことができるようにするための教育活動は，キャリア教育という言葉が登場する前から，**進路指導**として存在しました。進路指導は日本キャリア教育学会（旧称：日本進路指導学会）によれば「学校における進路指導は，学校教育の各段階における自己と進路に関する探索的・体験的諸活動を通じて，在学青少年がみずから，自己の生き方と職業の世界への知見を広め，進路に関する発達課題を主体的に達成する能力，態度を養い，それによって，自己の人生設計のもとに，進路を選択・実現し，さらに，卒業後の生活において，職業的自己実現を図ることができるよう，教師が，学校の教育活動全体を通して，総合的，体系的，継続的に指導援助する過程である」と定義されています。このようにキャリア教育が学校教育に登場する前から，School to Workは教育の重要な課題でした。しかし，学校での学び（School）と将来（Work）を結びつけて生徒に考えさせることが十分にできていたかというと，そうではない面がありました。また，先ほどの定義の冒頭で「学校における進路指導は」と始まっていることから，進路指導は学校以外の場面でも行われ得ることが見えてきます。混同を避けるため，そのような場合は**キャリア・ガイダンス**と呼ばれることがあります。こちらは，同じく日本キャリア教育学会が，進路指導の総合的定義として示している「進路指導は，個人が，生涯にわたる職業生活の各段階・各場面において，自己と職業の世界への知見を広め，進路に関する発達課題を主体的に達成する能力，態度等を養い，それによって，個人・社会の双方にとって最も望ましいキャリアの形成と職業的自己実現を図ることができるよう，教育的・社会的機関ならびに産業における専門的立場の援助者が，体系的，継続的に指導援助する過程である」という定義から理解することができます。

語句説明

中教審

中央教育審議会の略称である。文部科学大臣の諮問機関であり，文部科学省に設置される。

さて，キャリア教育という文言がわが国で初めて公式文書に登場したのは1999年です。後に接続答申と呼ばれる中央教育審議会（中教審*）の答申で学校教育と職業教育の接続を円滑にするために，「小学校段階からの発達段階に応じたキャリア教育の推進」が提唱されました。その後，文部科学省が「キャリア教育の推進に関する総合的調査研究協力者会議」を設置し，2004年に同会議による報告書が公表されました。2004年報告書ではキャリア教育を「端的には，「児童生徒一人一人の勤労観，職業観を育てる教育」」としています。このころの日本はバブル崩壊後の経済不況に起因して若者の「社会・職業への移行」が著しい危機におかれていた時期です。結果として，非正規雇用や**フリーター**として不安定な労働環境におかれることや，ひきこもりや**NEET**（Not in Education, Employment or Training の略）の増加といった社会的な問題につながっていきました。ひきこもりとは，社会的参加や外出を避けて自宅や自室にとどまり続けている状態にある者を指す言葉です。また，フリーターとはフリーアルバイターの略語であり，正規雇用ではないアルバイトで生計を立てている人のことです。また NEET とは教育も訓練も雇用もされていない立場の人を指す言葉であり，片仮名でニートと表記されることもあります。これらの言葉に代表されるように，若者が社会構造の変化のなかで社会的弱者に追いやられていることが問題視され，このような背景がわが国においてキャリア教育を導入・推進するひとつの大きなきっかけとなったのです。

2 キャリア教育の発展・展開

語句説明

４領域８能力

職業観・勤労観を育む学習プログラムの枠組みとして例示された４つの領域と８つの能力のこと。人間関係形成能力の領域には自他の理解能力とコミュニケーション能力という２つの能力が配置される。また，情報活用能力の領域には情報収集・探索能力と職業理解能力が配置される。さらに将来設計能力の領域には役割把握・認識能力と計画実行能力がおかれる。最後に意思決定能力の領域には選択能力と課題解決能力がおかれる。これはあくまで例示にすぎなかったのであるが，これらの能力の育成がキャリア教育だと固定化されて広まるなどの問題につながったことで基礎的・汎用的能力が新しく示されることになった。

キャリア教育が導入され，各地で展開されていくなかで，さまざまな課題がみえてきました。そして，2011年の中教審答申「今後の学校におけるキャリア教育・職業教育の在り方について」のなかでキャリア教育の定義が改められ，前述の定義になりました。さらに，2004年報告書にも記載され，キャリア教育で育むべき力として例示されていた「4領域8能力*」に変わり，新たに**基礎的・汎用的能力**と呼ばれる4つの力（人間関係形成・社会形成能力，自己理解・自己管理能力，課題対応能力，キャリアプランニング能力）が示されました（図6-1）。定義が改められた背景には職業観・勤労観という言葉が抽象的であり，キャリア教育の本質が正しく伝わりにくかったことなどがありました。また4領域8能力は「高等学校までの想定にとどまっており，生涯を通じて育成される能力という観点が薄い」（文部科学省，2011）などいくつかの課題，問題があったため，新たに基礎的・汎用的能力という力が示されたわけです。2011年答申で注目すべき点は，キャリア教育の目標が「一人一人の社会的・職業的自立」とされたこと，そのために「キャリア発達を促すこと」が必要であると定義に明示されたことだといえます。

さらに，2017年には文部科学省から小学校，中学校の新しい学習指導要領が公示されました。小学校の新学習指導要領総則第4【児童の発達の支援】(3)には「児童が，学ぶことと自己の将来とのつながりを見通しながら，社会的・職業的自立に向けて必要な基盤となる資質・能力を身に付けていくことができるよう，特別活動を要としつつ各教科等の特質に応じて，キャリア教育の充実を図ること」とあります（文部科学省，2018a）。また中学校の新学習指導要領においても同様の文章に続いて「その中で，生徒が自らの生き方を考え主体的に進路を選択することができるよう，学校の教育活動全体を通じ，組織的かつ計画的な進路指導を行うこと」とあります（文部科学省，2018b）。このことはキャリア教育が初めて学習指導要領に，そしてその総則に記されたことを示しています。総則に明記されたということは，キャリア教育が教育課程全体にかかるという意味であり（長田ほか，2018），特定の活動や指導方法に限定されるものではなく，さまざまな教育活動を通して実践されるものという理念を踏襲していることがわかります。一方で，新学習指導要領の目新しい点は，特別活動*への注目です。それまでさまざまな教育活動の全体を通して行われるとされてきたことによって，反対に指導場面を曖昧にしてしまうところがありました。そこで，キャリア教育の中核となる時間を明示する必要性が認識され，「特別活動を要としつつ」という新たな表現が用いられることになったわけです。

図6-1　「社会的・職業的自立，社会・職業への円滑な移行に必要な力」の要素

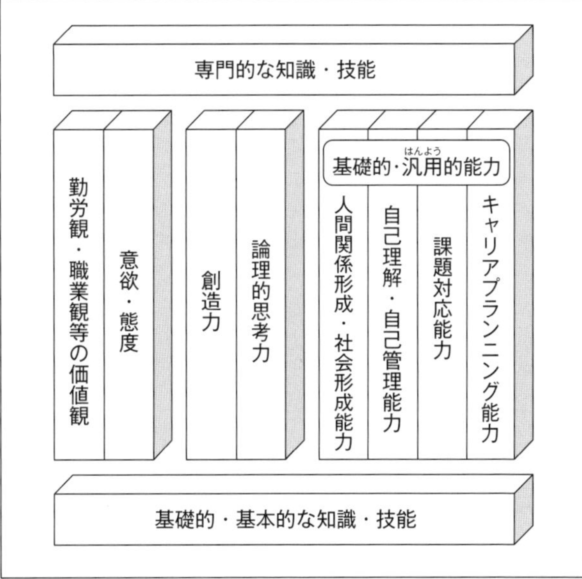

出所：文部科学省，2011

以上の経緯から現在のキャリア教育は「特別活動を中核としつつ，すべての教科や教育活動で一人一人の社会的・職業的自立を目指してキャリア発達を促すもの」として，展開されています。

語句説明

特別活動

望ましい集団活動を通して，心身の調和のとれた発達と個性の伸長を図り，集団の一員としてよりよい生活や人間関係を築こうとする自主的，実践的な態度を育てるとともに，自己の生き方についての考えを深め，自己を生かす能力を養うことを目標とする教育活動のことで，学級活動や児童会・生徒会活動，クラブ活動や部活動，学校行事などの教育活動のことを指す。

3　キャリア教育がもたらすもの

キャリア教育を推進するなかで「また新しいことをしなければならない」という現場の教員側からの「負担感」があったことは否めません。将来の社会的・職業的自立が重要なことには同意するが，それよりも目の前の児童生徒に教科を今しっかりと学ばせることが大事だと考える教員はおそらく少数ではないと考えられます。しかし，これらの点が両立しない拮抗関係にあると考えること自体がキャリア教育への誤解といって良いのです。なぜならば，キャリア教育を推進することは「いまの学びと自分の将来の歩みを結びつけること」に

図6-2　日本の子どもたちの算数／数学と理科の TIMSS 平均得点の推移

		1995	1999	2003	2007	2011	2015
小学校4年生	算数	567点（3位/26か国）	（調査実施せず）	有意差なし 565点（3位/25か国）	有意差なし 568点（4位/36か国）	有意に上昇 585点（5位/50か国）	有意に上昇 593点（5位/49か国）
	理科	553点（2位/26か国）	（調査実施せず）	有意に低下 543点（3位/25か国）	有意差なし 548点（4位/36か国）	有意に上昇 559点（4位/50か国）	有意に上昇 569点（3位/47か国）
中学校2年生	数学	581点（3位/41か国）	有意差なし 579点（5位/38か国）	有意に低下 570点（5位/45か国）	有意差なし 570点（5位/48か国）	有意差なし 570点（5位/42か国）	有意に上昇 586点（5位/39か国）
	理科	554点（3位/41か国）	有意差なし 550点（4位/38か国）	有意差なし 552点（6位/45か国）	有意差なし 554点（3位/48か国）	有意差なし 558点（4位/42か国）	有意に上昇 571点（2位/39か国）

出所：国立教育政策研究所，2015

図6-3　数学を勉強することの意義・価値の理解に関する推移

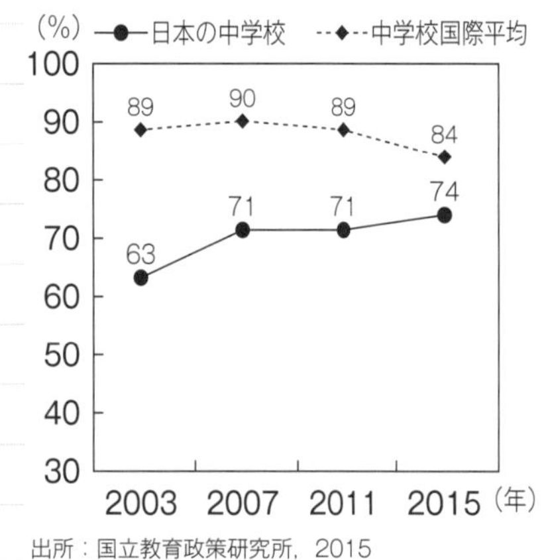

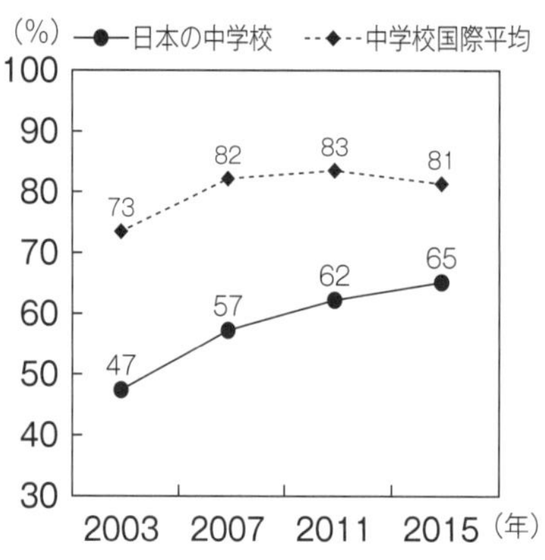

出所：国立教育政策研究所，2015

つながるからです。

具体例を示しましょう。国際数学・理科教育動向調査（TIMSS）という国際比較調査があり，4年ごとに行われています（図6-2，6-3）。中学校2年生の数学と理科の平均得点は2003年から2011年まで世界の上位グループを維持しつつ，2015年にはいずれも上昇しています。またこの動きと同調するように，「数学を勉強すると日常生活に役立つ」と回答した生徒，また「将来，自分が望む仕事につくために，数学で良い成績をとる必要がある」と回答した生徒の割合が，国際平均よりは低いもののこの期間に右肩上がりに増えていることがわかります。この調査結果からわかることは，成績は世界的にもトップクラスであるにもかかわらず，学習内容を自分の生活や将来にとって価値あるものだと感じる生徒の割合が国際的に非常に低い水準にあること，そして近年はそれが徐々に改善しつつあることです。価値を十分に感じられない，換言すれば「勉強する意味がわからない，どうせ将来役に立たないこと」を「良い成績をとるために」とか「受験のために」と外発的動機づけで勉強させられてきた生徒が徐々に「自分の将来やキャリアのために」と主体的に学べる生徒へと変質してきたといえます。

そしてTIMSSのこのような結果の推移は，キャリア教育が生まれて推進されてきた時期と重なり合います。おそらくこれは偶然の一致ではないでしょう。前述のようにキャリア教育は「いまの学びと自分の将来の歩みを結びつけること」を目指しています。神戸大学附属明石中学校（2009）もキャリア教育を推進してわかったメリットとして，「自分が進むべき道筋をイメージしながら自分の発達や学習の価値を認識できたことによって，豊かな学びにつながった」と説明しています。また，国立教育政策研究所（2014）もキャリア教育が学習意欲の向上につながることをデータで示しています。つまり，キャリア教育によって学ぶことの意味や価値を認識できることは内発的動機づけなど質の良い学習意欲につながり，その結果として学習成績の向上や維持に寄与するのです（櫻井，2009）。

参照
内発的動機づけ
→3章

2　学校段階ごとの課題と支援

ここでは，各学校段階のキャリア教育における課題と支援について説明していきます。キャリア教育ではキャリア発達を促すことに重点がおかれます。したがって，発達段階に応じた指導・支援が重要になります。また最後にはこれらの課題や支援に役に立つアセスメントについて紹介します。

1　初等教育段階における課題と支援

キャリア教育導入当初，小学校では，何をすることがキャリア教育にあたるのか，小学生にどのようにキャリア発達を促せば良いのか，具体的にイメージしにくい状況がありました。しかし，しだいにキャリア教育の取り組みが各地で行われ，実践例が紹介されてきて，2010年には『小学校キャリア教育の手引き』が公示されたことにより，徐々に理解が深まっています。また，2006年に改正された教育基本法で「各個人の有する能力を伸ばしつつ社会において自立的に生きる基礎を培（第５条第２項）」うことが義務教育の目的の一つとされ，2007年に改正された学校教育法においても新たに「職業についての基礎的な知識と技能，勤労を重んずる態度及び個性に応じて将来の進路を選択する能力を養うこと（第21条第10項）」が義務教育の目標として定められました。このように小学校におけるキャリア教育実践に対する法的基盤が整えられたことも，小学校におけるキャリア教育を後押ししています。

国立教育政策研究所（2011）によると，小学校は「社会的・職業的自立にかかる基盤形成の時期」と位置づけられています。また，低学年では，自分の好きなこと，得意なことやできることを増やし，さまざまな活動に意欲と自信をもって取り組めるように，中学年では友達の良さを認め，協力して活動するなかで自分の持ち味や役割が自覚できるように，高学年においては苦手なことや初めて挑戦することに失敗を恐れずに取り組み，そのことが集団のなかでの有用感や自尊感情につながるように，発達の段階に応じた意図的な指導を行うことが重要であると説明されています。このように低学年・中学年・高学年と分けて，それに応じた課題をみていくと，これらの課題を児童が達成していくために心理学が貢献できることがあると気づくのではないでしょうか。

さらに，小学校段階において最も期待されるのが「キャリアカウンセリング」です。国立教育政策研究所（2013）によると，キャリアカウンセリングを実施していると回答した学級担任は，小学校で4.7%，中学校で75.1%，高等学校で75.4%となっています。圧倒的に小学校においてキャリアカウンセリングの実施率が低いのがわかります。中等教育学校が増えてきたことなどから，中学受験する児童が増えてきており，小学校における個別相談の必要性も高まっています。したがって，キャリアカウンセリングをする学級担任への後方，側面支援が心理の専門家へ期待されます。

そしてなかでも非常に大切だといえるのは，集団場面でのキャリアカウンセリングです。ここでのキャリアカウンセリングとは「日常の生活で子どもたちの『気づき』を促し，主体的に考えさせ，子どもたちの行動や意識の変容につなげることを意識して働きかけること」であり相談に限ったものではありません（国立教育政策研究所，2016）。このように主体性を伸ばし，気づきを促すような働きかけも，キャリアカウンセリングには含まれるのです。

2 中等教育段階における課題と支援

中等教育段階は，青年期前期にあたり**自我同一性**の獲得に向かう発達において非常に重要な時期だといえます。この時期にどのような自己意識が芽生えていくかということが，一人ひとりの**職業意識とライフコース選択**に大きく影響を与えることになります。学校教育の役割は，児童生徒に**社会化**（socialization）と**個性化**（individualization）の両面を促すことで，人格の形成と将来の自己実現，および社会の構成員として必要となる知識や技能，態度などを育むことです。学校という社会のなかでそのルールを守ることや他者と協調，協働するための力，さらには社会を構築する力を育む社会化と，個々の違いを尊重しながら自己理解の深化を促し自己実現に向けて必要となる力を育む個性化の両面をそれぞれ育むことで，学校教育本来の役割が果たせるのです。キャリア教育はそのために必要な教育改革でもあります。また，社会化と個性化には発達心理学やパーソナリティ心理学などの心理学の諸知見が活かされる領域です。したがって，中等教育段階のキャリア教育で公認心理師が果たすべき役割は非常に重要であるといえます。

①中学校での課題と支援

中学校はキャリア教育において「現実的探索と暫定的選択の時期」とされています。さらに，キャリア教育推進のポイントとして肯定的自己理解と自己有用感の獲得，興味関心に基づく勤労観，職業観の形成，進路計画の立案と暫定的選択，生き方や進路に関する現実的探索があげられています（国立教育政策研究所，2012)。これらを達成していくためには，漫然と各教科を独立したものとして学んでいく状況をつくってはいけません。国立教育政策研究所（2014）によると，将来の生き方や進路を考えるうえで役に立ったと生徒が回答した活動として，様々な教科による日々の授業（93.1%)，部活動などの課外活動（85.5%)，係活動・委員会活動などの日々の活動（84.6%）となっています。このように，さまざまな教育活動がキャリア教育に資する内容になっていることがうかがえます。だからこそ，これらの活動から一人ひとりの生徒に実感として芽生えた断片としての気づきを有機的につなげることでキャリア発達を促すことが重要になります。つまり，各学校で育てたい能力を明確にして，計画的かつ体系的なキャリア教育計画を立て，日々の授業，課外活動，特別活動をつないだ実践をしていくことがキャリア発達を促すのです。

中学校におけるキャリア教育の実践において，象徴的な体験活動として職場体験学習があります。日々の学習の意義を職場体験学習で実体験として感じることで，生徒の日常生活への積極性につながることが示されています（国立教育政策研究所，2013)。ある職業を体験することを，社会を理解するひとつの窓口として活かすことができる職場体験学習は，自己の興味関心や適性能力を現実検討するチャンスとなります。充実した体験としてキャリア発達につなげていくためには，事前事後指導を丁寧に行って，体験から深く学び取れるようにねらいを明確化し，体験から学びとれたことを今の学習と将来のキャリアに結びつけて価値づけることが重要になります。これらの実践のなかで心理学が貢献できることとして，多側面にわたる個性や気づきを可視化する過程を手助けすることがあげられます。興味・関心，適性・能力，パーソナリティといった個人の特性をアセスメントし，それらをフィードバックすることは，心理学の得意とする領域です。もちろんこれらを教師ができないわけではないでしょうし，できるように支援することも重要です。しかし，これらの概念に関する知見は心理学に精通しているからこそ適切に扱えるところもあります。ですから，公認心理師として他職種連携の力を発揮して，生徒の気づきと発達を促していくことが期待されるのです。

②高等学校における課題と支援

高等学校では，職業・社会への移行がより現実的に近づく時期になります。そのため，国立教育政策研究所（2012）は「現実的探索・試行と社会的移行準備の時期」と位置づけています。また，キャリア教育推進のポイントとして，自己理解の深化と自己受容，選択基準としての勤労観，職業観の確立，将来設計の立案と社会的移行の準備，進路の現実的吟味と試行的参加をあげています。

高等学校と一口に言っても，選抜性の高い進学校から，それほど高くない学校までさまざまです。定時制や通信制の高等学校もあります。また，専門学科や総合学科など，より特色のある学校も多くあります。さらに，高等専門学校（高専）のように高等教育段階と直接つながっている学校もあります。普通学科にはさまざまな教科を幅広く学ぶことで将来展望に自由度が担保されることの良さがあります。一方で，専門学科や高専では職業とより密接に関連した学習が可能です。総合学科では多くの選択肢のなかから生徒が自らの興味関心，将来設計に基づいて意欲的に学ぶ環境が用意されています。

しかし，これらの特色は裏返すとリスク要因にもなります。普通科であれば「やりたいこと」が見つからないという曖昧さと直面しやすいでしょう。一方で専門学科や高専を選んだ生徒のなかには，アイデンティティの早期完了*のリスクが伴い，より専門的な学習が進むことで「思い描いていたものと違った」とか「自分には向いていない」という現実に直面してキャリアの危機を迎えてしまうことが生じます。総合学科には，特別活動の重要な構成要素であるホームルームの結びつきが希薄になりがちになったり，授業科目を選択するときに「何を基準に選べばよいかわからない」という選択の悩みが生じたりすることがあります。

だからこそ高等学校では自校の教育活動や特色のなかから，キャリア教育の視点に立って，基礎的・汎用的能力を育むことができそうな要素を洗い出し，それらを体系的に結びつけながらキャリア教育を進めることがより重要になります。各学校で自校の特色を生かしつつ，生徒にどのような力を身につけさせたいか，現時点で何ができていて何が不足し

語句説明

アイデンティティの早期完了

「自分とは何か」と疑問をもち，葛藤しながら自己確立していく過程を経ずに，家族や社会，周囲が良しとするものをわが事として取り込んで，与えられた道，生き方を歩むこと。

図6-4　高等学校におけるインターンシップと学習意欲の関連

！「学習意欲」の向上につながるインターンシップ

インターンシップは，事前・事後指導と合わせて行うことで，より学習意欲の向上につながります。

担任のインターンシップの事前・事後指導の実施別に見た生徒のキャリア教育への取組や成果

生徒の変容に関する成果	インターンシップの事前・事後指導を十分に行っている担任のうち成果を実感している率	インターンシップの事前・事後指導を十分に行っていない担任のうち成果を実感している率
キャリア教育を実施する中で，生徒は自己の生き方や進路を真剣に考えている	68.3%	56.2%
生徒はキャリア教育に関する学習に積極的に取り組んでいる	43.3%	30.8%
キャリア教育に関する学習や活動を通して学習全般に対する生徒の意欲が向上している	42.4%	34.9%

出所：国立教育政策研究所，2014

ているのかを学校全体で吟味し，それぞれの教員がキャリア発達を促すような指導，支援を心がける必要があります。また高等学校でもインターンシップの有効性が確認されています（国立教育政策研究所，2014：図6-4）。高等学校の場合は，中学校の職場体験よりも自分の生き方をより現実的な視点から考えられるようなインターンシップとして実施することが重要です。高等教育への進学にあたっても，文系か理系か，国公立か私立か，選抜性の高い有名大学であるかどうかといった外的基準に基づくキャリアプランニングに終始するのではなく，生徒自身の主体性や興味や能力，適性といった内的基準を意識させながら自己理解に基づいたプランニングができるように促していくことが重要になります。もちろん，進学ではなく就職を選ぶ場合でも，高卒の新規社会人の5割が3年以内に離職しているという現状を踏まえて早期離職が起こらないように自己理解と職業理解，およびその職業を自分の役割として生きていくという現実的吟味を促す必要があります。このような観点から，公認心理師はキャリアカウンセリングの技能と知識を活かしながら，生徒のキャリア発達を促すための関わり方を伝えたり，さまざまな専門性をもった教員の力をコーディネートする連携のハブとして機能したりすることで，生徒の社会的・職業的自立の力を育む専門家の一人として教育活動に携わることが期待されます。

3　高等教育段階における課題と支援

短大や大学，そして大学院といった高等教育段階は，若者が社会に出る直前の教育機関として，まさにSchool to Workの最前線であり，社会的・職業的自立の力を育むための最後の砦であるといえます。

ところで，大学にはキャリア教育の機能を担っていると考えられる組織がふたつあります。それは事務組織と教学組織です。少し前まで，就職活動の支援を担ってきたのは伝統的に事務組織でした。事務組織は，就職活動の流れに沿って就職ガイダンスや自己分析や企業研究のための各種講習会，履歴書やエントリーシートの書き方講座や筆記・面接試験対策などを行い，学生がこれらの就職活動フローに乗り遅れないようにペースメイクします。

一方で，多様な生き方や価値観について学び，学生が自己の理解を深め，人間的に成長していくとともに，私たちが生きている社会についても見識を深めていくことを目的とした教育活動は主に教学組織が担ってきました。そして現在ではキャリア教育の浸透，2011年の大学設置基準改正に伴って，正課教育内でもこのようなキャリア教育が重視されるようになってきています。

さらに，事務組織と教学組織が融合した「キャリアセンター」が学生へのキャリア教育の中核的役割を担うようになっている大学も多くなりました。

公認心理師が高等教育機関でキャリア教育に携わるとしたら，キャリアセンターに所属してキャリアカウンセリングなどの支援業務やキャリア教育科目を担当する立場，心理学等の専門家として教学組織に所属しながら自分の専門科目のなかでキャリア教育を担う立場，学生相談の担当者として学生のカウンセリングを行うなかで，心理的苦痛をケアしたり，適応を促したりする立場，などが考えられます。そこで，まずはそれぞれの立ち位置で学生のキャリア発達を促すことができるように学生に働きかけることが重要になります。また高等教育特有の問題として「専門家に丸投げ」という状況が起こりやすいことがあげられます。このことによって，キャリア教育に資する価値ある教育活動や支援活動が各所に点在するにもかかわらず，それが有機的に結びつかないことが生じます。したがって，公認心理師には学生がその価値に気づくことができるように働きかけたり，そうすることができるような組織の連携体制を整えたりすることが求められます。

4 キャリア教育に活用される心理検査

ここではキャリア発達を促すという観点からみたアセスメントの方法について説明します。この領域におけるアセスメントには，職業心理学の理論に基づいて，興味，能力（技能），適性，価値*などを測定するツールがさまざまに開発されています。しかし，まずはこれらの側面の意味するところの違いについて理解することが重要です。これらはそれぞれキャリア発達のある側面を表していますし，重なり合う部分もあります。注意が必要なのは，興味・関心を測定しているにもかかわらず，それが「自分に合った仕事（適性）」だと誤解させるなど，混同して用いてしまうことです。なぜならば興味・関心を強くもっていたとしても，その職業に就いてうまくいくとは限らないからです。ですから，興味検査の結果を説明するときには，これは単に興味を測定しているにすぎず，能力の指標を提供しているわけではないことを強調して伝えるべきだといわれています（Whiston，2012）。大切なことは，興味も能力も適性も価値も自己理解と職業理解につなげるための手がかりであるということです。教育場面では，この手がかりがキャリア発達を促すヒントとなるようにフィードバックすることを心がけましょう。

ここでは代表的な職業検査である職業興味検査について紹介します。職業興味検査はアメリカの職業心理学者であるジョン・L・ホランドの理論*に基づいたものが有名です。日本では大学生から成人を対象としたVPI職業興味検査，中高生用につくられたVRT職業レディネス・テストが標準化されています。また，「はたらきメダル®」という小学生から使用できる職業興味検査も開発されています。VPIは「庶務係事務員」など160の職業名を刺激として興味の有無を測定し，自分の職業興味タイプを知ることができるようになっています。また，VRTは職業名ではなく「帳簿や伝票に書かれた金額の計算をする」といった職務内容を刺激材料としているため職業名から業務内容をイメージすることが難

語句説明

興味，能力（技能），適性，価値

興味とは，職業や仕事に対して「好き・やってみたい」と感じる程度のことである。能力（技能）は，特定の課題を「できるかどうか」という課題遂行の力を意味する。適性とは特定の職業や仕事に「向いているかどうか」という向き不向きの度合いを指す。価値はその人が「大事だ，大切だ」と感じている物事のことを意味する。また，興味や価値はあると良い，ないと良くないといった望ましさの指標ではないと理解することも重要である。

語句説明

ホランドの理論

ホランドの理論は人と職業のタイプを分類することに優れており，キャリアガイダンスにおける世界的なスタンダードとして広く普及している。R（現実的）・I（研究的）・A（芸術的）・S（社会的）・E（企業的）・C（慣習的）という６つの類型があり，それぞれ人と環境（職業）の個性を表現する類型論の立場をとる。自分がどのタイプに分類されるのかを知ることで，同じタイプの環境，職業にはどのようなものがあるのかを知る手がかりとなり，職業世界を知るためのきっかけが生まれる。

しい発達段階でも回答可能です。はたらきメダル（https://ashitane.edutown.jp/medal/）は，東京書籍（株）が運営するポータルサイト「EduTown あしたね」から利用することができ，無料の利用登録をすることで使用可能となります。「クラスの掲示物を作成する（掲示係の活動）」など，小学生でも体験している特別活動（学級活動）を刺激材料にしているため，日々の学校生活と職業生活を結びつけて自己理解や職業理解を促すことができるようになっていることが特徴です。新しい学習指導要領で公示された「特別活動を要とするキャリア教育」を実践していくために，今後の活用が期待されています。

3　キャリア教育における公認心理師への期待

1　キャリア発達を促すファシリテーターとして

ここまで繰り返し述べてきたように，キャリア教育とは子どもや若者の将来の社会的・職業的自立を目指して，それぞれの発達段階に応じたキャリア発達を促すことです。そのために，学校教育のなかに散りばめられ，点在しているキャリア教育の要素（断片）を基礎的・汎用的能力などのキャリア教育の視点から洗い出し，有機的・体系的につなぎ合わせることで，将来の職業生活・社会生活と現在の学習を結びつけて学べるようにしていく努力が必要となります。公認心理師は心理学というバックボーンを背景に，発達を促すための質の良い相互作用（働きかけ）や，カリキュラムマネジメント，キャリアカウンセリングなどの知識，技能を活用して，直接的に，あるいは教職員へのコンサルテーションを通じて間接的にキャリア発達を促すファシリテーターとして機能することが期待されます。

さらに，2020 年から導入が始まった「**キャリア・パスポート**」はキャリア発達を促すための教材として，またキャリア発達に資する質の高いコミュニケーションの媒体として活用されることを目指しています。これは，基本的には児童生徒が自ら小学校から高等学校までのキャリア教育に関わる諸活動について，自らの学習状況やキャリア形成を見通したり振り返ったりしながら，自身の変容や成長を自己評価できるように工夫されたものです。そして，その記述や指導にあたっては，教師が対話的に関わることが求められ，重要視されています（日本キャリア教育学会，2020）。したがって，今後は特にキャリア・パスポートの指導において，先に述べた公認心理師のファシリテーターとしての機能が重要になってくると考えられます。

2 キャリアカウンセリングの担い手および助言者として

カウンセリングでは，治療的な関わりだけでなくクライエントの成長や発達を促す関わりも必要です。クライエントが今後の現実社会のなかでどう生きていくのか，そのための力をどう育てるのかという観点は，キャリアカウンセリングそのものです。したがって，公認心理師にはキャリアカウンセリングの担い手としての役割が期待されます。それと同時に，キャリア教育の領域では児童生徒の日々の関わりのなかから，子どもたちの主体性を伸長し，キャリア発達を促す気づきにつなげることが必要です。このような質の良い働きかけも，キャリア教育ではキャリアカウンセリングの一環とみなします。ですから，公認心理師には教職員がこのような関わりを実践できるようになっていくための助言者としての役割も期待されます。

3 困難を抱える子ども・若者のセーフティネットとして

発達障害や，精神障害，あるいは貧困など困難を抱える子どもや若者にとって，キャリア教育はより重要となります。キャリア教育はこのような社会的に弱い立場におかれる若い世代にとってのセーフティネットとなるように推進されている側面もあるのです（下村，2017）。将来を見据えて今の学びに主体的に取り組む姿勢と意欲を育てることによって，負のスパイラルから脱却できるように支援していくことも，この領域における公認心理師の使命だということができるでしょう。

考えてみよう

キャリア発達に資する教育活動には，どのようなものがあるでしょうか。

本章のキーワードのまとめ

社会的・職業的自立	キャリア教育の目標と位置づけられている。子どもや若者が変化の激しい社会のなかでも「ひとり立ち」して人生を歩んでいくことができるようになることを意味している。
パーソンズ（Parsons, F.）	1908年にボストンで始まった職業指導運動の創始者で，翌年に『職業の選択』（Choosing a Vocation）を著した。自己理解，職業理解，マッチングの3段階で進められる職業決定の支援プロセスは，特性因子論としても知られ，後の職業指導に大きな影響を与えた。
キャリア発達	社会のなかで自分の役割を果たしながら自分らしい生き方を実現していく過程を意味している。人生は選択と選択した先での適応の連続であり，その連なりの過程で個々のキャリアが発達していくと考える。
進路指導（キャリア・ガイダンス）	進路指導やキャリア・ガイダンスの目的は，学校や職業，生き方を選択することを支援し，キャリア発達を促すことにより，個人と社会の双方にとって望ましいキャリア形成と自己実現を図るようにすることである。進路指導を英訳するとcareer guidanceとなるため，進路指導とキャリア・ガイダンスは同概念と考えることが可能である。しかし，一般的に進路指導は中学校や高等学校などの中等教育段階で生徒を対象に行われる教育活動を指すことが多く，キャリア・ガイダンスは年齢や発達段階を問わずに行われる支援やサービスを指すことが多い。日本キャリア教育学会（旧称：日本進路指導学会）では進路指導を総合的定義と学校教育における定義の2つのパターンで示している。このうち，総合的定義は対象者を限定しないという意味で，上述のキャリア・ガイダンスの定義として考えることができる。
フリーター	フリーアルバイターの略語であり，正規雇用ではないアルバイトで生計を立てる人のことを指す。収入や雇用形態が不安定であることや，スキルの向上などキャリア形成の面で不利益であることなどが問題視される。
NEET	Not in Education, Employment or Trainingの頭文字をとった略語，ニート。教育も訓練も雇用もされていない人という意味で，無業者と呼ばれることもある。元はイギリスの若年者に対する労働政策のなかで生まれた言葉で，2000年代に日本に紹介され広まった。
基礎的・汎用的能力	1．人間関係形成能力・社会形成能力，2．自己理解・自己管理能力，3．課題対応能力，4．キャリアプランニング能力の4能力で構成される。社会的・職業的自立を果たすためにキャリア教育で育むべき能力とされている。
自我同一性	アイデンティティの訳語である。「自分とは何か？」という問いに対する答えが自我同一性と説明される。エリクソンの心理社会的発達理論において，青年期の心理社会的危機が自我同一性の確立と拡散であるとされている。
職業意識とライフコース選択	職業意識とは個人の興味・関心・能力・適性に関する理解，働くことへの意欲や態度などを含む働くことへの意識である。ライフコース選択とは職業意識や個人の価値観に基づいてどのような人生を選ぶかという判断の過程である。
社会化と個性化	マナーやルールの遵守，協調性など社会の構成員として必要なことを習得していく過程を社会化という。また，個々の違いを尊重しながら自己理解の深化を促し，自己実現に向けて自己を確立していく過程を個性化という。
キャリア・パスポート	児童生徒が小学校から高等学校までのキャリア教育に関わる諸活動について，特別活動の学級活動及びホームルーム活動を中心として，各教科等と往還し，自らの学習状況やキャリア形成を見通したり振り返ったりしながら，自身の変容や成長を自己評価できるよう工夫されたポートフォリオのことである。

第7章 メンタルヘルス教育の課題と実践

本章では，メンタルヘルス増進に関する学齢期の教育のあり方を考えます。学校教育は，子どもがその人らしく自己を成長させ，社会に貢献できるようになることを目指します。わが国の施策をふまえながら，メンタルヘルスの増進への知識を深め，自分自身の生活に反映させたり周囲の人々に対して周知したりすることができるようになるために，必要なことを述べていきます。

1 メンタルヘルスとメンタルヘルス教育

1 メンタルヘルスの定義と関連施策

メンタルヘルスとは，身体面の健康に対し，精神面の健康のことを示します。「心の健康」「精神保健」などとほぼ同意です。メンタルヘルスの維持・増進は，心身の健康を実現する社会に不可欠なものです。さらに心の健康は，身体の健康と密接につながっています。身体の不調が心の健康に影響を及ぼすこともあり，また心の不調が身体に表れることもあるのです。

学校では，自分自身や周囲の人々のメンタルヘルスの増進に寄与できる社会人となる基盤をつくることを期待されています。人は，幼少時には心身の具合を周囲の大人が推し量り，適切にケアしてもらいますが，成長するにつれ自分で判断し，休養するなどのセルフケアを行い，将来的には，自分が周囲をケアする役割が果たせるようにならねばなりません。

また，少子高齢化やグローバル化・情報化が進む現代，心の健康を脅かす問題も多様です（表7-1）。心の不調，うつ病などの心の病，自死，アルコール・薬物依存，インターネット・スマホ依存，認知症，大規模災害時の心のケアなど，将来出あう可能性のある課題に対応するため，学齢期は準備期といえます。

くわえて，わが国では，心の健康に向けた精神医療の改革，自殺対策基本法に基づく**自殺**・自死予防対策の展開，東日本大震災をはじめとする災害時の精神保健・心理社会的支援活動など，「心の健康づくり」・「心のケアにかかる体制の構築・整備」が喫緊の課題です（厚生労働省，2017）。こうした変革期に，子どもたちがさまざまなメンタルヘルスに関して，発達段階に沿った適切な知

プラスα

自殺

自ら命を絶つこと。日本の15～39歳の原因別死亡率で第1位。（人口動態統計年報 主要統計表：厚生労働省，2018）。自殺の背景には，うつ病など精神疾患，対人関係，経済面ほか多様な問題があり，複合的要因によるケースが少なくない。

語句説明

いじめ

当該児童生徒と一定の人的関係のある他の児童生徒が行う心理的又は物理的な影響を与える行為（インターネットを通じてのものも含む）であって，当該行為の対象となった児童生徒が心身の苦痛を感じているもの（文部科学省，2013）。

いじめ防止対策基本法

2013年5月制定の法律。いじめが，被害者の教育を受ける権利の侵害，心身の健全な成長と人格形成への重大

表7-1　こころの健康

メンタルヘルス推進の観点	指　標	変　化
①自殺者の減少（人口10万人当たり）	23.4人（2010年）	自殺総合対策大綱の見直し状況を踏まえ設定
②気分障害・不安障害に相当する心理的苦痛を感じている者の割合の減少	10.4%（2010年）	9.4%（2022年度）
③メンタルヘルスに関する措置を受けられる職場の割合の増加	33.6%（2007年）	100%（2020年）
④小児人口10万人当たりの小児科医・児童精神科医師の割合の増加	小児科医：94.4人（2010年） 児童精神科医：10.6人（2009年）	増加傾向へ（2014年）

出所：国立健康・栄養研究所，2017より作成

識や好ましいスキルを獲得しておくことは，ますます重要になっています。

2　学校におけるメンタルヘルスにかかわる施策

わが国では，児童生徒の心の健康を阻害する問題に対して，予防および注意喚起するための法整備が進んでいます。たとえば，2009年に改正された学校保健安全法では，「児童生徒の心身の健康に関し，健康相談を行うものとする。(学校保健安全法施行規則第８条)」とし，心身の健康相談の役割を，養護教諭をはじめとする教職員も担うことを明記する改正がなされました。さらにメンタルヘルスの阻害要因の一つとされる「**いじめ***」の解消については，**いじめ防止対策基本法***が2013年に施行されました。これらは，主に教職員が担う役割を示しています。

厚生労働省（2018）は，メンタルヘルスに関わるウェブサイト「みんなのメンタルヘルス」を開設し，学齢期から段階的に理解が進むよう，情報が示されています。まず社会人に必要なことが，①こころの病気の理解，②セルフケアの方法，③こころの病気との付き合い方，④共生社会のあり方，とする４項目に分けて説明されています。そして，学齢期のメンタルヘルスの増進に向けては，ストレスへの理解や相談窓口など学校関係者に向けた情報も示されています（表7-2）。いじめをはじめとする子どもの**学校危機***は，適切な対処がなければ心的外傷後ストレス障害（**PTSD***）や**不登校***，**非行***や学級荒廃などに表れる場合もあります。発達段階に沿ってメンタルヘルスの知識や対処スキルを育成することは，非社会的・反社会的問題行動を予防することにもつながることから，スクールカウンセラーなどの専門家とも連携しながら対応することが必要です。

な影響，生命又は身体に生じる重大な危険を及ぼすことをふまえ，児童生徒・学校・教育委員会などが担う責務を示している。

学校危機
子どもおよび子どもを支える支援者の日常的教育活動や学校生活への適応に，個人・集団レベルで何らかの問題が引き起こされた状況。心の健康にも関わる。例：犯罪被害・学校自己・対人関係・喪失・自殺・交通事故・火災・自然災害。

PTSD
心的外傷後ストレス障害。生命が脅かされるほどの深刻な怪我・暴力を受け，精神的衝撃に晒されたことで生じる，特徴的ストレス症候群。当事者の経験を聴く，メディアから衝撃的場面を見るなどのことも誘因となりうる。

不登校
何らかの心理的・情緒的・身体的あるいは社会状況的要因・背景から，登校しないことにより，年間30日以上欠席したもの（病気や経済的な理由による者を除く：文部科学省）。不登校は心の健康の問題と併行して発現することが多い。

非行
社会的に容認されない行為および違法な行為。主に青少年による問題行為を指す。非行の背景には，家庭などの環境的要因・発達障害といった器質的要因・パーソナリティ障害な

どの特性的要因があげられる。

参照
コンサルテーション
→1章

表7-2　学校関係者に向けた「こころのケアー学校の先生へ」の内容

1. ストレスとは：ストレスの現状と定義
2. 精神障害の基礎知識とその正しい理解：精神障害全般とうつ病の解説
3. ストレスへの対処：児童生徒との関係（不登校・いじめ・学級荒廃），保護者との関係（クレーム・教師批判），同僚との関係（相互のサポート体制・組織の支援システムの充実），心身のセルフケア
4. 相談機関やスクールカウンセラーの活用：ケアに向けた人材活用の方法（カウンセリングやコンサルテーション）と相談機関
5. 職場環境の改善：先生たち自身のケア
6. 事例紹介，Q&A，用語解説

出所：厚生労働省，2018（http://kokoro.mhlw.go.jp/teacher/）

3　学校におけるメンタルヘルスの学び

学校教育は心の健康の維持と増進に向けた知識・スキルおよび関連した社会資源を獲得する機会を児童生徒に提供することが求められ，その枠組みは，2つの法律で定められています。まず，教育基本法に，教育の目的として心身の健康な国家・社会の形成者を育てることが示されています。そのうえで，学校教育法において，教育を担う学校や教員の立場を明確にし，それらを背景に公示・実施されるものである学習指導要領には，小学校・中学校・高校の各段階でメンタルヘルスに関する学習内容が示されています（表7-3）。

小学校段階：学習指導要領における具体的な学習内容として，小学校では，各学級担任が，子どもたちの発達段階に応じた心の成長についての指導を行います。年齢も二桁になり，定型発達の児童の多くが，抽象的な事柄や対比的な思考をして物事を理解できるようになる5年生のカリキュラムから，学習指導要領にメンタルヘルスに直接的に関わる学習が示されています。この時期は体つきや声などが変わるとともに，子どもは自分がどんな人間であるか，自分の心が感じていることは何なのかを少しずつ内省できるようになります。一人ひとりの個性をもった存在として，自分を理解し受け入れることができるためには，不安を感じる自分・悩みを抱える自分を否定したりすることなく，そうした感情が起きたときに，どうすれば適切に対応することができるかを，知識として理解しておくことが必要です。

プラスα
「保健」領域
「保健」領域は，教科「保健体育」の構成要素とされ，いわゆる体育における実技とともに，学習される内容である。

中学校段階：教科担任制となる中学校において，学習指導要領では，主に「保健」領域でメンタルヘルスに関する内容が取り上げられます。まず，精神機能と生活経験や，精神と身体の関わりを学び，心身の機能の発達とメンタルヘルスのつながりを理解します。このことは，生徒たちが日常生活で出あう可能性のあるストレスや悩みに，適切に対処することが，見過ごされたり軽んじ

表7-3　学習指導要領におけるメンタルヘルスに関する学習

教　科	内　　容
小学校 〔保健〕 第5･6学年	(1) 心の発達及び不安，悩みへの対処について理解できるようにする ア 心は，いろいろな生活経験を通して，年齢に伴って発達すること イ 心と体は，相互に影響し合うこと ウ 不安や悩みへの対処には，大人や友達に相談する，仲間と遊ぶ，運動をするなどいろいろな方法があること
中学校 〔保健〕	(1) 心身の機能の発達と心の健康 ウ 知的機能，情意機能，社会性などの精神機能は，生活経験などの影響を受けて発達すること。また，思春期においては，自己の認識が深まり，自己形成がなされること エ 精神と身体は，相互に影響を与え，かかわっていること。欲求やストレスは，心身に影響を与えることがあること。また，心の健康を保つには，欲求やストレスに適切に対処する必要があること
高　校 〔保健〕	(1) 現代社会と健康 ウ 精神の健康 (ア) 欲求と適応機制：人間の欲求と適応機制には，様々な種類があること (イ) 心身の相関：精神と身体には，密接な関連があること (ウ) ストレスへの対処：精神の健康を保持増進するには，欲求やストレスに適切に対処することが重要であること (エ) 自己実現：自己実現を図るよう努力していくことが重要であること
	(3) 社会生活と健康 ウ 労働と健康 働く人の健康の保持増進：労働災害の防止には，作業形態や作業環境の変化に起因する傷害や職業病などを踏まえた適切な健康管理及び安全管理をする必要があること

出所：文部科学省，2008，2009（学習指導要領　平成20，21年改訂）をもとに作成

られたりするべきものではないことを，知的に理解することを目指しています。

高等学校段階：高等学校での学習指導要領では，中学に続き「保健」で，心の健康に関する精緻な知識や対処方法を学びます。心の不調によって引き起こされる問題や，その予防・早期発見・早期介入のための職場の取り組みと法律との関連性や，利用できる社会資源の仕組みなどを含みます。つまり，社会人となるまでに，メンタルヘルスの課題に対して保証されている福祉・医療などの仕組みを知り，個人が担うべきセルフケアのあり方を考えておくのです。

前述のセルフケアで，成長とともに自身のコンディションの把握が求められると述べましたが，生活と仕事の調和を目指す**ワークライフバランス**も重要な視点です。自分の人生の何を生活の糧とし，何を喜びとし何を担うかを考えることが，子どもを将来に向けて育む生き方への学びとなるのです。

学級担任制の小学校では，学級担任が教科内容を統合して，心の健康の増進に関わる内容を整理しながら日常的に伝えることで，さらに理解が深化します。一方，中学校以降では，メンタルヘルスの学習は保健領域を中心にしながら，精神保健に関する社会的資源や施策の学習は社会科や倫理社会などの教科に含まれ，1人の教員の専門領域だけではカバーしにくくなります。よって，心の

健康の増進の学習には，公認心理師などに貢献の可能性がある領域といえます。

わが国では高校進学率が高く，中学卒業者の大半が進学します。しかし中学を卒業する時点で社会人となる生徒，高校進学後に途中で進路変更をする生徒がいるのも事実です。それを想定して，「心の健康と働くこと」の関係の初歩的な仕組みを，義務教育段階で確実に理解しておく必要があるのです。

2　メンタルヘルス教育と支援の実践

1　メンタルヘルスのための心理教育

変化の目まぐるしい知識基盤社会において重要な課題とされている，心の健康（メンタルヘルス）の増進には，問題が起きてから対応する事後対応ではなく，学齢期に段階をおって予防的な取り組みを始めることが必要です。さらに，問題の改善に向けては，強みに着目するアプローチが大きく奏功することが少なくありません。近年，研究が進められているポジティブ心理学では，達成感・快感情・回復力といった側面からのアプローチが重視されていますが，メンタルヘルスの増進は，その人の強みを活かし，本来の力を引き出すことが重要です。

メンタルヘルスに効果的な心理教育として，ソーシャルスキル（社会的スキル）トレーニング（SST）を使用する効果が示されています（例：渡辺・原田，2015）。予防には，課題を抱える児童生徒が同様の課題に出あう際に備える場合と，すべての子どもに効果のある取り組みを学級単位の活動に取り入れ，学級全体の風土を高めようとするものの２つがあります。社会性と情動の学習（**ソーシャル・エモーショナル・ラーニング***または**SEL**；小泉，2016）として，学級単位で実施する場合（集団 SST）や，同様のソーシャルスキルを学ぶプログラムをニーズに合わせ少人数で実施する場合（個別 SST）がその例です。

〈個別 SST と集団 SST の例〉

小学校３年生の学級で休み時間にブランコ遊びの順番でトラブルになったケースで，観察すると，順番についてのルールを理解していない子どもがいたためだったことがわかりました。

後に同様の問題が起こらないように，個別や小グループで練習しておくのも対策の一つです。「かわりばんこ」という社会的なルールを活動に取り入れ，体験的に学ぶことなどが行えそうです。

一方で集団 SST としてクラス単位などでガイダンスレッスン（ガイダンス授業*）として実施する方法などが考えられます。順番を守ることを含め，ルール

語句説明

ソーシャル・エモーション・ラーニング（SEL）

社会性と情動の学習。情動（怒り・喜び・悲しみなど比較的短期の感情の動き）の認知・扱い方と，共感的で思いやりある対人関係を学習することによる，すべての子どもに向けた予防教育の一つ。開発的生徒指導とされている。

ガイダンスレッスン（Guidance Lesson：ガイダンス授業）

開発的生徒指導に基づく心理教育。主に子どもたちの社会性と個性を計画的に育てる集団を対象とした生徒指導。米国ではスクールカウンセラーが発達段階に沿い，かつガイダンスカリキュラムに基づいて実施する。

に関わる規範的行動に課題が散見される場合，学級全体への取り組みが相乗的な効果をもたらすこともあります。学級単位の取り組みが行われると，波及効果やよりよい行動の定着が期待されます。

こうした個別や集団のSSTが行われることで，児童生徒の学校適応が促進され，それが彼らのメンタルヘルスの増進を後支えすることにもなるのです。

2 早期介入とストレスマネジメント教育

メンタルヘルスの状態に応じて，日常生活のなかで受けるストレスに適切に対処すること（マネジメント）が求められます。児童生徒が，心の健康を脅かす状況を予防し，早期に対処するための行動を起こせるようになることが重要とされ，心理教育として，**ストレスマネジメント教育**の必要性が示されています。児童生徒は，日常生活で困難を感じた際に，自分の心身の状態を把握し，自分のおかれた状況で，ストレスを認知し，その状況に対して適切な対処ができるようになることを目指します。

ストレスマネジメント教育では，①ストレスの理解，②自分のストレス反応の理解，③ストレス対処方法の学習，④ストレス対処方法の活用を含むとされています（山中・冨永，2000）。まずストレッサー（ストレス要因）となる事象について理解します。失敗体験やトラブル対応などネガティブな出来事に限らず，学校への入学や就職など，好ましい出来事と認知される事象であっても，それに伴う多忙や変化への精神的・身体的疲弊はあります。それに対処をすること（ストレスコーピング）が適切に行われれば，克服ができたといえます。一方で不適切なストレスコーピングがなされたり，十分に対処されなかったりする場合，ストレス反応として心身の諸症状に表れることもあります。

次に，自身のストレス反応の理解が必要となります。自分の状態を適切にとらえ，必要な対処を自らで行えるようになっておくことが，その後に出あう課題状況をより適切に克服することになります。

さらに，ストレスマネジメントに関する介入策を学習しておくことが，必要な状況になったときに活用できる可能性を高めることになります。介入策にはストレス対処として，リラクセーション技法を学ぶことが含まれます。たとえば呼吸法，漸進的弛緩法，自律訓練法などの具体的なアプローチを含みます。

そして，第４段階では，日常生活のなかで出あうストレスに応じ，学んだストレスマネジメントの方法を活用し，力量をさらに高めることが好ましいといえます。心的に困難を感じた際に，学んだリラクセーション技法を試行してみることで，その利用のタイミングや場面を理解するなどのことを行います。

くわえて重要な視点として，ストレスの軽減には，ソーシャルサポート（社会的支援）が効果的であるとされています。このサポートは，「道具的支援」と「情緒的支援」の２つに分類されます。道具的支援は，具体的な助言，直接的な手助け，情報や物的な支援などを指します。一方で情緒的支援は，共感的な理解を示したり，励ましたりすることを指します。こうした資源の理解が，自身の積極的な援助要請につながり，ストレス対処の力量を高めるのです。

3 個別のニーズへの心理教育

児童生徒のメンタルヘルスにかかわる課題は多様であり，校内外の資源を活用して，課題に沿った対応を丁寧に行うことが求められます。メンタルヘルスの不調は心理面および身体面のいずれに表れることもあるため，児童生徒の適応状態の困難さについては，出席状況・学業成績など教育評価に関わるデータや，対人関係・委員会活動や部活動への取り組みの様子など，日常的な変化を把握することから課題の兆しを把握することができます。

メンタルヘルスに課題を抱える際に心理教育を実施して支援する場合は，児童生徒個人の課題に沿った心理教育を行うことが求められます。また，個別のニーズへの対応には，当該の児童生徒を取り巻く関係者の間でどのようなアプローチにするか，共通理解が得られることがより良い効果を生みます。

3 メンタルヘルス増進に関する学校の取り組み

1 メンタルヘルスと子どもの課題

メンタルヘルスにかかわる子どもの課題は，不登校・依存などさまざまな様態でみられ，実態に沿った適切な対応が求められます。メンタルヘルスを脅かしかねない心理的な危機に出あうことは，避けられない場合もあります。たとえば2011年の東日本大震災においても，子どもたちの心理的な問題への対応の重要性が再認識されました（たとえば我妻，2013；西山ほか，2015）。こうした大きな災害や事件を経験した場合，直後に心理的な不調をきたす急性ストレス障害（ASD）とともに，あとになって心的外傷後ストレス障害（PTSD）を抱える可能性があります。我妻（2013）は，こうした課題に陥らないように，常日頃からの予防的取り組みが重要であることを強調しています。さらにPTSDだけに着目するのではなく，大きなトラブルの後に，子どもの成長が促進されるような教育活動の機会を設けたり，子どものポジティブな成長面に着目したりする視点（心的外傷後成長：PTG）をもち，子どもの変化を多角的にとらえ，よい変化をフィードバックすることも必要です。

また児童生徒のメンタルヘルスのコンディションは，学校適応と大きく関わります。多様な適応状況の児童生徒をとらえるためには，適応状況に支障のな

図7-1　校内外の資源を活用したサポート関係図

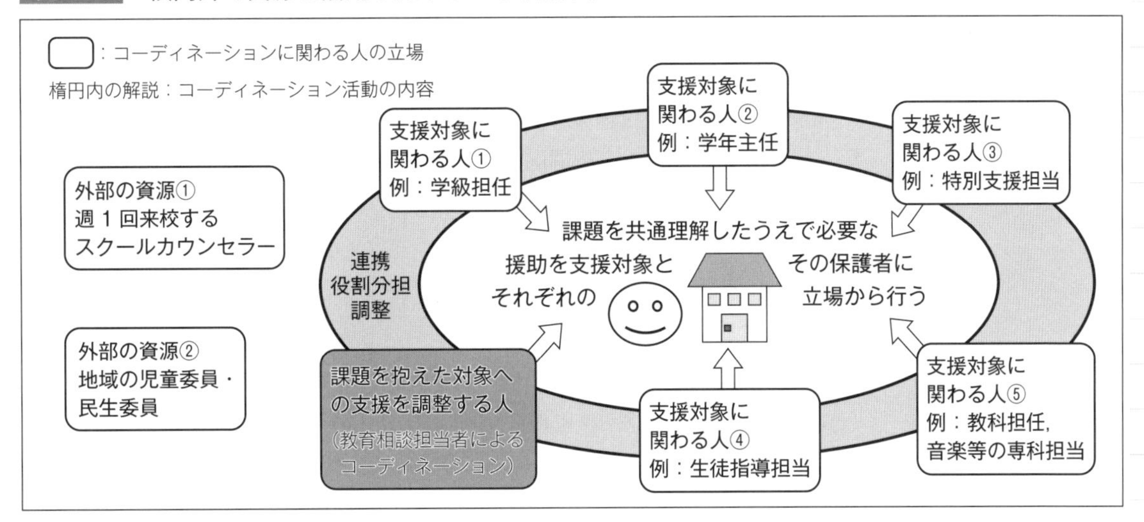

出所：西山，2010より作成

い子どもと，少し不適応が疑われる子どもと，不適応状況の深刻な子どもに対して，同一の方法だけでメンタルヘルス教育と支援の実践を行うことは適切とはいえません。現在多く用いられている考え方として，3段階に分けて考える整理手法があります。学校心理学や学校教育相談などでは，一次的支援・二次的支援・三次的支援（第1章参照）などの3層構造の考え方が，学校適応援助の体系化に用いられています（大野，1997；石隈，1999）。

まずすべての子どもを対象とした一次的支援においては，前項で述べたメンタルヘルスにかかわる各教科領域および発達段階ごとのカリキュラムが適用できます。地域性や学校状況にそったプログラムを計画するなど，豊かなプログラムにすることも可能です。そして，メンタルヘルスに困難を抱えていると考えられる子どもには，学級担任等による教育相談や養護教諭による健康相談および保健室などの居場所作りが介入策として行えます。さらに深刻な課題には，個別に細かな役割分担をして，スクールカウンセラーやスクールソーシャルワーカーなど，多様な専門性の資源を活用した支援を行います。

メンタルヘルスに課題を抱える際の個別の課題への対応には，校内外の異なる専門性をもつ関係者が連携することにより，情報共有と支援体制の構築をする必要があります。とりわけ，日常生活を最も近い立場で把握している教職員による個別の教育相談，スクールカウンセラーによる個別のカウンセリング，スクールソーシャルワーカーによる家庭を含む環境に働きかける支援など，当該の課題の特性に沿った，多職種の連携と協働がより良い成果をもたらします。こうした支援の調整は，特別支援教育コーディネーター*（文部科学省，2007）や**教育相談コーディネーター***（文部科学省，2017）など，常勤の教職員に期待したいところです（図7-1）。

語句説明

特別支援教育コーディネーター
特別な教育的ニーズを抱える児童生徒支援の中核的教員。小・中・高校では 1）学校内の関係者や関係機関との連携，2）保護者に対する窓口機能が期待される。盲・聾・養護学校では 3）小・中学校等への支援，4）地域の特別支援教育の核として関係機関とのより密接な連絡調整が期待される。
→9章参照

教育相談コーディネーター
校内の児童生徒支援の中核的教員。初動段階でのアセスメントを行い，学級担任との連携，スクールカウンセラーやスクールソーシャルワーカーとの協働，関係機関との調整，関係者間の情報伝達を推進することが期待されている。

2 メンタルヘルスに関する大人の課題

学校に所属する最も大きな集団は児童生徒ですが，教職員のメンタルヘルスも重要な課題です。全国に約92万人いる教育職員のうち，近年5000名超が何らかのメンタルヘルスの問題から休職を余儀なくされています（文部科学省，2020)。児童生徒を支える教職員にとっても，メンタルヘルスの増進は大きな問題です。米国の学校危機対応のなかで，Care for the Caregiver（支援者の支援）という概念が強調されています（NASP，2017)。子どもの困り事に頻繁に対応する学校関係者へのケアも欠かせません。公認心理師には，自身と教職員のメンタルヘルスにも配慮することが期待されているのです。

学校を含む事業所に対する厚生労働省の取り組みとして，セルフケアのための理解を深めることと，50名以上の事業所と位置づけられる場合はストレスチェックを行うなどの，ラインケアを実施することが併せて行われています。改正労働安全衛生法（表7-4）では，このことを明記しており，50名に満たない事業所ではストレスチェックは努力目標とされていますが，自治体によっては，希望者に向けたストレスチェックを含む研修会などを開催しているところもあります。

表7-4 社会における良好なメンタルヘルスの維持と改善に向けた関係法概要

法律	概要
労働基準法	労働者の「健康で文化的な最低限度の生活」の営みに，使用者が守るべき最低限の基準を示す。 ［第1条2項］労働条件の基準の遵守に加え，その改善向上に努める必要性を定めている。 ［第2条］対等な労働条件を定め，労働協約・契約等の遵守と，誠実な履行を義務づけている。
労働安全衛生法	職場における労働者の安全・健康の確保と，快適な職場環境の形成の促進を目的としている。事業主は，同法で定める労働災害防止のための最低基準の遵守に加え，快適な職場環境の実現と労働条件の改善を通じて，職場における労働者の安全と健康を確保するよう定めている。 ［第66条の8］長時間労働者での面接指導，［第68条の2］受動喫煙の防止等が含まれている。 ［第66条の10］2015（平成27）年12月1日，医師・保健婦等の検査（ストレスチェック）による，労働者の心理的負担の程度の把握を事業者に義務付けた（※従業員50人未満の事業場では努力義務)。検査後，事業者は，高ストレスの労働者の申出に応じ医師による面接指導を実施し，その意見のもと，必要に応じ，作業転換・労働時間短縮等の就業上の措置の提供を義務づけた。
労働契約法	［第5条］「使用者は，労働契約に伴い，労働者がその生命，身体等の安全を確保しつつ労働することができるよう，必要な配慮をする」とし，使用者の労働者への安全配慮義務（健康配慮義務）を定めた。健康配慮義務には労働者の利用する物的施設・機械，安全衛生確保のための人的管理が含まれ，メンタルヘルス対策も使用者の安全配慮義務に含まれると解釈される。
過労死等防止対策推進法	2014（平成26）年11月1日に施行された過労死等防止対策推進法は，過労死等の調査研究や防止のための対策を推進し，過労死等がなく，仕事と生活を調和させ，健康で充実して働き続けることのできる社会の実現に寄与することを目的としている。［第6条］2016（平成28）年から毎年，過労死等防止対策白書が公表され，2017（平成29）年の白書では，(1)「労働時間を正確に把握すること」が「残業時間の減少」に繋がるとする分析や，過労死等が多発していると指摘のある自動車運転従事者や外食産業を重点業種とする分析が含まれ，(2)「『過労死等ゼロ』緊急対策」(2016（平成28）年12月26日「長時間労働削減推進本部」決定）や「働き方改革実行計画」の詳細が記載されている。

加えて，子どもと関わる重要な役割を担う保護者のメンタルヘルスも重要です。学校は，保護者のメンタルヘルスの改善には介入できませんが，児童生徒の支援をともに担うパートナーとして，保護者のメンタルヘルスの状況をふまえた配慮や対応を考える必要があります。学校で児童生徒を支援する際，子どものメンタルヘルスの改善のためには，支援のパートナーである保護者の状況に沿う実行可能な協力を求めることで，最善の効果が期待できます。

3 メンタルヘルスへの組織的アプローチ

児童生徒や彼らを支える関係者の間で，メンタルヘルスの増進に取り組むには，教師個人だけでなく，学校組織をあげて実践することで，さらに効果が高まります。組織的アプローチを行うには，まず理念が明確に示され（①），そのためのルールがあり（②），共通理解されたツールがあり（③），役割分担（④）と年間計画（⑤）があることが必要です。

①メンタルヘルスの理念

メンタルヘルスの増進については，どのような方針で進めるかを定めることが必要です。学校であれば校訓や設立の理念などで大切にされているモットーなどがあります。校長をはじめとするスクールリーダーが中心となって教職員に示す学校経営に関する方針もあります。そうしたこととメンタルヘルスのつながりを表すことができると，理念の面で共通理解を得やすくなります。

②メンタルヘルス（心の健康）推進に向けたルール

心の健康増進に向け，校内でどのようなルールで児童生徒のケアを行うかを個々の児童生徒の状態に合わせて定められるようにしておくことは，ブレのない支援の枠組みとして重要です。先述の一次的・二次的・三次的の三段階の支援は，メンタルヘルスのニーズをとらえるための枠組みとすることで，対応への優先順位を検討したり，支援関係者を決定したりする際の手がかりとなります。

③メンタルヘルス増進にかかるツール

メンタルヘルスにかかる問題を含め，児童生徒の状態を包括的に把握したり，支援方針を検討したりすることに活用できる，チーム援助シートやSOSチェックリスト*など，校内で共通に使用できるツールを使用することは，学級や学年の間に不均衡を回避することにつながります。どの児童生徒に対しても同様に適切な実態把握に基づき，必要に応じた妥当な支援計画が行われることが重要です。年度ごとに定期的な見直しが行われ，全体への研修によって周知が行われることが必要です。

④メンタルヘルス増進における役割分担

校長のリーダーシップ（**スクールリーダーシップ***）は，校内体制の構築の方針を示したり，取り組みで奮闘している教職員に配慮したりということに発揮されます。加えて，担当者の担うリーダーシップもまた重要です。たとえば，教

語句説明

SOSチェックリスト
援助ニーズを学習面・心理社会面・キャリア面・健康面に分けて数件ずつの細目で気になる項目にチェックを入れ，経時的変化をみる。定期的な実施で変化をとらえられ，心の健康に問題が起き始めているときに早期発見ができる。

スクールリーダーシップ
学校コミュニティで，組織をリードする役割や経営力により，学校づくりをリードし，教職員の動機づけや自己実現を促進させ，目標達成に導く役割である。心の健康の増進においてもリーダーシップのあり方は大きく影響する。

参照

リーダーシップ
→11章

育相談や生徒指導および学校保健などの領域を担う担当者ならば，その領域の全体計画や個別課題への支援の調整と推進があげられます。また，各学年をまとめる主任も，組織的なメンタルヘルス向上に向けた推進の担い手といえます。メンタルヘルス教育の直接支援は，通常，学級担任や養護教諭により行われますが，運営については，管理職が推進する必要があります。校内の状況をよりよく理解し，かつメンタルヘルスの知識をもつ担当者がいれば，より適切な提案ができます。

⑤メンタルヘルスの年間計画

さらに，1年間の学校行事や教育活動のなかで，メンタルヘルスの維持増進を，保健体育や家庭科などの教科学習や，特別活動や総合的学習の時間などにおける心理教育の形態で，日常的に学ぶ機会を設けることが期待されています。

最後に，メンタルヘルス教育の実践には，教職員自身も含め，自らのメンタルヘルスを維持増進させるセルフケアの学習が求められます。また，学校全体の組織的な心の健康の維持増進に向けた，メンタルヘルス教育のあり方を，変わりゆく社会の変化に応じて探求し続けていくことが重要です。

また，学校は，そこに働く教職員のメンタルヘルスの増進を担うことを怠ることなく，同時に学校組織としての心の健康の維持増進に関する教育を体系的に推進することが求められています。

学齢期にメンタルヘルス教育を経た子どもたちが，社会人となったときに，自身の状況に基づいてメンタルヘルスの状態を把握し，必要に応じたセルフケアを行うことは，自らの生活を充実させることに関わる重要な問題です。それには，知的にメンタルヘルスについて知ることと，セルフケアの方法を知ることが必要です。早期から学校教育活動で，発達段階に沿って，学びを進めることが，社会全体のメンタルヘルスの増進への基盤となるのです。

考えてみよう

メンタルヘルスの増進に向け，学級単位でどのような予防的心理教育を行うことができるか，また，気になる児童生徒への支援において，配慮すべき点を示してください。

本章のキーワードのまとめ

メンタルヘルス	身体面の健康に対し，精神面の健康のことを示す。「心の健康」「精神保健」などとほぼ同意。メンタルヘルスの維持は，心身の健康を実現する社会の両輪とされ，学校では，自他のメンタルヘルス増進に寄与できる社会人を育むことが期待されている。
自　殺	自ら命を絶つこと。日本の 15～39 歳の原因別死亡率で第 1 位（人口動態統計年報　主要統計表：厚生労働省，2018）。自殺の背景には，うつ病など精神疾患，対人関係，経済面ほか多様な問題があり，複合的要因によるケースが少なくない。
いじめ	当該児童生徒と一定の人的関係のある他の児童生徒が行う心理的又は物理的な影響を与える行為（インターネットを通じてのものも含む）であって，当該行為の対象となった児童生徒が心身の苦痛を感じているもの（文部科学省，2013）。
いじめ 防止対策基本法	2013 年 5 月制定の法律。いじめが，被害者の教育を受ける権利の侵害，心身の健全な成長と人格形成への重大な影響，生命又は身体に生じる重大な危険を及ぼすことをふまえ，児童生徒・学校・教育委員会などが担う責務を示している。
学校危機	子どもおよび子どもを支える支援者の日常的教育活動や学校生活への適応に，個人・集団レベルで何らかの問題が引き起こされた状況。心の健康にも関わる。例：犯罪被害・学校自己・対人関係・喪失・自殺・交通事故・火災・自然災害。
PTSD	心的外傷後ストレス障害。生命が脅かされるほどの深刻な怪我・暴力を受け，精神的衝撃に晒されたことで生じる，特徴的ストレス症候群。当事者の経験を聴く，メディアから衝撃的場面を見るなどのことも誘因となりうる。
不登校	何らかの心理的・情緒的・身体的あるいは社会状況的要因・背景から，登校しないことにより，年間 30 日以上欠席したもの（病気や経済的な理由による者を除く：文部科学省）。不登校は心の健康の問題と併行して発現することが多い。
非　行	社会的に容認されない行為および違法な行為。主に青少年による問題行為を指す。非行の背景には，家庭などの環境的要因・発達障害といった器質的要因・パーソナリティ障害などの特性的要因があげられる。
ワークライフ バランス	生活と仕事の調和を取ることを指す。一人ひとりがやりがいや充実感をもちながら働き，職場の責任を果たすとともに，家庭や地域生活などにおいても，人生のステージごとに多様な生き方が選択・実現できることが好ましい。
ソーシャル・ エモーショナル・ ラーニング（SEL）	社会性と情動の学習。情動（怒り・喜び・悲しみなど比較的短期の感情の動き）の認知・扱い方と，共感的で思いやりある対人関係を学習することにより，すべての子どもに向けた予防教育の一つ。開発的生徒指導とされている。
ストレス マネジメント教育	人間関係・学習・進路などの問題や困難など，ストレッサー（ストレス要因）により引き起こされる「ストレス」から身を守る方法を学ぶ教育。ストレスの理解，自身にかかるストレスの把握，自らによる対処が一連の流れとされる。
教育相談 コーディネーター	校内の児童生徒支援の中核的教員。初動段階でのアセスメントを行い，学級担任との連携，SC や SSW との協働，関係機関との調整，関係者間の情報伝達の推進が期待されている。
スクールリーダー シップ	学校コミュニティで，組織をリードする役割や経営力により，学校づくりをリードし，教職員の動機づけや自己実現を促進させ，目標達成に導く役割である。心の健康の増進においてもリーダーシップのあり方は大きく影響する。

第8章 健康教育の課題と支援

社会環境の急激な変化に伴い，子どもたちの健康問題が多様化・複雑化しています。学校では，子どもたちが健康課題を主体的に解決できるよう，さまざまな資源を活用した取り組みが行われています。本章では，学校における健康教育の意義，子どもたちの健康課題と対応，健康教育の展望について記述します。

1 学校における健康教育の意義

健康教育とは，心身の健康の保持増進を図るために必要な知識及び態度の習得に関する教育のことです。学校における健康教育は，「学校保健」「学校安全」「食育・学校給食」の３つの領域からなり，これらを包括した概念です（図8-1）。法的な根拠としては，**学校保健安全法***，**食育基本法***などがあります。学校保健安全法では，「学校保健計画」および「学校安全計画」，食育基本法では「食育推進基本計画」の策定が規定されており，子どもたちの健康の保持増進に向けて，保健・安全・食育の観点から，計画的な取り組みが必要とされます。

語句説明

学校保健安全法
子どもたちの事件・事故，自然災害による被害が相次ぎ，学校保健および学校安全の充実を図るため，2009年に「学校保健法」から「学校保健安全法」に改称された。
→７章参照

食育基本法
国民一人一人が食への意識を高め，健全な食生活で心身を培い，豊かな人間性を育むことを目的に，2005年の７月に施行された。

1 学校保健とは

学校保健の目的は，「①心身ともに健康な国民の育成，②教育を受ける権利

図8-1　学校健康教育の概念イメージ

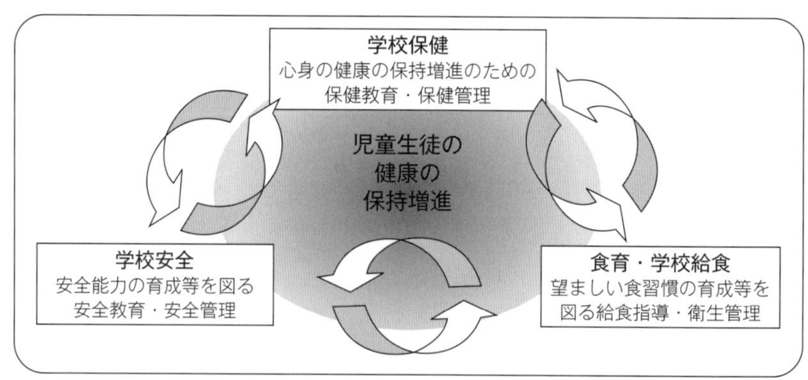

出所：「令和２年度　学校健康教育必携」（埼玉県教育委員会，2020）に一部加筆修正

図8-2　学校保健の領域と構造

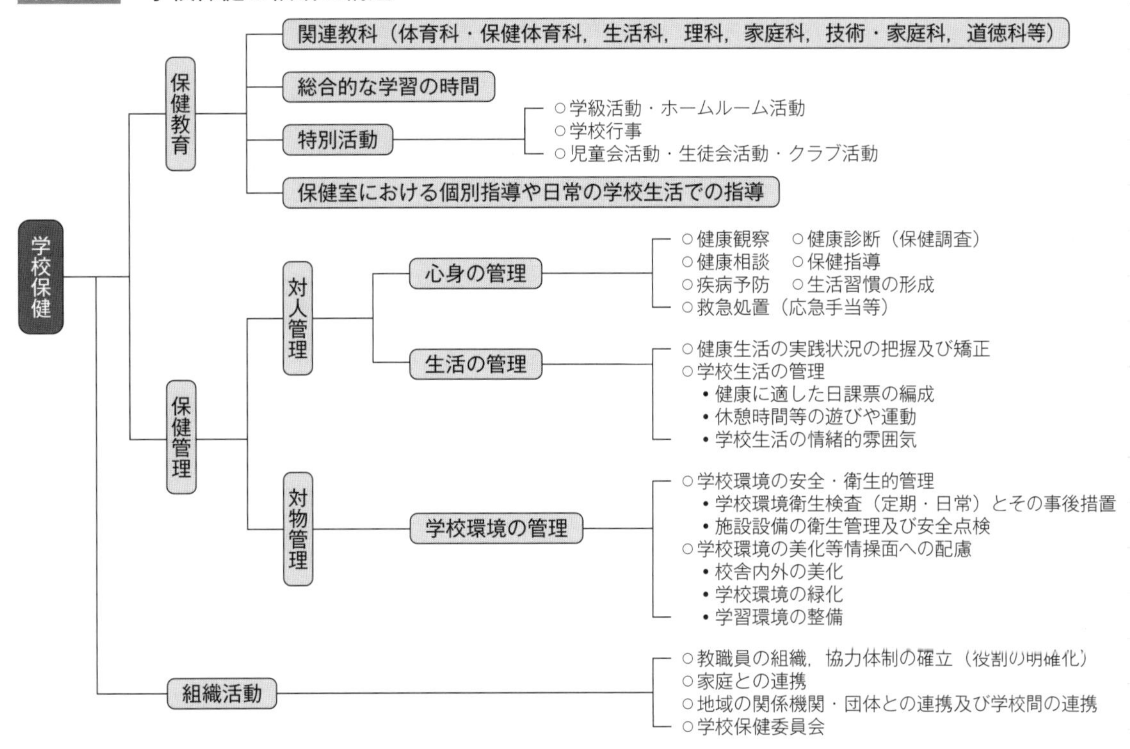

出所：学校保健・安全実務研究会，2020をもとに作成

（学習権，発達権）の保障，③児童生徒等の生存権・健康権の保障」の３つがあげられます（野村，2019）。これらは，「保健教育」と「保健管理」の２つの領域からなり，相互に関連し機能しています。「保健教育」は，保健の科学的認識と実践的能力の発達を目標に，体育科・保健体育科をはじめとした関連教科，総合的な学習の時間，特別活動，保健室における個別指導や日常の学校生活での指導等において行われます。「保健管理」は，学校管理下における健康問題の発見・改善・予防，健康増進を目標に，「対人管理*」と「対物管理*」によって行われます。「保健教育」および「保健管理」を効果的に進めるためには，校内の体制整備や家庭・地域社会との連携を図る「組織活動」が重要になります（図8-2）。

> **語句説明**
>
> **対人管理**
> 子どもたちの心身や生活に関する環境整備を行うこと。
>
> **対物管理**
> 施設・設備等の改善など物理的な環境整備のこと。

2　学校安全とは

学校安全は，「幼児，児童及び生徒が，自他の生命尊重を基盤として，自ら安全に行動し，他の人や社会の安全に貢献できる資質や能力を育成するとともに，児童生徒等の安全を確保するための環境を整えること」をねらいとしています（文部科学省，2019a）。学校安全の構造には，児童生徒等がさまざまな危険を制御し，安全に行動したり，他の人や社会の安全のために貢献したりできるようにすることを目指した「安全教育」と，児童生徒等を取り巻く環境を安

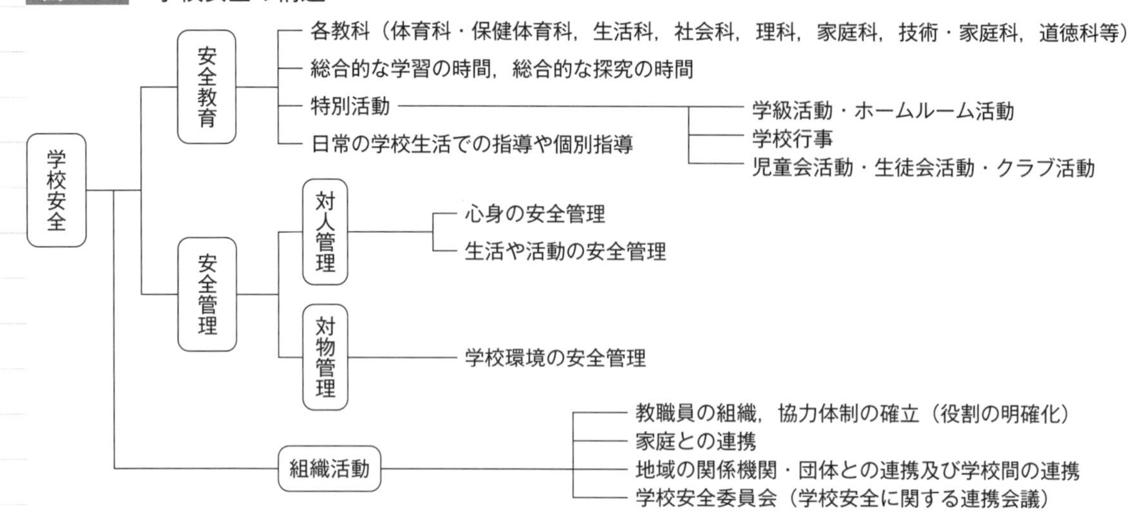

出所：文部科学省，2019a

全に整えることを目指す「安全管理」，両者の活動を円滑に進めるための「組織活動」があります（図8-3）。学校安全の領域には，「生活安全*」「交通安全*」「災害安全*」の３つがあり，多種多様な活動が行われています。

各学校では，「学校安全計画及び危険等発生時対処要領」（「危機管理マニュアル」）を策定し，事件・事故，自然災害等が発生した際には，教職員が組織的に対応できる体制の整備が進められています。さらに，自治体レベルで緊急支援チーム*（Crisis Response Team）を組織し，学校現場に出動する取り組みも行われています（藤森，2005）。

3 食育・学校給食とは

子どもたちの食生活の乱れ，肥満・やせなどが健康課題となっています。2005（平成 17）年に食育基本法，2006（平成 18）年に食育推進基本計画が制定され，子どもたちが食に関する正しい知識と望ましい食習慣を身につけられるよう，「食育*」を行うことが位置づけられました。「食に関する指導の手引」（第二次改訂版）（文部科学省，2019b）では，食育の視点として，「心身の健康：心身の成長や健康の保持増進の上で望ましい栄養や食事のとり方を理解し，自ら管理していく能力を身につける」ことがあげられています。

学校給食については，1954（昭和 29）年に学校給食法が制定され，給食は教育活動の一環であることが位置づけられています。さらに，2008（平成 20）年の同法改定では，学校給食を活用した食育の推進が規定されました。

小学校及び中学校の学習指導要領では，「学校における食育の推進」が示され，関連する教科等において食育に関する記述の充実が図られました。今後は，栄養教諭*を中心に家庭や地域，関係機関・団体等と連携をとりながら，教育活

語句説明

生活安全
日常生活に起こる事件・事故・災害など。

交通安全
さまざまな交通場面における危険と安全。

災害安全
地震，津波，火山活動，風水（雪）害，雷などの自然災害。

緊急支援チーム（Crisis Response Team）
学校で事件・事故，自然災害等が発生した場合，初期対応としての心の応急措置及び二次被害の拡大防止などの活動を行う。校内職員の危機対応チームと，校外の心理専門職で編成されることが多い。

食育
食事や食物に関する知識と選択力を身につけ，健全な食生活が送れる

動全体を通じた食に関する取り組みが期待されています。

ようにするための教育。

栄養教諭
2005（平成17）年に栄養教諭制度が開始された。栄養教諭普通免許状を有する。各学校における食育の推進において重要な役割を担っている。

2　子どもたちの健康課題とその対応

児童期・思春期の子どもたちは，周囲のさまざまな影響を受けながら発達を遂げていきます。よって，子どもたちの健康課題は，心理社会的な影響を受けやすく，時代の変化に応じて，内容や対応が変化しています。ここでは，現代的健康課題ともいわれる，精神疾患，心身症，生活習慣病，エイズ・性感染症，喫煙・飲酒・薬物乱用，インターネットの問題について取り上げます。

1　精神疾患

発達途上にある子どもたちは，悩みや精神的な異変を自らの言葉で話すこと，自ら異変に気づくこと，相談すべきか判断することは，難しい場合があります。また，医療の枠組みだけでは治療が難しく，学校や地域，福祉など複数の領域にわたる支援が必要なことも特徴です（本田，2017）。学校では，病状や治療に関して必要な情報を共有し，安全に生活が送れるような環境調整が求められます。思春期にみられる主な精神疾患を紹介します。

①統合失調症

10 代中ごろから 20 代にかけての発症が多く，発症率は全人口の 1％程度といわれています。症状には，幻覚（感じるはずのないものを実在するかのように感じてしまうこと。幻聴が多い），妄想（誤った強い思い込み），思考のまとまりのなさ（考えや感情がまとまらなくなる状態），思考力や意欲，感情表出の低下などがあります。経過は，幻聴や妄想が悪化する急性期から，その後エネルギーが低下した時期へと続きます。

②うつ病

気分の落ち込みやいらいら感，疲労感，集中力の低下，気力の減退，食欲の低下などがあります。子どもの場合は，精神症状を適切に言語化することが難しく，頭痛や腹痛などの身体的な訴えや，表情の乏しさ，元気のなさなどから，気づかれることもあります。発症が目立つのは，思春期以降で，症状が良くなったり，悪くなったりと，慢性的な経過をたどります。

③強迫症

自分の意思に反して，不合理な考えやイメージが繰り返し浮かび（強迫観念），その強迫観念によって起こる不安を軽減するために，特定の行動を繰り返し（強迫行為），日常生活がスムーズにいかなくなります。症状には，不潔恐怖・洗浄強迫（例・手が汚れていると感じて手洗いがやめられない），「確認強迫」(例・鍵や電気のスイッチを何度も確認する),「順序等へのこだわり」(例・自分の決めたルールで整理しないと気が済まない) などがあります。

2 心身症

心身症とは，発症や経過に心理社会的因子が大きく影響しているものであり，基本的には「身体」の病気としてとらえます (冨田，2015)。小児心身医学会ガイドライン集 (2015) を参考に，主な子どもの心身症を紹介します。

①起立性調節障害

自律神経の働きが悪く，起立時に脳や心臓へ血液が十分に送れないことから，めまい，頭痛，身体のだるさなど多様な症状が起こります。思春期に発症しやすく，思春期の子どものうち，全体の約 1 割は起立性調節障害であるともいわれています (田中，2017)。「だるくて起きられない」「朝に調子が悪い」などの訴えから，「単なる怠け」などと受け止められがちで，適切な治療がなされないまま長期の不登校やひきこもりにつながるケースもみられます。重症度に応じた治療法がなされつつあり，専門医による的確な診断と治療，学校や家庭でのサポートが大切になります。

②過敏性腸症候群

大腸の運動機能障害や内臓知覚過敏，アレルギー，心理社会的要因など，多様な要因が関係しているといわれています。症状は，腹痛や腹部不快感を繰り返し，排便により腹痛が改善することが特徴です。心理的ストレスから症状が出現し，さらに不安や緊張により症状が悪化するといった悪循環に陥りやすく，不登校などの二次的問題にもつながります。医療機関で適切な治療を受けつつ，生活環境の調整や心理的なケアを行うことが必要となります。

③過換気症候群

意図せず呼吸が速くなり止められない (過換気発作)，空気飢餓感 (空気が吸えない感じ)，胸痛，めまい，手足のしびれなど，多様な身体症状が出現します。激しい運動や疲労，睡眠不足などの身体的要因や，不安や緊張，恐怖などの心理的要因がきっかけとなります。発作時は，安心できる環境で，腹式呼吸などでゆっくり呼吸することを促し，呼吸のリズムを整えていきます。不安によって発作を繰り返すことがあるので，病態の理解と対処法の指導が必要となります。

④摂食障害

神経性やせ症 (思春期やせ症・拒食症)，神経性過食症 (過食症) などがあります。神経性やせ症は，体重が増えることや太ることへの恐怖，体型への過剰なこだわり，拒食や不食などが認められます。本人の病識が乏しく「元気」に見えますが，体重減少が進むと，低体温，徐脈，低血圧などがみられ，活動を続けることが難しくなります。女子には，月経の遅延や無月経がみられます。

神経性過食症（過食症）は，過食が止められない，体重増加を防ぐための嘔吐や下剤の使用などがみられます。嘔吐が続くと，唾液腺が腫れたり，胃酸によって歯の表面が溶けたりすることもあります。いずれも，体重の増減によって，気分の浮き沈みがみられ，早期に体重の変動や心身の異常に気づき，心身両面から関わることが大切です。

⑤片頭痛・緊張型頭痛

片頭痛は，頭部の血管の収縮と拡張などが関与し，頭痛が数日から数週間単位で繰り返し出現します。身体を動かすと頭痛が強くなり，吐き気や嘔吐を伴うこともあります。光や音，臭い，天候や気圧の変化などに反応しやすいことが特徴です。緊張型頭痛は，頭の両脇に締め付けられるような痛みが，ダラダラと続きます。頭や首，肩の筋肉の緊張による血流の悪化が関係しています。いずれも，心身のストレスを軽減しながら，痛みをどうコントロールするか専門医に相談することが重要になります。

3　生活習慣と健康

2002（平成 14）年に**健康増進法***が制定され，「21 世紀における国民健康づくり運動」（以下，**健康日本 21**）が規定されました。2012（平成 24）年には第 2 次が策定され，高血圧症や糖尿病などの**生活習慣病**に関する一次予防・重症化予防に重点をおいた対策が推進されています。近年は，生活習慣が原因の一つであるがんに関する教育（がん教育*）の実施が，学校教育に位置づけられました。子どもの時期から，望ましい生活習慣を築き，自己管理できる能力を身につけることが，生活習慣病やがんの予防につながります。ここでは，生活習慣の中心である運動，食事，睡眠についてみていきます。

①運　動

運動習慣を身につけると，健康の維持・増進に効果があることが知られています。具体的には，心肺能力の向上，内臓脂肪の減少，肥満の防止，糖尿病・高血圧・動脈硬化の予防などが期待されます。さらに，身体を動かすことでストレス解消が図られ，心の健康の保持・増進にもつながります。「全国体力・運動能力，運動習慣等調査」（文部科学省，2016a）では，運動をする子どもとしない子どもの二極化がみられることや，それによって体力レベルにも差が生じていることが指摘されています。運動習慣がなく身体を動かすことが苦手な子どもには，苦手なりにも運動が楽しめるよう，運動習慣がある子どもには，学校卒業後も運動が継続できるよう，生涯にわたる運動習慣の重要性を理解させることが求められています。

②食　事

食生活に関する課題として，朝食の欠食，栄養バランスの偏り，肥満・やせの問題があります。朝食の欠食については，学年が上がるにつれて欠食の割合

語句説明

健康増進法
生活習慣に関する知識の普及，および国民の健康増進を図るために制定された。近年は受動喫煙対策が順次加えられている。

がん教育
がんについての正しい理解と，がん患者や家族などのがんと向き合う人々に対する共感的な理解を深めることを通して，自他の健康と命の大切さについて学び，共に生きる社会づくりに寄与する資質や能力の育成を図る教育である（文部科学省，2015a）。

参照

メンタルヘルス
→7 章

が増加していること，朝食の摂取状況が，起床時刻と関連があることが明らかにされています（公益財団法人日本学校保健会，2017）。学校では，「早寝早起き朝ごはん」運動を中心に，基本的生活習慣の確立を目指した取り組みが続けられています。栄養バランスについては，「主食＋主菜＋副菜」を揃えた栄養バランスの良い朝食を摂っているものが全体の４分の１程度であるなど，食事内容の偏りが課題にあげられています。肥満・やせの問題については，小児期の食習慣が，肥満や生活習慣病の要因になりやすいこと，女子中高生を中心に痩身願望を抱いている子どもが多く，ダイエット行動の経験につながっていることが報告されています（公益財団法人日本学校保健会，2017）。子ども自身が適性体重を知り，正しい体型認識をもつことが大切です。

③睡　眠

健康な毎日を過ごすには，心身の疲労を回復し，活力を生み出す睡眠が欠かせません。経済協力開発機構（OECD）の調査（Gender Data Portal，2020）では，日本人の平均睡眠時間は442分と，加盟国中で最短であることが明らかにされています。一方，小中高校生を対象に行った「睡眠を中心とした生活習慣と子どもの自立等との関係性に関する調査」（文部科学省，2014）では，深夜０時以降に就寝している中学生は22％，高校生は47％いること，学校段階が上がるにつれて，睡眠不足と感じる子どもの割合が増える傾向であることが報告されています。携帯電話・スマートフォンとの接触時間が就寝時刻や朝の目覚めに影響を与えることも明らかにされており，メディアとの付き合い方を含めた生活習慣の指導が必要とされています。

4　エイズ・性感染症

性に関する情報があふれ，性意識が多様化しており，性に関する正しい知識を身につけ，適切な意思決定や行動選択ができる力を育むことが必要になっています。エイズ*については，治療薬の進歩により，適切に治療を続けることで，体内のウィルスの増殖を抑え，病気の進行を止めることができるようになりました。HIV感染者及びエイズ患者の年間新規報告数の推移を見ると，感染者のピークは，HIV感染者は2008年，エイズ患者は2013年，HIV感染者とエイズ患者の合計は2013年であり，その後は減少傾向となっています（図8-4）。

性感染症については，定点あたりの報告数が横ばい傾向のものが多いなか，梅毒*の増加が続き，特に若年女性の増加が目立っています。いずれも，早期発見，早期治療が鍵を握り，学校における指導が重要な意味をもっています。指導者は，感染者の発生動向，治療，予防対策などの知識や情報をタイムリーに更新することが大切になります。

プラスα

「早寝早起き朝ごはん」運動

文部科学省と賛同する個人や団体が参加し，「早寝早起き朝ごはん」全国協議会が設立された。子どもの基本的生活習慣の確立や生活リズムの向上につながる運動を積極的に展開している。

プラスα

HIV（Human Immunodeficiency Virus）

HIVに感染しても，大部分の人は無症状の状態が長く続く（無症候性キャリア）。免疫が低下するとさまざまな症状が現れるようになり（日和見感染），この状態を「エイズの発症」という。

語句説明

エイズ（後天性免疫不全症候群）

HIVの感染によって引き起こされるさまざまな病気の総称。HIVが体内に侵入すると，免疫機能の中心的な役割を担っているリンパ球が破壊し，免疫不全状態になり，重症の感染症（日和見感染症）や悪性腫瘍などが引き起こされる。

梅毒

梅毒トレポネーマという病原体が性的な接触などによって体内に入り，全身にさまざまな症状が出る。感染拡大の可能性として，症状に気づかず進行することや，コンドームだけでは予防できないことなどがある。

図8-4　HIV 感染者及びエイズ患者の年間新規報告数の推移

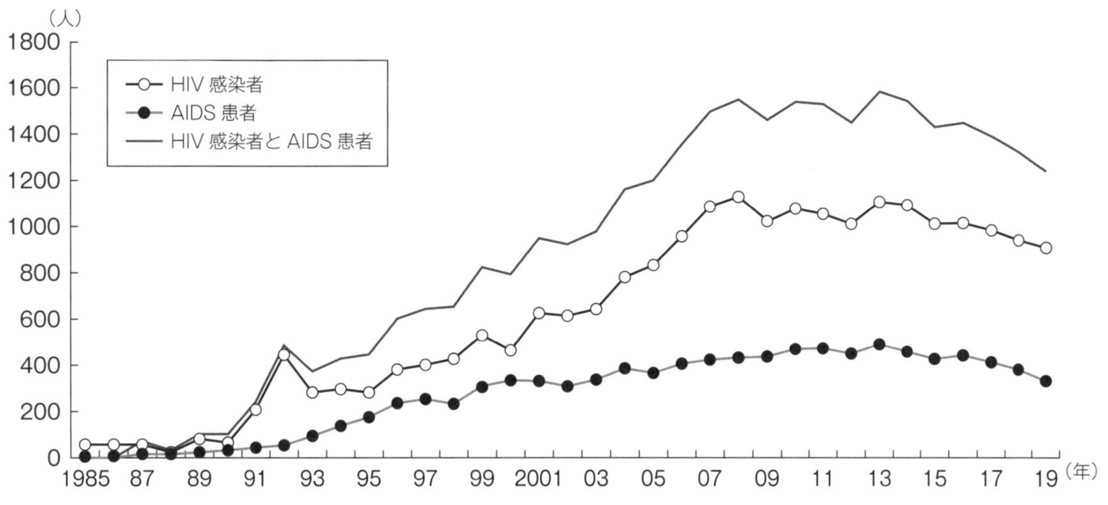

出所：「令和元（2019）年エイズ発生動向年報（1 月 1 日～12 月 31 日）」（厚生労働省エイズ動向委員会，2020）

図8-5　喫煙・飲酒・薬物乱用防止にかかわる要因

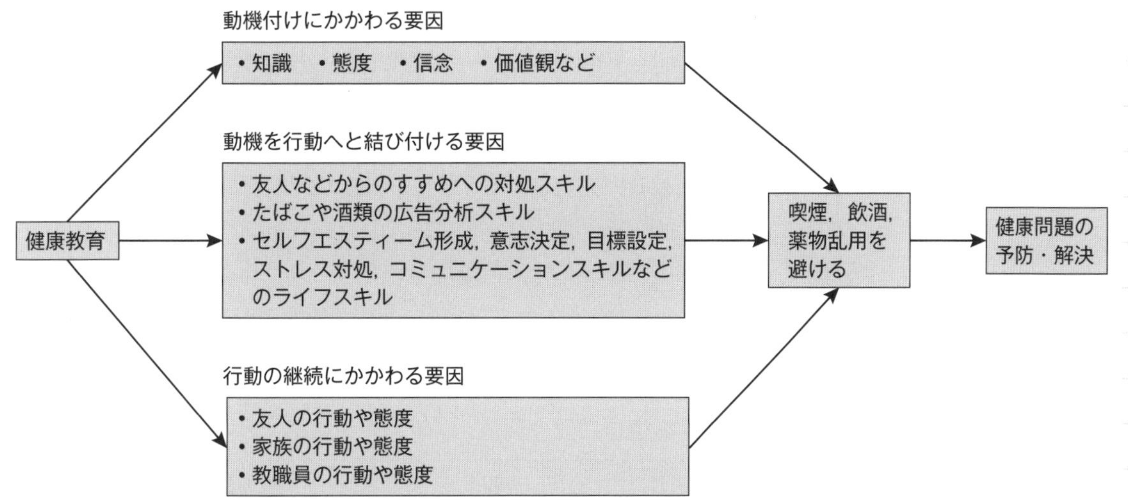

出所：「喫煙，飲酒，薬物乱用防止に関する指導参考資料」（公益財団法人日本学校保健会，2012）

5　喫煙・飲酒・薬物への依存

喫煙，飲酒，薬物乱用は，心身に多大な影響をもたらすこと，依存性をもつこと，始めるきっかけに心理社会的要因の影響があることなどが共通しており，相互性が高い行動です（西岡，2019）。高校生を対象とした調査では，早期の喫煙や飲酒の初回経験は，さまざまな危険行動（シンナー乱用経験，性交経験，シートベルト非着用，暴力行為，自殺願望など）の出現と関連し，青少年期のより早い段階からの喫煙，飲酒の防止に向けたアプローチは，青少年の危険行動を包括的に防止するうえで重要であることが示唆されています（久保ら，

2008)。喫煙，飲酒，薬物乱用は，「**依存症**」と言われる，やめたくても，やめられない状態になる前に，一次予防として健康教育を行うことが大変重要です。図8-5は，喫煙，飲酒，薬物乱用防止教育について，プリシード・プロシードモデルを適用したものです（公益財団法人日本学校保健会，2012）。教育内容や働きかけには，①健康的な行動をとろうとする動機づけにかかわる要因，②動機を実際の健康的な行動へ結び付ける要因，③健康的な行動を継続することに関する要因があります。喫煙，飲酒，薬物乱用防止教育では，これらの要因を含めた内容を選定し，子どもの発達段階に応じた指導を行います。

プラスα

プリシード・プロシードモデル

グリーン（Green, L.）らによって提唱された。健康行動を維持するために，個人的要因（認知的要因）のみならず，環境や社会的な政策などの要因を取り上げる必要があることが示されたモデル。

6 インターネットに関する問題

インターネットの利便性が高まる一方で，不適切な利用によるインターネット依存*（以下，ネット依存），インターネット詐欺・不正請求などの被害，ソーシャルネットワーキングサービス（SNS）によるトラブルなどが生じています。なかでも，ネット依存については，1998年にアメリカのキンバリー・ヤング（Young, 1998）によって概念が示され，その後も心身への影響などが報告されています（表8-1）。「青少年のインターネット利用と依存傾向に関する調査」（総務省，2013）では，小学生（4～6年）で2.3%，中学生で7.6%，高校生で9.2%，大学生で6.1%，社会人で6.2%がネット依存傾向が高いという結果が示されました。ネット依存の予防策は，法的規制を含めた「国レベルで行う予防」，予防教育の充実を図る「学校レベルで行う予防」，保護者のネット依存に対する理解を深めるなどの「家庭の中で行う予防」の３つのレベルが必要です（樋口，2017）。一方，治療については，カウンセリングや認知行動療法の適用，グループディスカッション，入院治療などがあります。ネット依存を扱う治療施設が不足していることが課題となっています。

語句説明

インターネット依存

インターネットに過度に没入してしまうあまり，コンピューターや携帯電話が使用できないと何らかの情緒的苛立ちを感じること，また実生活における人間関係を煩わしく感じたり，通常の対人関係や日常生活の心身状態に弊害が生じているにもかかわらず，インターネットに精神的に嗜癖してしまう状態（Young, 1998）。

表8-1　ネット依存に伴う問題

身　体	体力低下，運動不足，骨密度低下，栄養の偏り，低栄養状態，肥満，視力低下，腰痛，エコノミークラス症候群など
精　神	睡眠障害，昼夜逆転，ひきこもり，意欲低下，うつ状態，希死念慮，自殺企図など
学業・仕事	遅刻，欠席，授業中の居眠り，成績低下，留年，退学など
経　済	浪費，親のカードの無断使用，多額の借金など
家族・対人関係	家庭内の暴言・暴力，親子関係の悪化，友人関係の悪化，友人の喪失など

出所：「現代的な健康課題対応委員会（心の健康に関する教育）報告書」（公益財団法人日本学校保健会，2015）に一部修正

3　健康教育の展望

子どもたちの多様な健康課題に対して，今後どのように教育活動を展開することが必要でしょうか。健康教育の展望について，３点述べます。

1　健康教育と学習指導要領

2016（平成 28）年の中央教育審議会答申（文部科学省，2016b）を受け，幼稚園，小学校，中学校，高等学校の学習指導要領*（以下，新学習指導要領）が公示されました。新学習指導要領では，子どもたちに育成すべき資質・能力について，「何を知っているか，何ができるか（生きて働く「知識・技能」の習得）」「知っていること・できることをどう使うか（未知の状況にも対応できる「思考力・判断力・表現力等」の育成）」「どのように社会・世界と関わり，よりよい人生を送るか（学びを人生や社会に生かそうとする「学びに向かう力・人間性等」の涵養）」の３つがあげられています。健康教育においても，この３本柱に沿って，健康に関する知識や技能，健康に係る情報収集や意思決定・行動選択，健康の保持・増進に向けた情意・態度などの育成に努めることが重要になります（図 8-6）。さらに，学習効果の最大化を図るため，**カリキュラム・マネジメント***の視点から，体育科・保健体育科，道徳，特別活動，総合的な学習の時間，その他の関連教科による相互連携を図り，教科横断的な取り組みが期待されます。

語句説明

学習指導要領
一定の水準の教育を受けられるようにするため，文部科学省が学校教育法等に基づき，各学校で教育課程（カリキュラム）を編成する際の基準を定めている。およそ10年に１度の改訂がある。

カリキュラム・マネジメント
学校教育目標を実現するために，学習指導要領等に基づき教育課程を編成し，実施・評価し改善していくこと。

図8-6　心身の健康の保持増進に関する指導の資質・能力のイメージ

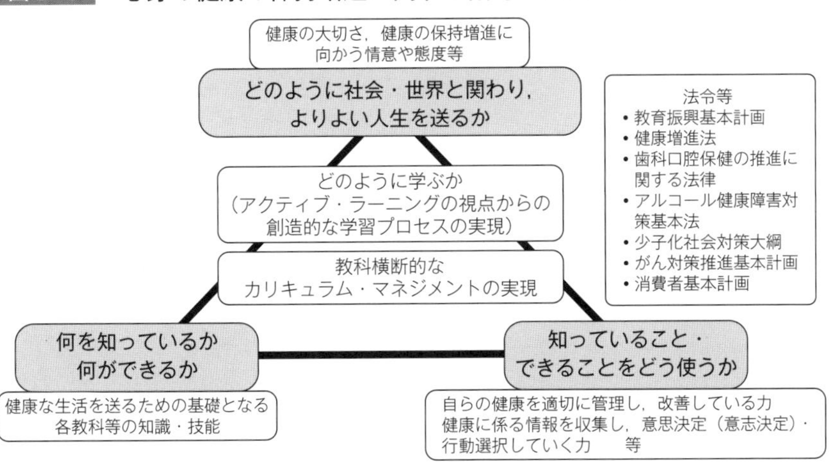

出所：「健康，安全等に関わる育成すべき資質・能力」（文部科学省，2016c）

2　健康教育における地域資源の活用

子どもたちの現代的な健康課題を解決するには，個人的スキルや能力の強化だけでなく，社会全体で健康生活の習慣づくり・環境づくりを行う**ヘルスプロモーション**の理念のもと，進めることが重要です。具体的には，家庭，学校，地域社会，またそのなかに存在する人々や関係機関などが相互に連携した取り組みが必要とされます（日本学術会議，2010）。文部科学省（2015b）は，「チームとしての学校」において，地域で活動している団体との連携・協働による活動を充実させる重要性を示しています。さらに，保護者や地域のニーズを反映させるために，地域住民が学校運営に参画できる仕組みを整えた「コミュニティ・スクール（学校運営協議会制度）」（文部科学省，2018b）を導入し，地域と一体となった特色ある学校づくりが進められています。今後は，学校内はもとより，家庭や地域社会の特性を生かした健康教育を実践し，健康課題の解決，および生涯を通じて健康に過ごすための資質・能力の育成を図ることが重要になります。

3 ヘルスリテラシー教育

情報化社会が拡大しているなか，膨大な情報のなかから，自分に合った適切な情報を入手し，活用する能力（情報リテラシー）が不可欠です。健康面に関しても同様であり，「健康や医療に関する情報を入手し，理解し，評価し，活用（情報を使うことでより健康に結びつくような，よりよい意思決定を行うこと）する力」を**ヘルスリテラシー**といいます（中山，2016）。学校は，ヘルスリテラシーを教育する場として重要であり，保健教育を中心とした取り組みが望まれています。一方，ヘルスリテラシーの一領域として「メンタルヘルスリテラシー」があります。中学や高校では，精神疾患に関するスティグマ（無知・偏見・差別）の解消や，精神疾患の予防，早期発見・早期対応を図ることをねらいとしたメンタルヘルスリテラシー教育の実践も行われています（山合ほか，2018）。

考えてみよう

本章で紹介した以外にも，子どもたちの心身の健康課題は多様にあります。あなたが重要だと考える子どもの健康課題をあげ，学校と地域社会の連携・協働による健康教育の実践例を考えてみましょう。

本章のキーワードのまとめ

健康教育	心身の健康の保持増進を図るために必要な知識及び態度の習得に関する教育。学校における健康教育は，「学校保健」「学校安全」「食育・学校給食」の３つの領域から成る。
学校保健安全法	学校における児童生徒等及び職員の健康の保持増進を図るため，学校における保健管理および安全管理に関し必要な事項を定め，学校教育の円滑な実施とその成果の確保に資することを目的とした法律である。
食育基本法	食育について，基本理念を明らかにしてその方向性を示し，国・地方公共団体及び国民の食育の推進に関する取組を総合的かつ計画的に推進するため，2005 年（平成 17 年）に制定された。
健康増進法	「健康日本 21」を中核とする国民の健康づくり・疾病予防をさらに積極的に推進するため，医療制度改革の一環として 2002（平成 14 年）に公布された。
健康日本 21	21 世紀において日本に住む一人ひとりの健康を実現するための，新しい考え方による国民健康づくり運動。2000（平成 12）年に第 1 次，2012（平成 24）年に第 2 次が策定された。
生活習慣病	食事や運動，ストレス，喫煙，飲酒などの生活習慣がその発症・進行に深く関与する病気の総称をいう。糖尿病，高血圧症，脂質異常症，肥満，心臓病，脳卒中などがある。
依存症（物質への依存）	アルコールや薬物など，精神に依存する物質を原因とする依存症状のことを指す。依存性のある物質の摂取を繰り返すことによって，しだいに使う量や回数が増えていき，自分でもコントロールできなくなってしまう。
カリキュラム・マネジメント	各学校の教育目標を達成するため，教科の学習内容とともに，どのような資質・能力を育むのかも含めたカリキュラムを作成し，授業を行い，成果を評価し，カリキュラムの再構成や授業改善につなげること。
ヘルスプロモーション	単に個人的スキルや能力の強化だけでなく，人々が健康の決定因子をコントロールすることができ，それによって健康を改善・増進できるようにするプロセス（2010，日本学術会議）。
ヘルスリテラシー	健康や医療に関する情報を入手し，理解し，評価し，活用すること（情報を使うことでより健康に結びつくような，よりよい意思決定を行うこと）。

第9章 特別支援教育の課題と支援

保育・教育現場において，悩みをもつ人の支援をしていると，障害があるもしくは障害の診断はないが生きにくさを感じている人と接することがあります。このことは，障害児・者に関する法律を含めた社会の動き，教育現場における障害児・者に対する取り組みの理解が必須であることを意味します。また支援を進めるには，障害児・者の心理特性やその支援方法の基本的な知識も必要となります。

1 障害児・者に関わる法律や取り組み

子どもは誕生後，家庭での生活を過ごしながら，保育・教育を受けていきます。子どもの成長のなかで受ける障害の診断の時期は，さまざまです。子どもが誕生したときにわかる障害もあります。子どもが成長し，保育・教育を受けていくなかで，障害の診断を受けることもあります。

いずれの場合でも障害のある子どもは医療，保健，保育・教育，福祉に関わります。それぞれの領域で支援が行われ，保護者や多職種による連携が重要になります。ここでは，障害に対するとらえ方や障害児・者に関わる法律を含めた教育領域における障害児・者への取り組みを学習していきます。

プラスα

多職種連携

たとえば，乳幼児期は，保健領域の保健所等が子どもの健康について担い，保育・教育領域の保育所・幼稚園・子ども園が子どもの発達を担う。また，障害児や発達の遅れのある幼児は，医療機関で診断を受け，福祉領域の児童発達支援センターや児童発達支援事業所に通うことになる。このように一人の子どもが医療，保健，保育・教育，福祉領域の支援を受けているため，多職種の支援者が連携する必要がある。

ICIDH

International Classification of Impairments, Disabilities and Handicaps の略。

1 障害とは何か

障害児・者にはさまざまな領域の専門家が関わります。その場合，1つの領域の専門家がとらえる障害児・者の見方だけではなく，他の領域の専門家も共通して障害をどのようにとらえるのかという概念が必要になります。では，障害をどのようにとらえたらよいのでしょうか。世界保健機構（WHO）は，1980年に**国際障害分類（ICIDH）**を発表しています（図9-1）。

図9-1 ICIDH のモデル

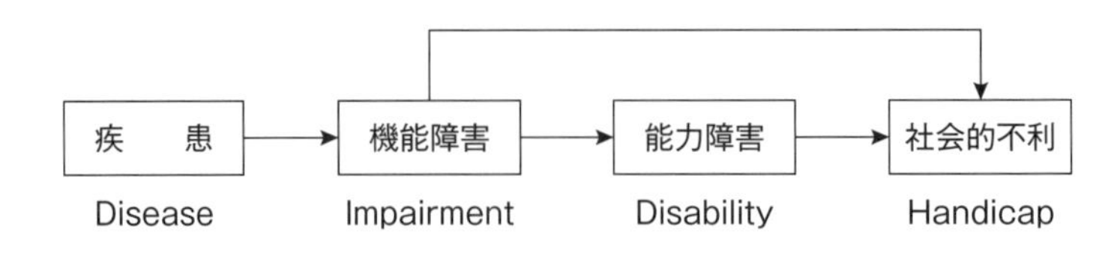

図9-2　ICF のモデル

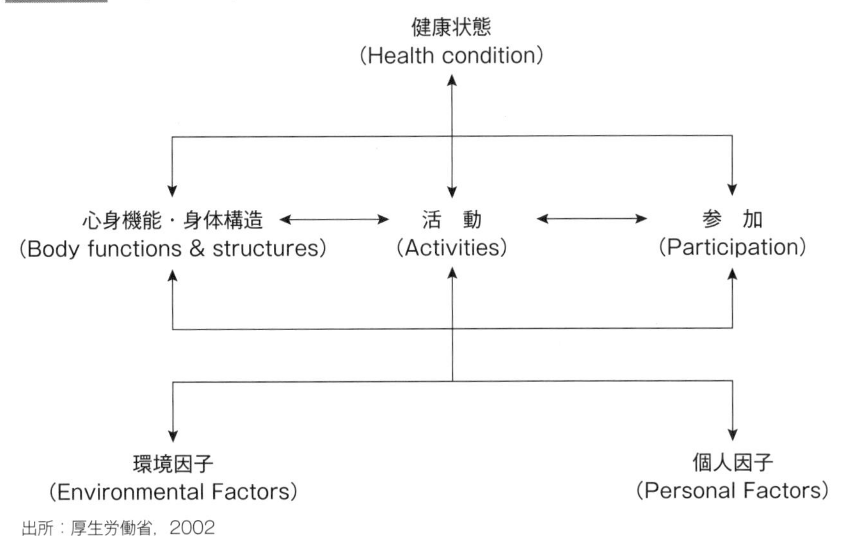

出所：厚生労働省，2002

この分類では，「機能障害（impairment)」「能力障害（disability)」「社会的不利（handicap)」の要素があり，障害を３つの次元で構造的にとらえる視点を示しました。国際障害分類の特徴としては，障害を個人の心身の構造や機能の損失や異常としてのみとらえるのではなく，能力低下の結果として，社会的不利が生じたという点にあります。また，社会と個人の相互作用として障害を理解することを明確にして，環境を改善することの重要性を示しました。しかし，国際障害分類は，障害による能力低下が社会的不利を引き起こすという一方向的な考え方であること，障害児・者の個々の特性が反映されていないことから，批判されました。そこで，国際障害分類（ICIDH）は，2001 年に**国際生活機能分類**（**ICF**）に改定されました（厚生労働省，2002；図9-2）。

ICF は，障害のマイナス面だけではなく，プラス面も含めてとらえ，障害のある人の生活全般における環境との相互作用を考えることにより，ICIDH より幅広い視点で障害のある人をとらえています。「心身機能・身体構造」は，障害による身体や心理の生理的機能と身体の構造のことです。「活動」は，課題や行動を行うことであり，「参加」は生活・人生場面への参加，関わりのことになります。これらの３つは，制約がある状態も含めて考えられています。さらにこれらに相互作用するものとして，疾病や変調といった「健康状態」が関わり，一方で社会的な環境としての「環境因子」，その人の特徴となる「個人因子」が関わります。このように，ICF では，すべての構成要素が相互に関連しあい，影響しあっているのです。

保育・教育現場において具体的に考えてみましょう。障害のある子どもは視覚，聴覚，肢体などの身体もしくは発達等に何らかの困難さがあり，これらが心理に影響を及ぼしており（心身機能・身体構造），このような心身機能・身体

プラスα
ICF
International Classification of Functioning, Disability and Health の略。

構造による困難さによりできないこともありますが，できることもあります（活動）。できる，できないことはさまざまな場面の参加につながります（参加）。このような活動や参加は，子どもの健康状態（健康状態），個性や考え方（個人因子），環境（環境因子）に影響されます。環境としては，家庭，保育・教育現場もその一つとなり，教室や保育室の整備といった環境と保護者，保育者や教師等がどのように障害のある子どもに関わるのか，支援を行うのかによって，子どもの活動ができるようになり，参加することも可能となります。

ICFから，一人の障害のある子どもを見るときには，できないことだけを見るのではなく，できることにも注目して「活動」や「参加」を見ていることがわかります。そして，「活動」や「参加」がどのようなことに影響されているのかを幅広い視点から総合的に検討し，支援していくことが重要です。

2 障害児・者に関する教育での取り組み

以前は知的障害，身体障害，病弱・身体虚弱の子どもたちを対象とした特殊教育が，盲学校，聾学校，養護学校や小・中学校の特殊学級を中心に行われてきました。通常学級に在籍する子どもは，通常学級に在籍しながら通級による指導*を受けていました。

2005年に**発達障害者支援法**が施行され，発達障害児・者の早期発見と早期支援が保育・教育現場にも求められることになりました。通常学級に在籍する**発達障害***のある幼児児童生徒の支援を含めた**特別支援教育***が，2007年に学校教育法に位置づけられました。従来の特殊教育の対象であった障害に加えて，通常学級に在籍する発達障害のある児童生徒も特別支援教育の対象となり，通級による指導には，学習障害（LD：learning disability）や注意欠陥多動性障害（ADHD：attention-deficit/hyperactivity disorder）の児童生徒も対象に加わりました（図9-3）。

障害者に対する社会の動きとして，2011年に「**障害者基本法**」の改正があります。改正では，障害者が地域で生活できる共生社会が確認され，障害者に対する**合理的配慮***を行うこと等が加えられました。また，2016年には，「障害を理由とする差別の解消の推進に関する法律（**障害者差別解消法**）」が施行されました。この法律により，役所や学校といった公共機関，病院や会社などの事業者は，正当な理由なく，障害を理由として，差別的な扱いをすることが禁止されました。

このような社会の動きを受けて，文部科学省（2012）は，教育現場においても「共生社会の形成に向けたインクルーシブ教育システムの構築のための特別支援教育」の推進を示しました。**インクルーシブ教育***では，障害のある子どもとない子どもができるだけ同じ場でともに学ぶことを求めています。そのためには，障害のある子どもがともに学べるための環境整備や障害の特性に合わ

語句説明

通級による指導
大部分の授業を小・中・高等学校の通常の学級で受けながら，一部，障害に応じた特別の指導を特別な場（通級指導教室）で受ける指導形態のことである。実施形態として，①児童生徒が在籍する学校において指導を受ける「自校通級」，②他の学校に通級し，指導を受ける「他校通級」，③通級による指導の担当教師が該当する児童生徒のいる学校に赴き，又は複数の学校を巡回して指導を行う「巡回指導」がある。

発達障害
発達障害者支援法（2016年改正）の「発達障害者」は，発達障害（自閉症，アスペルガー症候群その他の広汎性発達障害，学習障害，注意欠陥多動性障害などの脳機能の障害で，通常低年齢で発現する障害）がある者であって，発達障害及び社会的障壁により日常生活又は社会生活に制限を受けるものをいい，「発達障害児」とは，発達障害者のうち18歳未満のものをいう。

特別支援教育
「従来の特殊教育の対象の障害だけでなく，LD，ADHD，高機能自閉症を含めて障害のある児童生徒の自立や社会参加に向けて，その一人ひとりの教育的ニーズを把握して，その持てる力を高め，生活や学習上の困難を改善又は克服するために，

図9-3　特別支援教育の対象となる児童生徒

特別支援学校　約７万人（0.69%）

視覚障害　知的障害　病弱・身体虚弱
聴覚障害　肢体不自由

小学校・中学校

特別支援学級　約20万１千人（2.00%）

視覚障害　知的障害　病弱・身体虚弱　言語障害
聴覚障害　肢体不自由　自閉症・情緒障害

通常学級　約6.5%程度

通級による指導　約９万人（0.89%）

視覚障害　肢体不自由　自閉症　病弱・身体虚弱
聴覚障害　言語障害　情緒障害　学習障害（LD）
注意欠陥多動性障害（ADHD）

出所：文部科学省（2015）特別支援教育の概念図より一部改変

せた合理的配慮を行うことが必要になります。加えて，自立と社会参加を見据えて教育的ニーズに最も的確に応える指導を提供できる，多様で柔軟な学びの場が整備されることを求めています。

2　障害児・者の心理的特徴と支援

障害児・者を理解するために，それぞれの障害に特有の特徴を知っておく必要があります。障害の全体像と教育・学校現場で関わることが多い知的障害，発達障害を中心にみていきましょう。

1　障害の分類

「障害者基本法」では，障害は，「身体障害，知的障害，精神障害（発達障害を含む。）その他の心身の機能の障害がある者であって，障害及び社会的障壁により継続的に日常生活又は社会生活に相当な制限を受ける状態にあるものをいう」と定義されています。

障害者の人数では，身体障害者が多く，次いで精神障害者，知的障害者の順

適切な教育や指導を通じて必要な支援を行うものである。」（文部科学省，2007）と定義している。

合理的配慮
「障害者が他の者との平等を基礎として全ての人権及び基本的自由を享有し，又は行使することを確保するための必要かつ適当な変更及び調整であって，特定の場合において必要とされるもの」であり，「均衡を失した又は過度の負担を課さないもの」と定義されている（障害者の権利に関する条約，第二条）。例として，車椅子利用者のために段差にスロープを渡す，コミュニケーション手段として，筆談，読み上げ，手話などを活用して説明をする，障害の特性に応じた休憩時間の調整などのルールや慣行の柔軟な変更などがある。

インクルーシブ教育
人間の多様性を尊重し，障害者が精神的及び身体的な能力等を可能な最大限度まで発達させ，自由な社会に効果的に参加することを可能とする目的の下，障害のある者と障害のない者が共に学ぶ仕組み。障害のある者が教育制度一般から排除されないこと，自己の生活する地域において初等中等教育の機会が与えられること，個人に必要な「合理的配慮」が提供される等が必要とされている。

表9-1　障害者の概数

	身体障害者	知的障害者	精神障害者
18歳未満 18歳以上	15.2万人 764.2万人	31.8万人 115.6万人	53.8万人（20歳未満） 334.7万人（20歳以上）
全　体	約784.4万人	約148.2万人	約730.8万人

注(1)：全体数は，年齢不詳の人数も含む
(2)：精神障害者数は病院受診の患者数
出所：「平成29年度版　障害者白書」（内閣府，2018）より

になっています。18歳未満の子ども（精神障害者は20歳未満）では，精神障害者，知的障害者，身体障害者の順になっており，子どもの身体障害者が大人に比べて少ないことがわかります（表9-1）。

身体障害は，視覚障害，聴覚障害，音声・言語障害，肢体不自由，内部障害*にさらに分類されています。身体障害者というと，車いすを利用している肢体不自由をイメージすることが多いですが，外見からわかりにくい内部障害も肢体不自由に次いで多くなっています。

語句説明
内部障害
呼吸器，心臓，腎臓，ぼうこうなどの内臓や免疫の障害によって日常生活が制限されている状態。

「精神保健福祉法」において，精神障害者とは「統合失調症，精神作用物質による急性中毒又その依存症，知的障害，精神病質その他の精神疾患を有する者」と知的障害も含めて幅広く定義されています。表9-1の精神障害者数は，病院を受診した患者数であり，精神障害者保健福祉手帳の交付を受けた人数はさらに減ることになります。学校教育のなかでは，障害に配慮した教育の説明のなかで，自閉症・情緒障害教育と表記（文部科学省，2010）されており，そのなかでも情緒障害は，「状況に合わない感情・気分が持続し，不適切な行動が引き起こされ，それらを自分の意志ではコントロールできないことが継続し，学校生活や社会生活に適応できなくなる状態」と説明されています。

2　知的障害の特徴

アメリカ知的障害学会の知的障害の定義によると，「知的障害は，知的機能および概念的，社会的，実用的な適応スキルとしての適応行動*の両者の有意な制約を特徴とする。この能力の障害は，18歳以前に生じる」と示しています。知的障害の原因は，基本的には脳機能の全般的な障害となりますが，その原因は特定できない生理型と原因となる病理が特定できる病理型に整理することができます。

語句説明
適応行動
日常生活でこれまで学習され，かつ現在実行されている概念的スキル（読み書き等）・社会的スキル（対人関係等）・実用的スキル（日常生活動作等）の集合体のこと。

乳児期には，姿勢運動の発達の遅れ，幼児期には，手指で操作することが関わる着替え，食事，排泄といった基本的生活習慣の確立が遅れます。遊びの発達もゆっくりであり，言語面の遅れもあるため，言われたことに対する言葉の理解が困難であったり，意思を伝えられないこともあります。しかし，基本的生活習慣は繰り返し学んでいくことにより獲得されていきます。また，生活や

遊びを通しながら理解ができる言語も増えていき，人と関わることにより意思を伝えたい気持ちが芽生え，サインや言葉で伝えていくことにつながっていきます。

学齢期になると，認知能力を反映する学業，とりわけ読み書きや計算に関する内容にも困難さがみられます。注意を向けることの苦手さや短期記憶や長期記憶にとどめておくことの苦手さがあり，学習の習得には時間がかかります。また，学業に限らずさまざまな活動で遅れが目立ち，苦手意識をもつことが多く，自ら動こうとする意欲が育ちにくいといわれています（文部科学省，2016）。しかし，抽象的な内容ではなく，生活に密着した活動や具体的な内容，記憶に負荷をかけすぎない，わかりやすく意味を伝えて理解を促すことは，獲得する内容の習得につながっていきます。

3　発達障害の特徴

発達障害者支援法が 2005 年に施行され，発達障害の早期発見，早期支援が位置づけられました。2016 年の改正により，支援が切れ目なく行われることが新たに加えられ，発達障害者の自立や社会参加に向けて生涯を通した支援を行うことになりました。以下に，発達障害である学習障害（LD），注意欠陥多動性障害（ADHD），自閉症スペクトラム障害（ASD）の診断基準や特徴について述べていきます。

①学習障害（LD）

文部科学省の学習障害の定義によると「**学習障害**とは，基本的には全般的な知的発達に遅れはないが，聞く，話す，読む，書く，計算する又は推論する能力のうち特定のものの習得と使用に著しい困難を示すさまざまな状態を指すものである」としています。このような困難さは，視覚障害や知的障害など他の障害や環境的な要因が直接の原因ではありません。学習障害であるかどうかを検討する場合は，国語や算数の科目において，小学校 2，3 年生の場合は 1 学年以上の遅れがあること，4 年生以上は 2 学年以上の遅れがあることが 1 つの目安となります。

②注意欠陥多動性障害（ADHD）

注意欠陥多動性障害は，不注意，多動性・衝動性の特徴を基本症状とする行動の障害です。不注意が優勢的にみられる「不注意優勢状態」，多動性・衝動性が優勢的にみられる「多動・衝動性優勢状態」，不注意と多動性・衝動性がともにみられる「混合状態」のタイプに分かれます。これらの特徴が 6 か月以上続き，いくつかの症状が 12 歳未満で生じ，2 つ以上の場面でみられることが診断を受けるうえでは必要になります。低年齢であるほど，有病率は高くなり，なかでも多動・衝動性優勢状態ないしは混合型の割合が高くなります。年齢が高くなるにしたがって，不注意優勢状態の割合が低くなります。

ADHDの診断を受けた児童は，思春期になっても約70%に症状があり，成人になっても約30～50%が症状を持ち続けているといわれています。

③自閉症スペクトラム障害（ASD*）

アメリカ精神医学会が作成した診断基準が改訂されて（DSM-5），自閉性障害やアスペルガー障害，特定不能の広汎性発達障害をすべてあわせて自閉症スペクトラムと呼ぶようになりました。特徴としては，「社会的コミュニケーションおよび相互関係における持続的障害」があります。これは，目が合いにくい，表情で気持ちを伝えることが難しい，言葉が話せても一方的に話してしまうなどが例としてあげられます。もう一つは，「限定された反復する様式の行動，興味，活動」があります。これは同じ行動や話を繰り返す，日課や予定の変更を嫌がる，興味や関心が広がらない，ざわざわした音を嫌がるなど感覚の敏感さや鈍感さなどになります。これらの症状は，発達早期の段階で必ず出現しますが，後になって明らかになるものもあります。

語句説明
ASD
Autism Spectrum Disorderの略。

4 障害児に対する支援の基本

障害児に対する支援は，障害それぞれに応じたものもありますが，かならずしも一つの障害に対して一つだけではなく，一人ひとりの特徴や状態に応じて支援を組み合わせていくことになります。ここでは，知的障害や発達障害児に有効である支援を説明します。

①視覚的な手がかり

知的障害や発達障害児は，言語の理解が困難ですが，視覚から情報を得ることが得意であるという特徴があります。そのような場合は，やるべき行動や行く場所などについて写真や絵を使ったカードを用いて伝えると理解がしやすくなります。より理解を進めるためには，写真や絵カードもどのような絵を使ったらよいのかを検討することが必要です。文字が読める場合は，文字を使っても良いでしょう。この視覚的な手がかりを用いることで，先の見通しがもてるようになり，発達障害児にとっては安心して活動ができるようになります。また，相手の表情を理解するために表情カードを使うことによって，相手の気持ちの理解を促すことができます。

②構造化

TEACCH*プログラムは，自閉症の方々やそのご家族，支援者を対象にした包括的なプログラムとしてアメリカのノースカロライナ大学で実践されています。TEACCHプログラムの一つに，視覚の優位性を活用した構造化という支援があります。教室のように複数の作業を行う空間の意味がわからずに混乱する自閉症スペクトラム障害の人には，空間の構造化として，同一の空間は同一活動目的のために使うようにしています。また，時間の意味や概念をもてない人には，時間やスケジュールの構造化として，1つの課題の手順を伝えるス

語句説明
TEACCH
Treatment and Education of Autistic and related Communication handicapped Childrenの略。

ケジュール，１日のスケジュールを示すことで見通しをもてるようにしています。

③認知特性に合わせた指導

聴覚認知は，音や言葉を耳から聞いて理解して考えていく情報処理のことです。視覚認知とは，視覚的刺激を目で見て取り入れて考えていく情報処理のことです。これらを認知特性といい，学習障害の子どもは，このどちらかに著しい偏りがあります。学習の困難さがある場合は，得意な認知特性を活用して，指導を考えていきます。視覚認知が得意な場合は，目で見ることができる手がかりを使っていきます。たとえば，物語文を読むだけではなく，情景がわかる絵や写真があると文章の理解の手助けとなるわけです。聴覚認知が得意な場合は，口頭で伝えていきます。たとえば，漢字の書き方をイメージしやすいように漢字の部分を言葉で説明することで思い出しやすくします。「親」という漢字を考えてください。どのように言葉で説明したらよいでしょうか。「立」「木」「見」をすでに書くことができれば，「立って木を見る」と伝えると親の漢字を構成している部分を思い浮かべやすくなります。

④ソーシャルスキル・トレーニング

ソーシャルスキルは，社会生活や人間関係を営んでいくために必要な力です。発達障害の子どもは，会話のキャッチボールができずに一方的に話してしまう，相手の気持ちがわからずに嫌がる言葉を言ってしまう等ソーシャルスキルの課題をもっています。そのような子どもたちに**ソーシャルスキル・トレーニング（SST）**が行われています。SSTでは，教示（直接教える），モデリング（見て学ぶ），リハーサル（やってみる），フィードバック（振り返る）という手順で行われ，指導者との１対１の個別指導や４，５人の小集団で指導が行われています。

⑤応用行動分析

応用行動分析は，アメリカのスキナー（Skinner, B.F.）によって創始され，発展してきた行動分析学の一つです。応用行動分析では行動の前にあるきっかけ（先行事象）や行動の直後に起こる出来事（結果）が行動に影響すると考えています。たとえば，課題を行っているときに奇声をあげる行動があった場合，応用行動分析では，先行事象（一人ではできない課題に取り組む）—行動（課題ができなくて奇声をあげる）—結果事象（課題をやらなくてよくなった）のように奇声をあげる前と後も含めてとらえます（図9-4）。その結果，奇声をあげる行動は，課題ができないことによりもたらされていることがわかり，奇声をあげる結果として課題をやらなくてよいという都合の良い状況が起きており，その後も奇声をあげることが繰り返されてしまっていることがわかります。

応用行動分析を通して，先行事象の理由が１人でできない課題のため奇声を出してしまうことがわかりましたので，奇声をあげなくてもすむような環境

参照
ソーシャルスキル・トレーニング（SST）
→4章

プラスα
SST
Social Skills Trainingの略。

整備を行います。課題が難しいことから子どもにあった①「できる課題をだす」ように先行事象を変更すること，できる課題に変更することが難しい場合は，同じ課題でも②「わからなかったら聞くように言う」ようにするなど奇声をあげる代わりの行動（代替行動）をすることで，子どもができることにつながります。

障害のある子どもたちがとることのある場面において，その行動はどのような先行事象（環境）によってもたらされたのかを分析することにより，先行事象を変更することによって行動を変容することができます。

図9-4　応用行動分析の例

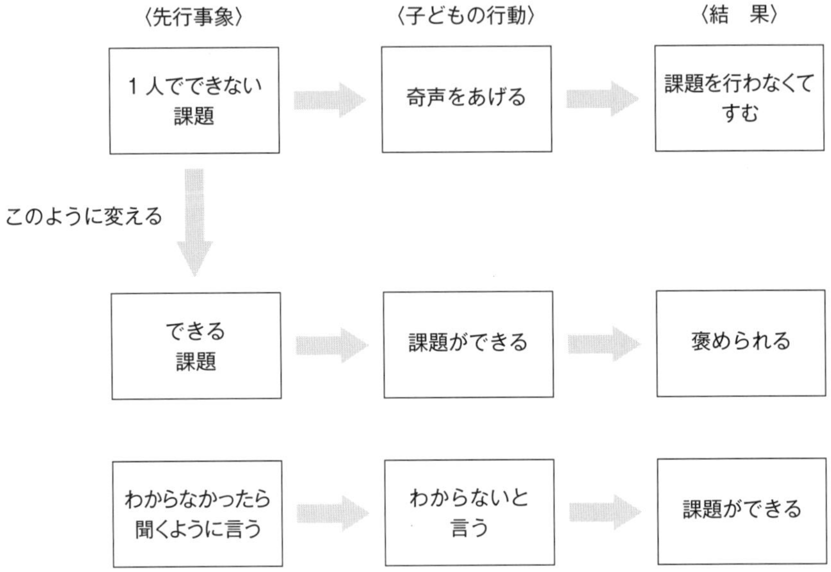

〈先行事象〉　〈子どもの行動〉　〈結　果〉

1人でできない課題 → 奇声をあげる → 課題を行わなくてすむ

このように変える

できる課題 → 課題ができる → 褒められる

わからなかったら聞くように言う → わからないと言う → 課題ができる

⑥二次障害への対応

参照
発達障害
→7章

発達障害の子どもは，できることがある一方で子ども自身が自分で克服しようとしても克服できない困難さをもっています。このような子どもの困難さを周囲の人から理解されず，否定的に評価をされると自信を失ってしまい，場合によっては登校しぶりや不登校につながることがあります。発達障害の子どものなかには，周りの子どもより不安を強く感じてしまう，不安症やうつ病といった疾患を生じてしまうこともあります。また，他者への攻撃行動や，言葉による攻撃をすること，自傷行為を示すことも報告されています。このように障害による困難さとは別の情緒や行動の問題が起こることを二次障害といいます。このような二次障害を引き起こさないためにも，周囲が障害に対する適切な理解と対応をすること，自信がもてるような関わり方をしていくことが必要になります。

3　学校教育における特別支援教育

学校教育において，障害のある子どもたちに対する支援は，かつて特殊教育諸学校（盲学校，聾学校，養護学校）や特殊学級，通常学級では通級による指導を中心に行われてきました。2005 年に「発達障害者支援法」が施行され，2007 年より学校教育法の改正により，特別支援教育が始まったことから，特殊教育諸学校は特別支援学校，特殊学級は特別支援学級と呼び名が変わりました。また，特別支援教育の対象者は，小・中学校の通常学級に在籍している発達障害のある子どもたちにも広がり，通級による指導では，情緒障害から自閉症者が独立して規定され，さらに学習障害（LD），ADHD が新しく対象に含まれるようになり，指導時間数についても弾力化されました。

障害のある子どもとない子どもが一緒にいるなかで，障害のある子どもの特性に応じた支援が適切に行われることが，その後の成長を支えることになります。

1　特別支援における取り組み

特別支援教育では，障害のある幼児児童生徒に対して，さまざまな取り組みを行うことになりました。小・中学校では，特別支援教育を推進していくために，校内の連携・調整の中心となる**特別支援教育コーディネーター**を指名しました。特別支援教育コーディネーターを中心として，**校内（園内）委員会**を開催します。ここでは，校長や副校長，担任，特別支援学級教諭，養護教諭，スクールカウンセラーなどが集まり，支援を必要とする幼児児童生徒の実態把握（アセスメントともいう）や支援について話し合っていきます。

この話し合いにより，支援を必要とする幼児児童生徒に対して，支援に関する計画をたてていきます。1 つは，幼児児童生徒の基本的な情報が書かれている**個別の教育支援計画***になります。個別の教育支援計画は，次の学年や進学の際に引き継がれていきます。日々の指導に直結するものとして，**個別の指導計画***があります。この計画は，それぞれの幼児児童生徒の指導の目標や手立てが記入され，支援の結果が評価され，さらに支援が検討，改善されていくことになります。

学校（園）内の支援以外にも，外部機関と連携を図り，支援を進めていくことも行われています。地域の教育委員会などから派遣され，支援の助言を受ける巡回相談という取り組みが行われています。また，医師や心理士といった専門家を含めた専門家チームを派遣して，支援を必要とする幼児児童生徒の支援の助言を受けることがあります。このように，多職種の連携を行うことにより，

参照
特別支援教育コーディネーター
→7章

語句説明

個別の教育支援計画
幼児期から学校卒業までの長期的な視点に立って，一貫した教育的な支援を行うために，保護者や関係機関と連携しながら，障害のある幼児児童生徒一人ひとりに作成する。

個別の指導計画
個々の障害のある児童生徒等の障害の状態や特性，発達の段階等に応じたきめ細かな指導を行うために，指導の目標や内容，方法等を示した計画。

参照
個別の教育支援計画
個別の指導計画
→11章

より適切な支援を行える体制を整えています。

2 通常学級における支援

近年では，通常学級に在籍する学習面又は行動面で著しい困難を示すとされた児童生徒も含めた学級全体に対する指導をどのように行うのかを考えていく（文部科学省，2012）ことが求められ，通常学級におけるユニバーサルデザイン*による教育の必要性が高まっています。教育におけるユニバーサルデザインとは，特別な支援が必要な児童生徒だけではなく，どの子どもも過ごしやすく学びやすい学校生活や授業を目指すものと考えられています。

特別な支援が必要な児童生徒が，授業に参加するためのユニバーサルデザインによる環境設定として，教室内の環境整備（掲示物や音などの刺激量の調整，教室内の整理整頓），時間の構造化（スケジュールを見えるようにする），授業に参加するためのルールの明確化（聞く姿勢，発言の仕方等）が行われています。

また，授業内容の理解や習得に向けたユニバーサルデザインによる取り組みとして，授業展開の構造化，授業内容のスモールステップ*化，説明の際の視覚化，学習内容の作業・動作化があります。対人関係や集団参加に向けたユニバーサルデザインによる取り組みとして，集団のなかで役割をつくり，行うこ

語句説明

ユニバーサルデザイン
「年齢，性別，障害の有無にかかわらず，人々が製品や施設，生活環境等を利用しやすいよう，はじめからデザインする考え方」（内閣府，2008）。

スモールステップ
目標を細分化して簡単な内容から小刻みに達成していくことで，最終目標に近づいていく手法。アメリカの心理学者バラス・スキナー氏によって提唱された。

図9-5 発達障害の子どもに対するユニバーサルデザインによる教育

すべての子どもが学びやすい学校生活や授業へ

発達障害による困難さ		ユニバーサルデザインによる教育
意思疎通の難しさ 常識・ルールの共有の難しさ	対人関係 集団参加	集団の中の役割づくり 失敗を笑える雰囲気 得意不得意を含めた対人理解
認知特性の偏り 記憶の苦手さ 細かい部分の見落とし 抽象的なものの理解の難しさ 理解と作業の遅さ	授業内容の 理解と習得	授業展開の構造化 スモールステップ化 視覚的援助化 作業・動作化
不注意，多動 状況理解，見通しの難しさ 関心，学習意欲の持ちにくさ	授業参加	教室内の環境設定 時間の構造化 授業参加のルールの明確化

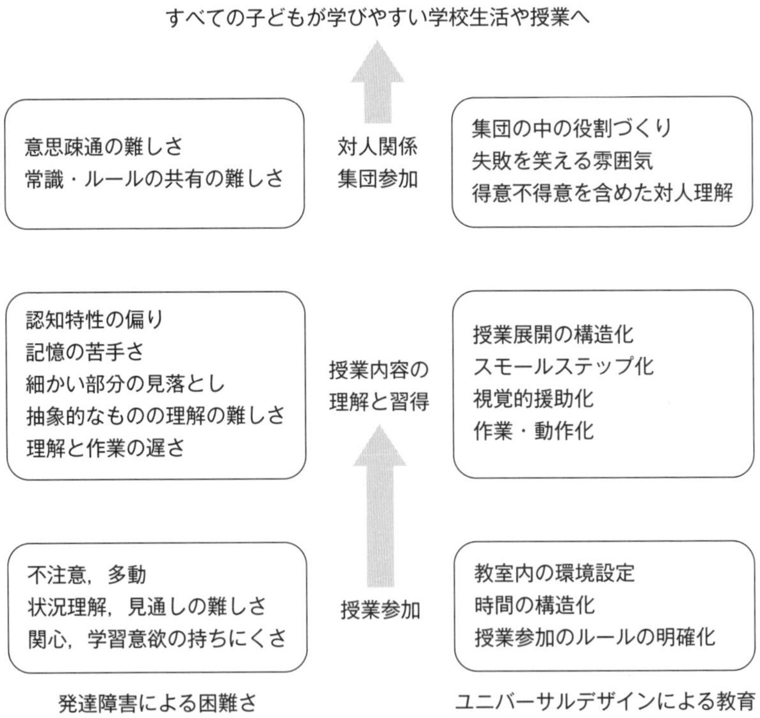

出所：腰川，2016に加筆

とをわかりやすくする，失敗を笑えるような雰囲気をつくる，得意・不得意を含めたお互いの理解を進めることが実践されています（図9-5）。ユニバーサルデザインによる教育を行うことによって，特別な支援が必要な児童生徒のみならず，すべての子どもたちの参加の状況を整え，学習の理解を進め，学習の習得に向かっていくという視点が重要です。

考えてみよう

1．社会のなかでできる，障害のある人に対する合理的配慮の具体例を考えてみましょう。
2．授業中に立ち歩いてしまう場合，立ち歩きの起きやすい場面や状況（先行事象）はどのようなことが考えられるでしょうか。

本章のキーワードのまとめ

国際障害分類（ICIDH）	1980年にWHOが定めた障害を見る視点であり，社会のなかで障害者との関係をはじめて示した。「機能障害」,「能力障害」,「社会的不利」の要素があり，障害を3つの次元で構造的にとらえる。
国際生活機能分類（ICF）	国際障害分類の改定により障害のマイナス面だけではなく，プラス面も含めてとらえ，障害のある人の生活全般における環境との相互作用を考えることにより，ICIDHより幅広い視点で障害のある人をとらえている。
発達障害者支援法	2004年に公布された発達障害者支援法は，それまでの法律では障害者としてみなされなかった発達障害の定義が確立されたことによって，医療・保健・福祉・教育・就労などにおける発達障害者の社会的な支援体制の確立を目指している。2016年に一部改正された。
発達障害	発達障害は，自閉症，アスペルガー症候群その他の広汎性発達障害，学習障害，注意欠陥多動性障害などの脳機能の障害で，通常低年齢で発現する障害がある者であって，発達障害及び社会的障壁により日常生活または社会生活に制限を受けるもの。
特別支援教育	2007年の学校教育法の改正により，特殊教育に代わって法令上の名称となった。従来の特殊教育の対象であった障害に加えて，通常学級に在籍する発達障害のある幼児児童生徒も特別支援教育の対象となった。
障害者基本法	障害者の定義や障害者の自立及び社会参加の支援等のための施策に関する規定が書かれた法律が1970年施行された。障害者権利条約の趣旨に沿った障害者施策の推進に向けて2011年に改正された。
合理的配慮	「障害者が他の者との平等を基礎として全ての人権及び基本的自由を享有し，又は行使することを確保するための必要かつ適当な変更及び調整であって，特定の場合において必要とされるもの」であり，かつ，「均衡を失した又は過度の負担を課さないもの」をいう（障害者の権利に関する条約，第二条）。
障害者差別解消法	全ての国民が，障害の有無によって分け隔てられることなく，相互に人格と個性を尊重し合いながら共生する社会の実現に向け，障害を理由とする差別の解消を推進することを目的として2017年に施行された。
インクルーシブ教育	学校教育において，障害のある者と障害のない者が共に学ぶ仕組み。障害のある者が教育制度一般から排除されないこと，自己の生活する地域において初等中等教育の機会が与えられること，個人に必要な「合理的配慮」が提供される等が必要とされている。

学習障害（LD）	文部科学省による学習障害の定義では，「基本的には全般的な知的発達に遅れはないが，聞く，話す，読む，書く，計算する又は推論する能力のうち特定のものの習得と使用に著しい困難を示す様々な状態を指すものである。学習障害は，その原因として，中枢神経系に何らかの機能障害があると推定されるが，視覚障害，聴覚障害，知的障害，情緒障害などの障害や，環境的な要因が直接の原因となるものではない」とされている。医学では，限局性学習症と診断され，「読み書きの特異的な障害」や「計算能力など算数技能の獲得における特異的な障害」という症状が少なくとも１つ存在し，６か月以上持続していることが基準となる。
TEACCH	自閉症の方々やその家族，支援者を対象にした包括的なプログラムとしてアメリカのノースカロライナ大学で実践されている支援制度。TEACCH プログラムの一つには，構造化という支援がある。
ソーシャルスキル・トレーニング（SST）	周囲の人の視線や表情への気付き，場にふさわしい適切な言動，自分の感情や考えの表現方法などのスキルを獲得し，社会で人と人とが関わりながら生きていくために欠かせないスキルを身につける訓練のことを指す。
応用行動分析	アメリカのスキナーによって創始され，発展してきた行動分析学の一つであり，応用行動分析では行動の前にあるきっかけ（先行事象）や行動の直後に起こる出来事（結果）が行動に影響すると考えている。
特別支援教育コーディネーター	特別支援教育が始まり，特別支援教育体制の一つとして校務に位置づけられ，指名されている。特別支援教育コーディネーターは，園，学校内の関係者や関係機関との連携・調整，および保護者に対する学校の窓口として機能することが期待される。特別支援学校の特別支援教育コーディネーターは，これらに加えて地域の園や学校への支援が加わること，地域内の特別支援教育の核として関係機関の連絡調整も行う。
校内委員会	障害による困難のある児童等を早期に支援する仕組み（早期に気付くための教員の研修の実施，判断の参考となるツールの活用等），保護者からの相談体制，前の在籍校等からの支援内容の適切な引き継ぎ体制等を話し合うために学校内に組織される委員会。
個別の教育支援計画	幼児児童生徒が生活する家庭，地域，余暇活動をも含めて，個々のライフステージのニーズに合わせて関係する機関（教育・医療・福祉・労働等）における具体的な支援の体制・内容・方法の計画のこと。
個別の指導計画	児童生徒の教育的ニーズに対応して，指導目標や指導内容・方法を盛り込んだものであり，単元や学期，学年等ごとに作成され，それに基づいた指導を行う。

第10章 教育・学校をめぐる新たな課題と支援

この章では近年，公認心理師が出会う可能性のある教育・学校をめぐる新たな課題について解説します。その課題とは，学級崩壊，保護者との連携，子どもの貧困そして虐待です。これらの課題は相互に絡み合っています。そして，学校現場では，子どもがカウンセラーに相談を申し込んでくるばかりではありません。教師が公認心理師に，新たな課題の対処の仕方を相談してくる場合があります。

1 新たな課題と公認心理師

公認心理師は学校現場からどのようなことを期待されているのでしょうか？公認心理師の活躍の場は学校におけるスクールカウンセラー（以下，SC），教育委員会の緊急支援員などがあります。子どもや保護者が困りごとを相談してくるという従来の**援助要請***行動がカウンセラーの援助活動の基本という認識もあるでしょう。しかしながら，学校の新しい課題については，子どもを支援している学校関係者がどのように対応したらよいか迷い，公認心理師に相談してくるケースが多いです。相談するのは，学級担任や特別支援教育コーディネーター，不登校児童生徒担当教員，養護教諭などの教師です。つまり，教師が子どもや保護者との関わりに困り，心理学の専門家である公認心理師に相談します。教師が子どもや保護者の支援方法を改善するために専門家と話し合うプロセスをコンサルテーションといいます（図10-1参照）。

昨今，学校で授業が成り立たない「学級崩壊」という現象が認められます。加えて，学校現場は要求の多い保護者のクレームに悩まされているという報道も耳にします。マスコミを中心に学校現場に理解しがたいクレームを寄せる保護者を「モンスターペアレント」という言葉で形容することがあります。学級崩壊やモンスターペアレントは学術用語ではありませんが，学校現場の子どもや保護者との関わりの難しさを表している単語であると筆者にはうつります。さらに，昨今のわが国の経済の低迷は貧困という形で子どもの生活の現実にさまざまな課題をもたらしています。虐待の増加も見逃せません。本章ではこ

語句説明
援助要請
助けを求める行動や意識についての概念。心理的な支援のニーズのあるすべての人が，助けを求めるわけではない。援助要請に至るまでにはさまざまな抵抗があり，公認心理師はこうした点を理解する必要がある（水野ほか, 2019）。

図10-1 学校におけるコンサルテーション

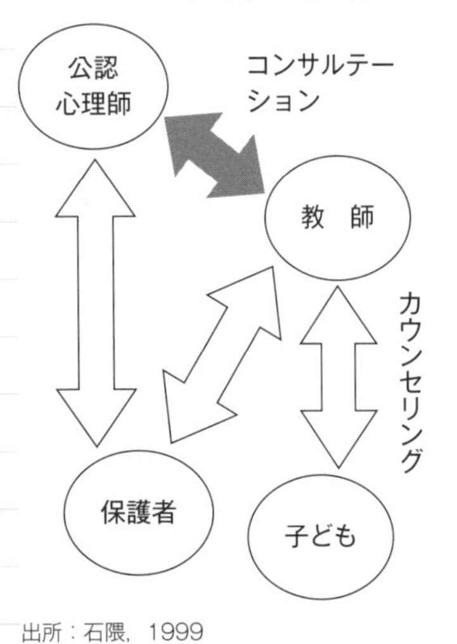

出所：石隈，1999

うした学校現場が抱える現代的な課題について，公認心理師の立場から考えていきたいと思います。

2　学級崩壊

現在，学級崩壊を客観的に測定できる判断基準やツール（測定尺度）はありません。ただし，心理学者が学級の状況を測定できる尺度をいくつか開発しています（たとえば，伊藤・宇佐美，2017；河村，2010；河村・田上，1997など）。国立教育政策研究所生徒指導研究センター（2005）は，1998年前後から小学校において授業中の私語，学習意欲の低下，教師への反抗から授業が成立しがたく，学級がうまく機能しない状況が一部でみられたと指摘しています。埼玉県教育委員会（2002）は，「児童が勝手な行動をして教師の指示に従わず，授業が成立しないなど，集団行動という学校の機能が成立しない」ということを「学級がうまく機能しない状態（いわゆる「学級崩壊」）」と説明しています。今の学校では，学級の経営や生徒（生活）指導が従来の手法で立ち行かなくなっています。この背景には，子どもを取り巻く状況の変化があります。それが，学級という場で，学級崩壊という形で表面化しているのではないかというのが筆者の見方です。学級崩壊は，教師の力量不足とか，学校経営，教育政策の議論では決してとらえられないものがあります。子どもと環境の折り合い（マッチング）の問題であることがあります。

上條（2011）は，学級崩壊対策として教師の統率力不足が指摘されることが多いと指摘しています。筆者の経験から言っても，教師が，学級経営の困難さについて教師自身の「統率力不足」，「指導力不足」に原因帰属し，さらに強く統率力のある指導へと自らを駆り立てて行ったり，今までつくってきた指導スタイル，学級のルールを突然，教師自身が変更することでますます学級が混乱し，崩壊へと向かっている場面を何度か見てきました。そこに，公認心理師のアセスメントの考え方が有効となります。教師自身が子どもをどう見ているのか，また子どもは教師をどう見ているのか？　さらに，学級のなかに特別なニーズを抱えている子どもはいないか，つぶさに見ていくことで，個別支援の充実から学級崩壊を立て直すことができます。さて，学校現場では学級がうまくいかなくなる状態はどのような状態なのでしょうか？　小学校の事例を考えてみたいと思います。

事例1　落ち着かない小学校2年生の学級例から見る学級崩壊

小学校2年生担任の青木先生は，今年2年目の女性の教員です。今年

プラスα
コンサルテーション
石隈（1999）は，コンサルテーションを「異なる専門性または役割をもつもの同士が，一緒に，子どもの問題状況を検討し，今後の子どもへの関わりについて話し合う作戦会議」と説明している。
→1章参照

参照
学級崩壊
→4章

プラスα
学級崩壊の原因
学級崩壊をどうとらえるかは研究者，教育関係者の間でも統一した見解が存在するわけではない。三上（2011）は，「何人かの問題を起こす子どもがいて，学級をひっかきまわす」，「特定のトラブルが原因で指導が入りにくい」，「学級のルールが確立していないために学級が騒然としている」などの指導困難な状態を指摘している。

子どもと環境の折り合い
問題行動は子どもの側だけに原因があるわけではなく環境との折り合いがつかないことで問題行動が生じる場合がある。

から2年生を担任しています。2年生を担任した当初は，学級の子どもをかわいいと思えていた青木先生ですが，しだいに，授業をうまく運営できなくなってきました。この小学校の校長から廊下で呼び止められた公認心理師の遠藤さんは「2年生の学級がうまくいかなくて困っている。発達や行動の課題を抱えた子どもが複数いる。一度教室を見てきてほしい」と依頼されました。

教室に入った遠藤さんは驚きました。休み時間から授業場面の切り替えがうまくいかず，チャイムが鳴ってもうろうろしている子どもがいるばかりか，授業中に「トイレに行く」と数人が教室を出ていきます。青木先生も「静かにしなさい」「ちゃんと聞きなさい」と怒るのですが，子どもは聞く耳をもちません。30名の学級のなかで，4～5名の子どもが気になります。特に佐藤さん，田村君の行動や反応が気になります。佐藤さんは不安いっぱいの表情をしています。前の休み時間になにかあったのでしょうか？　田村君は，いつもそわそわ，キョロキョロしており落ち着かない状態です。机の上の鉛筆や定規をすぐに床に落としてしまいます。ものを取るときに隣の人にあたり，「田村君やめて！　先生，田村君が押してきます！」と言われ，そのたびに，先生は個別の子どもの対応に走り，授業が止まるので学級全体がザワザワしてきます。

遠藤さんは，授業後，校長室で青木先生と面会しました。こうして複数の専門家でチームで子どもを援助するシステムを「**援助チーム***会議」といいます（田村，2013）。青木先生は，「授業の進め方，授業を乱す数名の子どもの対応に迷っている」といいます。そして青木先生は，「教師としての力量がなく，多くの先生に迷惑をかけてしまい申し訳ないという気持ちもある」といいます。遠藤さんは，学級担任の苦労を労いつつも，授業を乱す数名の子どもについて青木先生から詳しく聞き取りました。一番困っているのが，田村君だといいます。田村君については，特別支援教育コーディネーターの先生とも連携しています。青木先生と特別支援教育コーディネーターの先生との話し合いで，教育支援センターに相談したほうが良いということになりました。青木先生がそれを田村君の保護者に話したところ，保護者は「うちの息子はサッカーチームに入っており，そこでは何の問題もないです。ですので，教育センターでの相談や検査は必要ありません」ときっぱりと言われました。

これを受けて，特別支援教育コーディネーターの教員が授業中に観察をしながら田村君の集中力を高める方策を模索しているといいます。さらに，遠藤さんが，佐藤さんのことも気になると発言すると，青木先生は，「佐藤さんの家庭との連絡もなかなかうまくとれず担任としては心配している。虐待の疑いがあり児童相談所が見守っている状態」といいます。この後の遠藤さんと青木先

語句説明

援助チーム

子どもの援助をチームで実践していく仕組み。公認心理師が核となり援助チームを展開していくケースもある。メンバーは担任，生徒指導担当，特別支援教育コーディネーター，養護教諭が入ることが多い。最近では，援助チームに当該の子ども，保護者を入れることもある。

プラスα

援助チーム会議

学校現場ではケース会議，チーム支援などと呼ばれることもある。学校において，ニーズのある子どもについての支援策を教師とともに考えていく。

生との話し合いで，まずは，佐藤さんに安心感を与え，本人の行動を認めていくこと，佐藤さんと青木先生の信頼感を育むことに取り組むことにしました。

校長先生からは，「青木先生は，授業の進め方は上手です。青木先生の注意の仕方が，2年生の子どもたちには，口調も早く，単語も難しい。もう少し優しい言葉，望ましい行動を指示するような注意の仕方はできないか」と提案しました。さらに，校長先生は，板書も，写真や絵を使い子どもたちの視覚に訴える必要があること，タイマーなどを使いノートをとる時間，計算問題を解く時間，話し合いの時間というように，活動を構造化していく必要性があることも指摘しました。

図10-2　個別支援と授業の方法，学級集団の安定

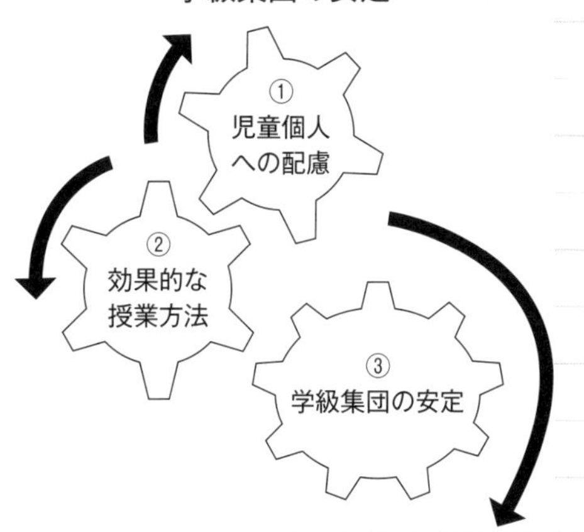

青木先生は，遠藤さんから指摘された子どもたちへの視点に留意しながら（図10-2の①児童個人への配慮），子どもと個別にゆっくり関わる時間をもつようになりました。特に田村君，佐藤さんの個別支援を行うことで学級が落ち着いてきました。また，授業中の子どもへの説明の仕方，教材呈示の仕方も工夫しました（図10-2②効果的な授業方法）。すると今までより子どもたちが授業に集中するようになりました。その結果，青木先生に余裕が生まれ，学級担任の表情も緩やかになってきました。結果的に学級集団が安定してきます（図10-2③学級集団の安定）。校長先生が時々，教室に行き，子どもたちを褒めています。

プラスα

授業の構造化，焦点化

授業をこのように，構造化，焦点化していくことは，「授業のユニバーサルデザイン化（小貫，2018）」と言われている。発達につまずきのある子どもの，教室でのつまずきに配慮した支援であるが，すべての子どもの理解も促進する。このような工夫で学級が落ちつくことがある。

3　要求の多い保護者への対応

昨今の学校現場において，子どもを取り巻く家庭の状況が多様化しています。教員は多くの時間を家庭との連携に費やしています。1,836名の中学校教員を対象に調査を実施した神林（2015）は，中学校教員の多忙感・負担感の規定要因として，「保護者・PTA対応」が，学習指導や生徒指導よりも影響力が高いことを報告しています。

要求の多い保護者つまりモンスターペアレントが増えていると考える教師は多いという報告（小野田，2011）もあります。なぜ保護者対応が，学校の課題の一つとして注目されるのでしょうか？　またなぜ保護者が学校に一見，過度と思える要求をするのでしょうか？　筆者は保護者の過度の要求の背後には，保護者のニーズが隠れていると感じています。以下，中学校2年生の内田君のお母さんのクレームに悩む中学校教諭古田先生のケースを見てみたいと思います。

事例2　お母さんのクレームの背景

中学校教諭2年目の古田先生は，担任をもっている2年生・内田君のお母さんの2日おきぐらいにかかってくる電話の対応に疲れ果てています。最初は配布したプリントについての質問程度でした。古田先生は，保護者の小さな質問にも丁寧に回答していました。それに気を良くしたのか，内田君のお母さんは，さまざまなことに口を出してくるようになりました。「英語の先生は，授業を進めるのが早い。英語の塾に行っている子どもたちが有利になっているようだ。それはいかがなものか？」といったことまで言うのです。クレームは授業だけにとどまりません。内田君はバスケットボール部に入っているのですが，その練習方法や試合でのメンバーの起用方法，顧問の指導方法についての不満を口にするようになってきました。最初は丁寧に対応していましたが，電話が一時間近くに及ぶようになり，古田先生の負担になり始めていました。古田先生はこの学校のSCの後藤さんに「内田君のお母さんちょっと，要求が多くて困っているのです」と助けを求めました。古田先生は後藤さんから「一度，お母さんの話を聞いてみましょうか」と助言されました。早速，古田先生は，お母さんにSCとの相談を提案してみました。最初は乗り気ではなかった内田君のお母さんですが，数週間後にSCの面接の予約を入れ，後藤さんはお母さんと面接しました。内田君のお母さんは，「息子は理解に時間がかかる子どもなんです」と開口一番言いました。そして，「息子は中学生になって，授業がわからなくなったばかりでなく，教師の指示が理解できないことが多くなりました。勉強ばかりでなく部活でも，体育館での練習のときは良いが，試合などで移動するときや，練習場所が変わるときなどは，集団についていけず，試合に行きたがらなくなりました。顧問も自分のお気に入りの生徒ばかり試合に出させています。部活の子どもたちは本来禁止されているスマートフォンで人の悪口を言い合っています。このことを顧問に言ってもとりあってくれません」と言います。後藤さんは，お母さんの教師に対する不満を受け止めながら，お母さんの子育てのニーズを丁寧に整理していきました。

筆者は学校現場で教師のコンサルテーションをする機会が多いのですが，保護者の過度の要求について相談される場合は，その保護者がなぜそこまでの要求を学校側にしなければならないのか，という点について理解を深めようとしています。ここで大事なのは，SCは学校側の援助機能を引き出すということです。図10-3を参照ください。SCが保護者のニーズを受け止め，さらにSCは学校側との関わりにより，学校側が保護者のニーズを解決するためにできることを探します。

後藤さんは，まずは内田君がバスケットボールの対外試合についていけないことについてお母さんも内田君も困っていることを確認できました。後藤さんと担任の古田先生と部活顧問で援助チーム会議を開いたときに，どうやら，部員同士が無料通信アプリで情報交換を頻繁にしていることがわかりました。その内容は日常会話的なものもありますが，対外試合のときの集合時間や持ち物などの情報も共有されていました。もちろん内田君もこの無料通信アプリに加入していて情報を受け取ることができるのですが，内田君は，やや大きめのタブレット型コンピュータが自宅にあるのみでスマートフォンは携帯していませんでした。そのために，対外試合の当日朝の連絡などがタイムリーにみられません。それが，内田君が「置いてきぼり」と感じている背景にある可能性が考えられました。本来は，部活にもスマートフォンは携行禁止ですが，対外試合の場合は多くの生徒がスマートフォンを持ち歩いていました。ルールを破ることが大嫌いな内田君は「スマートフォンは絶対禁止」と頑なにスマートフォンを持つことを拒んでいました。この保護者の過度なクレームはこうした内田君の事情が背景にあったかと思います。しかし，内田君の保護者は，携行禁止のスマートフォンを事実上携行している状況が悪く，部活顧問の指導不足に起因するものであると考えていました。そうしたなか内田君は幸い，父親からスマートフォンを譲り受けました。内田君は当初「スマートフォンは絶対禁止」と言っていましたが部活顧問と話し合い，部活顧問は対外試合のときはスマートフォンは持参可能と許可を出しました。

後藤さんは，内田君の授業の理解に時間がかかる点，場面が変わることに対する適応の悪さ，時折見せる頑なな態度が気になっていました。後藤さんは，内田君の母親に病院への相談を勧めました。最初は乗り気ではなかった母親ですが，しだいに内田君の特性にも目が行くようになりました。内田君は病院で診察・検査を受け，特別支援教育コーディネーターを中心に内田君の支援計画が立てられ，SCも参加しながら，内田君のニーズに応える方向に進み出しました。また内田君は二週間に一度，後藤さんの面接を受け対人関係のスキルや人間関係のとらえ方を中心に援助していくことになりました。

図10-3　学校に要求する保護者の支援方法

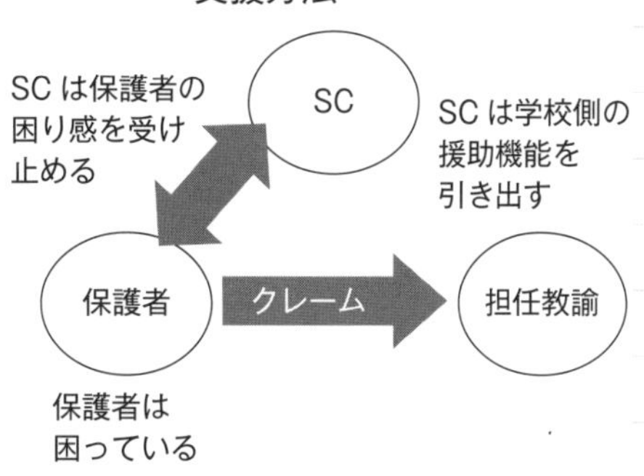

プラスα

スマートフォンや携帯電話の持ち込み

児童・生徒のスマートフォンや携帯電話の学校への持ち込みについて，原則的に禁止であったが，現在は，学校への持ち込みを認める方向性を出す自治体も増えている。たとえば，奈良県では，中学校の携帯電話持ち込みを国の方針を受け，条件付きで認める方針を出している（朝日新聞2020年8月29日付朝刊，奈良版）。

4　子どもの貧困

昨今**子どもの貧困**が学校教育のなかでテーマとなっています。地域に点在す

プラスα

子どもの貧困

厚生労働省の国民生活基礎調査（2019）によると，「子どもの貧困率」（17歳以下）は13.5%であった。等価可処分所得の中央値の半分の額を貧困線と呼ぶ。この貧困線に満たない状態を相対的貧困と定義している。

る支援の活動などをみても子どもを取り巻く貧困の課題の深刻さを感じざるを得ません。山村（2017）も解説しているように貧困を「剥奪された状態」とする理解が一般的になっています。つまり，貧困により，経済的・物質的な不足だけでなく，活動への参加の機会の減少，友人関係の構築の機会が奪われます。学校に関わる公認心理師はどのような場面で子どもの貧困と関わるのでしょうか？　貧困問題そのものはスクールソーシャルワーカー*（以下，SSW）の守備範囲であるといえます。しかし，これは貧困の問題にSCは出会わないという意味ではありません。たとえば不登校の背後に貧困がある場合があります。勉強用具を用意できない，家の手伝いをして学校に登校できない，経済的な困窮から病院に通えず長い間病欠が続いている……などが実例です。また，学習面の苦戦を示す子どものなかにも貧困問題から生じる生活の不安定さから，家で教科書を開く心理的な余裕もない子どももいます。SCは不登校や学校適応の苦戦を丁寧に見ていき，立体的にアセスメントしていく必要があるのです。

以下貧困が背後にあると思われる登校が難しい小学生の事例を紹介します。

語句説明

スクールソーシャルワーカー（SSW）

スクールカウンセラー（SC）とともに，学校において子どもを支援する役割をもつ。SSWは，社会福祉の知識や技術を用い個人のみならず，環境に働きかける。学校において，SCはどちらかというと個人の支援に力点を置くのに対して，SSWは，環境への働きかけを重視し支援する（鈴木，2014）。

→2章，5章参照

事例3　経済的な課題が背景にある不登校

小学校の巡回相談を行っているSCの橋本さんは，不登校の小学校5年生井上君が気になっています。井上君は，週1日か2日は登校できますが週3日ほどは連絡なく休みます。登校できる日は，11時ごろから登校します。登校するときはいつも，一人で登校し，職員室の先生に声をかけて一人で教室に行きます。井上君の保護者は，井上君をはじめ，3年生，1年生，2才児の男子4名の子育てをしています。3年生，1年生の弟は近所の子どもの呼びかけに応じ毎日決まった時間に登校できています。5年生の井上君だけが登校が難しいのです。この学校の教師たちは当初は保護者への強い指導が必要だと思っていました。井上君の登校を冷静に見ていた事務職員は井上君の経済状況から貧困家庭である可能性を指摘しています。そう考えてみると，井上君はいつも給食を多く食べること，弁当が必要なときは登校しないこと，絵の具，水着など学習に必要なものを持参しないなど，経済的な困窮のために登校できていない可能性もあります。市に配置されているSSWとSCの橋本さん，学級担任，養護教諭，管理職と援助チーム会議を行いました。そして，井上君の家庭は経済的な困窮が背景にある可能性が高いこと，保護者の体調がすぐれないことがわかりました。また，井上君の不登校は一番下の子どもが生まれたときから目立ち始めていることから，経済的な困窮に加え，井上君が一番下の子どもの面倒を見ざるを得ない状態に陥っている可能性も考えられます。担任や橋本さんからは，井上君は不登校気味であるが，遅刻しても登校できること，勉強のセンスがあり成績も良いこと，学級の友人には優しく慕われていることなどが報告されました。橋本さんは井上君の良いところを確認する必要性を強調しました。そして，SSWのほうから保護者面接を申し入れてみること，市の子育て支援のサポーターを利用する可能性も示唆されました。

その後，母親はSSWとつながりました。その結果，週３回，朝の時間帯に市の福祉部門から支援員が家庭訪問し，朝食の用意，家事の補助をすることになりました。支援の入る月曜日，水曜日，金曜日は井上君は朝から登校できるようになりました。SCの橋本さんは，時々放課後，井上君と会い，井上君の生活の状況，家庭の様子を聞いています。井上君は橋本さんにもなつき，さまざまな話をしてくれるようになりました。担任の先生も井上君に絵の才能があることを知り，絵画コンクールの応募を勧めており，週１回程度，放課後に教室で一緒に宿題をしたり絵を教えています。

経済的な困窮のある子ども支援は行政の支援との連携が必要です。そして経済的困窮が一朝一夕に解決することは難しく，解決が確認しにくい状況もあります。しかし，このように，家庭の支援を効果的に行いかつ，本人の支援を行うことで登校が安定することがあります。

5　児童虐待

厚生労働省は児童虐待を**身体的虐待**，**性的虐待**，**ネグレクト**，**心理的虐待**の４種類に分類しています。どのような行為が児童虐待にあたるのかについて学校に関わる公認心理師はよく知っておく必要があります。児童虐待は非常に深刻な状況が続いています。

虐待は家庭でおこっている問題ですが，その発見と援助には学校関係者が大きな力となっています。「児童虐待の防止等に関する法律」によると，学校は虐待の被害にあっている可能性がある子どもを早期発見する義務があります。そして，虐待を疑う場合は，市町村，都道府県の設置する福祉事務所もしくは児童相談所に通告する義務があります（第５章参照）。

学校関係者は虐待を発見しやすい立場にあります。岩崎ら（2007）は153名の教員の調査から41.8％の教員が，虐待を受けたと思われる子どもがクラスに在籍したことがあると回答していると報告しています。また横島・岡田（2007）は，兵庫県内の419名の教員を対象に調査を行い，虐待を受けたと思われる子どもを発見した経験は，46.3％であったと報告しています。つまり虐待は多くの教員によって身近な問題であるといえます。さらに，筆者の経験

参照
身体的虐待
性的虐待
ネグレクト
心理的虐待
→5章

プラスα
児童虐待の現状
児童虐待は残念なことに深刻な状況が続いている。2020年11月19日の朝日新聞（東京本社版）によると，2019年度に全国の児童相談所が対応した18歳未満の子どもへの虐待件数は，19万3780件と過去最多であった。

を考えてみても，児童生徒が示す問題行動の背後に虐待被害が存在することも多いのが現実です。このことは，462名の管理職，1,282名の教員を対象にした水野ら（2018）も同様の指摘をしています。

虐待を受けている可能性のある児童生徒を援助につなげるためには公認心理師は教員との連携をもとに問題行動を示す児童生徒についてもさまざまな側面から見立てていく必要があります。以下中学校3年生の水谷君の事例を見てみましょう。

事例4　虐待が背後にある可能性がある事例

中学校3年生の水谷君の担任の加藤先生は，問題行動を起こす水谷君の対応に疲れ果てています。水谷君は，野球部のピッチャーで夏の大会まで中学校のエースとして活躍しましたが，部活動を引退した秋から問題行動が目立つようになりました。野球部の顧問の指導も聞かなくなってしまいました。水谷君は，授業中気に入らないことがあると感情が高ぶり教師に暴言を吐いたり，ものにあたったりします。最近は，教師に向かって暴力をふるうこともあり，そうした場合はすぐに一階の職員室の横の会議室に連れていき，落ち着くまで話を聞いていますが，感情が高ぶりコミュニケーションがとれないことがあります。しかし家では，野球部のコーチをしている父親の目を恐れ，反抗するどころか家業の手伝いをする「良い子」で，母親は水谷君の問題行動を信じないばかりでなく加藤先生に向かって「悪いことをしたら殴ってください。私が子どものころはやんちゃな子どもはよく殴られていました。殴らないから舐められるのです」と豪快に言い切ります。その後，水谷君の手の甲にこすったような痣を見つけました。母親に聞いてみたところ，母親は「先生，虐待を疑っているのですか？　週末にお父さんと野球の練習をして，できた痣です」と言いました。水谷君が父にむかって「高校では野球をやりたくない」と反抗したために，「特訓をしていた」と言います。加藤先生は，野球の練習ではつきにくい水谷君の痣について気になり，教育委員会の緊急支援員である公認心理師の太田さんに相談しました。この点について相談された太田さんは，水谷君の情緒不安定さ，そして，両親の体罰への親和性からみて虐待の可能性が高いので，児童相談所に相談し，なおかつ関係者と協力して水谷君を見守る必要性を指摘しました。

プラスα

虐待

虐待は，被害児童・生徒がその事実を打ち明ける前に，学校関係者が子どもの異変に気づくことがある。身体の痣や衣服の汚れや匂いから発見される場合もある。急に元気がなくなったり，感情の起伏が激しくなったりすることもある。また，家族に暴言や暴力によって問題を解決していく習慣があると本人も気がつかないうちに心理的虐待を受けていることがある。

さて，公認心理師からこのようなコンサルテーションを受けた加藤先生は，管理職とも相談し，児童相談所に相談するとともに正式に市の教育委員会の虐待担当者にも連絡を入れ，水谷君を見守ることになりました。次の日，水谷君の自宅付近から虐待の通報窓口に匿名で「気になることがある」と通報が入りました。児童相談所の担当者が家庭訪問し，父親がしつけとしての暴力を認めたので，父親を指導しました。今後は，児童相談所と学校が協力して水谷君を見守ることとなりました。この中学校にはSCが配置されていましたので，SC，緊急支援担当の太田さん，加藤先生，生徒指導担当，市の虐待担当職員，児童相談所職員が援助チーム会議を開き，虐待の被害に注目しながらも，水谷君の援助ニーズを汲み取りながら支援することにしました。その後，水谷君は，高校に入っても野球部に入らなくても良いと父親から許しをもらい，好きな工作を生かして工業高校への進学を視野に入れ，勉強してくことになりました。まだまだ教室で暴れることもありますが，SCと加藤先生が連携をとりながら水谷君を認め，得意なところを尊重しながら個別的な関わりをもつようになりました。

6　その他の課題

学校に関わる公認心理師は，子どものさまざまな課題に出会います。ここでは，**外国にルーツのある子ども**[*]の支援（水野，2019）について指摘したいと思います。文部科学省総合教育政策局（2020）は，2019年5月1日時点の外国人の子どもの就学状況を発表しています。96,370名が義務教育諸学校[*]に在籍し，5,023名が外国人学校等，630名が不就学，3,017名が出国・転居（予定を含む），就学状況を確認できない児童生徒が8,658名という状況でした。

学校に外国にルーツのある児童生徒がいることは日常の風景となっています。公認心理師として，学校を支援するときに，外国にルーツのある子ども，外国に長期滞在した経験のある子どもを支援することがあると思います。ここにその留意点を書きたいと思います。

まず，大事なことは，日本語教育です。子どもたちは，日本の学校教育を受けながら日本語を学ぶわけですから，外国語だけを学ぶという状況とは異なります。具体的には，日本語で，勉強を学び，日本的な文化のなかで学校生活を体験していきます。日本の学校の「学級」や「班活動」の考え方や「部活」の考え方などについて理解しながら，適応していくことが求められます。特に，小学校高学年や中学生になると，友人同士のコミュニケーションやSNSでのコミュニケーションの理解が大事となります。もちろん，周囲の日本人児童生徒の外国にルーツのある子どもに対する理解も必要となります。グローバル時代を生きる子どもたちの教育という点では大事な視点です。

公認心理師が特に留意したいのが，外国にルーツのある子どもたちからの相談や，教師に対するコンサルテーションの事例です。学校になじめなくなった場合に，日本人とのコミュニケーション，日本型学校文化への不適応が影響し

語句説明

外国にルーツのある子ども

外国にルーツがある子どもは，国籍上の外国人の定義より幅広い。さまざまな背景から外国で教育を受けたり，外国の影響を強く受けて育った子どもを意味する。1980年代から渡日した外国人をニューカマーと呼ぶが，その子どもたちの多くが日本の学校で学んでいる。

義務教育諸学校

国公私立小・中・義務教育学校・中等教育学校（前期課程），特別支援学校（小・中学部）を意味する。

ているケースがあります。友人関係のトラブルも，コミュニケーション上の誤解がある場合があり，生起した事象の理解について外国にルーツのある子どもと丁寧に振り返り，時には通訳を交えて確認する必要があります。このことは，外国にルーツのある子どものアセスメントについてもあてはまります。日本で使われているさまざまな見立ての基準や検査がどこまで適用できるのか慎重な検討が必要です。

加えて，外国にルーツのある子どもの自己実現を支援する立場からすると，日本文化への適応を過度に期待することにも留意が必要です。母国語の保持や母国文化への尊重を含め，どのように本人が日本での生活をとらえているのか，進学や将来のキャリアについてどのように考えているのか，本人の考え方や家族の考え方，価値観を尊重しながら支援する必要があります。

このほかにも，感染症への予防や，性別への違和感，さまざまな疾患に伴う支援など，公認心理師が学校で期待されている領域は幅広いです。子どもを取り巻く家庭，地域社会の急激な変化から子どもたちはさまざまなニーズとともに学校生活を送っています。公認心理師は，相談室での子どもや保護者対象のカウンセリングだけでなく，教師に対するコンサルテーションやチーム援助の視点を大切にしながら，子どもを支援することが大事です。

考えてみよう

1．みなさんが小学校，中学校のとき，教員やカウンセラーがしてくれたことで嬉しかったことを考えてみましょう。教員は担任の教員，クラブ活動の顧問の教員，進路指導の教員，養護教諭など一人に限定せずに思い出してみてください。
2．行政，福祉，教育などさまざまな機関が積極的に貧困対策をしています。まずはあなたが住んでいる市町村，都道府県単位でどのような貧困対策がされているのか調べてみましょう。

本章のキーワードのまとめ

援助要請	助けを求める際の意識や行動を意味する。児童・生徒にとって，カウンセリングに援助を求めることはさまざまな障壁がある。カウンセリングはどのような支援を提供するのか，教職員を含めて丁寧な説明が必要となる。SC が定期的に出す「スクールカウンセラー便り」や授業（保健，特別活動，道徳など）へ協力し，児童生徒の前で，説明することも大事となる。
援助チーム	子どもの援助をチームで実践していく仕組み。公認心理師が核となり援助チームを展開していくケースもある。メンバーは担任，生徒指導担当，特別支援教育コーディネーター，養護教諭が入ることが多い。最近では，援助チームに当該の子ども，保護者をチームに入れることもある。
子どもの貧困	学校においては，経済的な困窮から通学や勉強に支障がある場合に援助の対象となる。貧困は，経済的な困窮から，対人関係，活動への参加，勉学の機会が剥奪された状態となる。
身体的虐待	家庭において，殴る，蹴る，投げ落とす，激しく揺さぶる，やけどを負わせる，首をしめる，縄などで一室に拘束するなどの行為を意味する。
性的虐待	大人から子どもへの性的な行為，性的な行為を見せる，性器を触る又は触らせる，ポルノグラフィの被写体にさせるなどの行為。被害そのものに気づいていない場合や被害を言い出せないことがある。
ネグレクト	家に閉じ込める，食事を与えない，ひどく不潔にする，自動車のなかに放置する，重い病気になっても病院に連れて行かないなどが該当する。
心理的虐待	言葉による脅し，無視，きょうだい間での差別的扱い，子どもの目の前で家族に対して暴力を振るう（ドメスティック・バイオレンス）などが含まれる。
外国にルーツのある子ども	1980 年代に日本に入国したニューカマーの子どもや新たに渡日した子どもたちを意味することが多い。また何世代も日本に住んでいるが，そのルーツが外国にある場合も使われる。子ども一人ひとりの状況は多様である。日本語教育を含め日本への適応を支援するが，本人のルーツへの尊重も必要となる。

第11章 学校・教育システムの連携による支援

この章では，まず教育機関としての学校がもっている特徴を，教師を中心に大まかにみていきます。その後，子どもの成長過程にしたがって，家庭，幼稚園・保育所，小学校，中学校，高校，大学などが互いにどのように連携しているのかを，特別な支援が必要な子どもへの支援を含めて説明します。最後に，学校と保護者や地域社会との連携のなかで，公認心理師に期待される役割をみていきます。

1 教育機関としての学校

1 学校文化の特徴

日本で学校制度が始まったのは，明治5（1972）年です。現在までの長い歴史のなかで，学校の種類（小学校，中学校など）や各学校への入学の年齢，そして学習内容などは大きく変化してきました。同年代のどれくらいの割合の子どもが入学するのかといったことも，時代によって大きく違います。このようにさまざまな変化があったのですが，長い歴史がありますから，学校には学校特有の文化があります。これは，**学校文化***と呼ばれています。

学校文化の特徴を考えるには，たとえば他の国と比較したり，また他の分野との違いを考えたりするといったように，多くの見方があります。さらに，学校は子どもや学習者にとっては学びの場であるとともに，学校で働く者（教師，職員）にとっては職場なのですから，職場としてどのような特徴があるのかという見方もできます。ここでは，**職場風土***あるいは組織風土という点から，学校文化の特徴をみていきましょう。

語句説明

学校文化
学校の構成員が共有し伝達する行動様式や生活の様式の総体を意味する。学校内の備品・展示物・掲示物などの人造物や，構成員のパターン化した行動，また教育内容，集団規範や価値観などがある。

職場風土
職場で，構成員の考えや行動，あるいは感情や感じ方に影響を及ぼすような価値観のことを意味する。

2 教職の特徴

①教師の資質能力向上の過程

学校の教師になりその資質能力を高めていくプロセスは，教員養成，教員採用，教員研修の3つの段階に分けることができます。それぞれ，教師になるための学びの段階，教師として採用される段階，そして採用された後の教師の成長の段階ということになります。

まず，教員養成の段階は，何らかの原因やきっかけをもとに「教師になりたい」という思いからスタートすることになります。あるいは，「教師になるかもしれない」という可能性のもとに学びを選択する人もいるでしょう。職業だけに限らないのですが，どのように人生を歩んでいくのかという道程（過程）をライフコースといいます。教員養成の段階は，このライフコース選択の過程で教師という職業を選び，教師になるための準備をする期間といえるでしょう。

次の教員採用の段階は，「教師になる」という意思決定のもとに，採用のための準備をして，募集に応募したり試験を受けたりする段階です。ただし，実際に教師として採用されるかどうかは，採用数の動向や選考試験の手続き等に影響されます。そして，一旦教師としての採用が決まれば，教師としての職業意識が高まっていきます。

②教師としてのキャリア発達*

教師の資質能力を高めていく３段階の３つ目の段階にあたる教員研修は，さらに大きく初任者，ミドルリーダー，管理職を対象とした３つに分けることができます。

教師として採用された直後の初任者には，平成元（1989）年から初任者研修の実施が義務づけられています。初めて教壇に立ち，児童生徒の指導にあたるなかで，研修内容も活かしながら，日々課題にぶつかりそれらを解決したり乗り越えたりしていくなかで，教師として成長していきます。

数年の教職経験を積むと，教師としての職務に慣れるとともに，職場では新たな初任者も迎えることになります。すると，ミドルリーダー，すなわち中堅教員としての役割を果たすことが期待されてきます。これまで学校は，管理職（校長，副校長・教頭）とそれ以外の一般教員という２種類の構成員だけで成り立っていて，ちょうど鍋のふた（一般教員）と取っ手（管理職）のような形状を思い起こさせることから，“なべぶた構造”といわれることがありました。しかし，現在はミドルリーダーの役割が重視されるようになり，少しずつ“ピラミッド構想”に向かうような傾向があります。ミドルリーダーには，学校経営の計画などに積極的に関わるような参画意識の育成が求められています。

最後に，管理職は教師全員がなるものではありませんし，また制度としては教員免許状がなくても，学校の管理職になることは可能です。ですから，管理職は教師のキャリア発達に必ず含まれるものではありません。しかし，大部分の学校では教師経験者が管理職を務めていますから，教師としてのキャリアで管理職を無視することはできません。管理職は，教職員を指導して，しっかりとした教育効果を出すために重要な役割を果たすことが期待されています。そのため，高い資質能力が求められています。

語句説明

キャリア発達

「社会の中で自分の役割を果たしながら，自分らしい生き方を実現していく過程」（中央教育審議会，2011）を意味する。キャリアには，仕事や職業に関するワーク・キャリアと，より広く家族や地域社会との関係も含めた意味での生き方を示すライフ・キャリアの２種類がある。
→6章参照

プラスα

ミドルリーダー

学校教育法では，主幹教諭（校長や教頭など管理職の命令を受けて，校務を行う教員）と指導教諭（教育指導の改善と充実のための指導と助言を行う教員）が該当するが，より広義には教職員集団をとりまとめる役割を担う中堅教職員を指す。

③教師のリーダーシップ

教師が学級担任や教科担任として学級集団や学年の児童生徒の集団を指導したり，管理職が教職員を指導したりする場面では，その**リーダーシップ**が重要です。リーダーシップのあり方によって，その集団の活動や成果に違いが生じるからです。

リーダーシップに関する理論は多数ありますが，たとえばリーダーの行動に注目すると専制型*，民主型*，放任型*といった分類（Lewin, et al., 1939）ができます。

また，リーダーシップがどのような機能を果たしているのかという点を重視したものとして，PM理論（三隅，1984）があります。これは，集団の目標を達成するための目標達成機能（performance：P機能）と，集団のまとまりや雰囲気の維持・向上を行うための集団維持機能（maintenance：M機能）に注目したものです。これらの2つの機能の高低によって，教師の指導類型を4つに分けることができます（図11-1）。この類型によると，子どもの学習意欲や学級への思いが最も高いのはPM型で，これにpM型が続き，そしてPm型，最も低かったのはpm型でした。ここから，集団維持機能（M機能）が重要であることがわかります。

語句説明

専制型リーダーシップ
リーダーがすべての指示や命令を行うタイプ。

民主型リーダーシップ
メンバーの意見や主体性を尊重するタイプ。

放任型リーダーシップ
メンバーの決定や行動に関与しないタイプ。

図11-1 PM式リーダーシップの類型

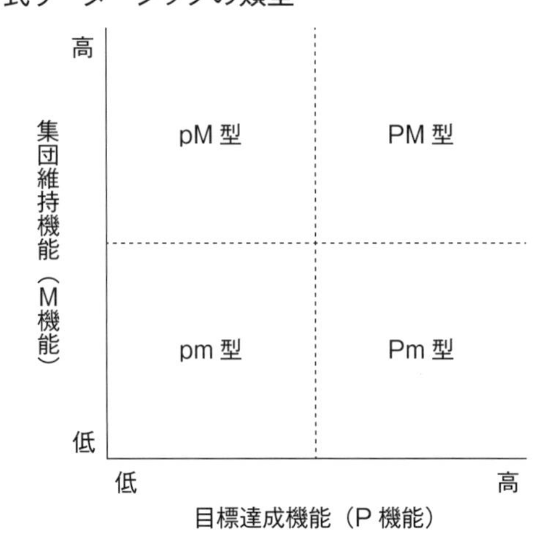

出所：三隅，1984に一部追記

④教師のメンタルヘルス

あらゆる職業において，心身の健康はとても大切なことです。特に教師は児童生徒や保護者・地域住民など人と関わる職業ですから，メンタルヘルス*には十分に注意する必要があります。

ストレスが原因となって生じることが多いこころの病気としては，うつ病があります。眠れない，食欲がない，気分が晴れずに一日中落ち込んでいる，何

語句説明

メンタルヘルス
精神面の健康。
→7章参照

表11-1　こころの病気の初期サイン

自分が気づいたり，気になる症状	•気分が沈む，憂うつ。 •何をするのにも元気が出ない。 •イライラする，怒りっぽい。 •理由もないのに，不安な気持ちになる。 •気持ちが落ち着かない。 •胸がどきどきする，息苦しい。 •何度も確かめないと気がすまない。 •周りに誰もいないのに，人の声が聞こえてくる。 •誰かが自分の悪口を言っている。 •何も食べたくない，食事がおいしくない。 •なかなか寝つけない，熟睡できない。 •夜中に何度も目が覚める。
周囲の人が気づきやすい変化	•服装が乱れてきた。 •急にやせた，太った。 •感情の変化が激しくなった。 •表情が暗くなった。 •一人になりたがる。 •不満，トラブルが増えた。 •独り言が増えた。 •他人の視線を気にするようになった。 •遅刻や休みが増えた。 •ぼんやりしていることが多い。 •ミスや物忘れが多い。 •体に不自然な傷がある。

出所：厚生労働省，2018

をしても楽しむことができないといった症状です。教師の**バーンアウト***（**燃え尽き症候群**）は，努力しても期待した結果が得られないことからくるストレスが長く続く結果，仕事への意欲がなくなり，職務が達成できなくなる状態です。また，依存症（アルコール，薬物，ギャンブルなど）もストレスが原因のことがあります。一時的にストレスから解放されるかもしれませんが，さらに深刻な症状に陥っていきます。

表11-1に，こころの病気の初期サインをまとめてあります。自分で気づくだけでなく，周囲の人もこれらのサインを心に留めておくとよいでしょう。そして，予防としては，日頃の生活でストレスと上手につきあい，ストレスをためないように生活習慣を整えることが大切です。自分なりのストレス対処法をもっておくことは有効です。そして，つらい思いを自分だけで処理できないときには，周囲の人に相談したり，また場合によっては早めに医療・相談機関などを受診したりするようにしましょう。

語句説明

バーンアウト

心因性（反応性）うつ病の一種で，強い使命感や責任感をもって仕事に取組んでいた人が，努力しても期待した結果が得られないことからくるストレスが長く続く結果，仕事への意欲がなくなり，職務が達成できなくなる状態をいう。

参照

依存症

→8章

2　家庭・学校間の連携

1　家庭と保幼等の連携

①家庭での養育の支援

子どもの発達と成長に家庭の役割が重要なのは，いうまでもありません。子どもの発達と成長には，どのような育児をしてどのような子どもに育てるのかという教育信念が関係します。これは，保護者が意識していないかもしれませんが，たとえば幼稚園や保育所，あるいは認定こども園（以下，幼稚園・保育所等とします）を選ぶときにも影響します。入園のしやすさや送迎の問題以外に，教育を重視するのかあるいは保育（養護など）を第１にするのかを決めるときに影響するからです。

この教育信念は，家族の情動的風土とも深い関係にあります。情動的風土というのは，ここでは家族のメンバーの間にある感情や情動についての雰囲気のことで，たとえば家族の間の“穏やかな関係”や“とげとげしい言葉のやりとり”といった表現で示されるものです。この情動的風土は，親子関係，子どもの仲間関係，自己コントロールなどに影響すると考えられていますから，子どもの成長にとても重要な意味をもっています。保護者に対する子育て支援のなかでは，経済的支援だけではなく，こうした家族の情動的風土を高めるための支援も必要です。

もし，保護者がいなかったり，子どもが十分な養育を受けたりできない場合は，保護者が養育困難な状況にあると判断されて，その子どもは要保護児童として支援対象になります。不適切な養育の例としては，虐待をあげることができます。これは具体的には，①身体的虐待（身体的な暴力を加える），②ネグレクト（養育の放棄や無視，衣食住の世話をしない），③性的虐待（性的な暴力を加える），④心理的虐待（暴言や無視によって心理的な暴力を加える）を意味しています。もし，子どもの虐待に気づいたならば，教師や保育者に限らず，誰でも通報の義務があるのを忘れてはいけません。

②幼稚園・保育所等での支援

子どもが幼稚園・保育所に入って**環境移行**[*]を経験し，集団での生活が始まると，その子なりの行動の特徴や特性（得意なこと，不得意なこと）がみえてくることがあります。それらのなかで，特に何らかの発達面の遅れや障害がある子どもには，特別支援教育による支援が必要になります。

まず，どのような特徴や特性があるのかを調べて確認する必要があります。子どもの現状を調べて査定することをアセスメントといいます。どのような特

プラスα
認定こども園
教育と保育を一体的に行う施設で，2006年に創設された。幼稚園と保育所の２つの機能が合わさっている。

参照
虐待
→５章，10章

語句説明
環境移行
人生の出来事や移動によって環境が変わることをいう。これには入学，卒業，就職，結婚，退職のように社会の多数の人々が経験し，ある程度事前に予期できるものと，不治の病気の宣告や災害のように突発的に起こるものがある。

参照
アセスメント
→１章，13章

徴があり，また何が得意なこと（強み）で，何が不得意なこと（弱み）なのかを確認する段階です。この段階で医療機関等の診断を受けてよく報告される障害として，自閉症，高機能自閉症，学習障害，ADHD，アスペルガー症候群などがあります。詳細は9章を参照していただき，比較的よく耳にする障害名でも，具体的にどのように定義されているのかを知っておくとよいでしょう。

このように診断を受けて，障害のある子どものニーズが明らかになると，次に具体的な支援のための計画をつくる必要があります。これは，幼稚園・保育所等や学校に在籍している期間だけでなく，卒業して社会に出た後も視野に入れて，教育，医療，保健，福祉，労働等の各機関が連携して，一貫した支援をするための計画で，「個別の支援計画」と呼ばれています。このうち，学校などの教育機関を卒業するまでの期間を対象にしたものを，「個別の教育支援計画」と呼んでいます。

表11-2に，この「個別の教育支援計画」に記入する内容項目の例を示してあります。この例は小学校入学までのものですが，幅広い領域の情報が集められていることがわかります。そして，ここに記入されている事項は，幼稚園・保育所等の教育関係者だけなく，保護者とも共有されることになっているため，保護者の確認署名・印の欄が設けられています。この教育支援計画は，教育機関が中心となって作成し，子どもの成長につれて修正したり書き加えられていくことになっています。

参照
発達障害
→9章

プラスα
自閉スペクトラム症（ASD）
従来の自閉症やアスペルガー症候群を含めて，コミュニケーションや言語に関する症状を連続体でとらえて，より軽い状態も含めたものである（アメリカ精神医学会，2014）。

参照
個別の教育支援計画
→9章

表11-2　個別の教育支援計画の内容項目例（小学校等への入学まで）

○プロフィール（その1）
- 本人氏名，性別，生年月日，連絡先，緊急連絡先
- 確認署名・印（確認日，在籍校等名，学年等，本人（保護者），作成者，校長

○プロフィール（その2）
- 本人の特徴，診断名，かかりつけの医療機関等，持病・服薬等（アレルギー等）
- 診断・検査等の記録（実施日・年齢，実施機関，結果等）

○プロフィール（その3）
- 好きなこと・得意なこと，嫌いなこと・苦手なこと，興味・関心・こだわり

○プロフィール（その4）
- 感覚過敏，コミュニケーション手段，その他・特に配慮が必要なこと

○引継ぎシートA（保育所・幼稚園→小学校・特別支援学校）
- 本人氏名，性別，生年月日，記入者（所属・氏名）
- 本人の将来の夢・希望
- 好き・得意なこと，嫌い・苦手なこと
- 健康・生活面で支援を要する項目（視覚，聴覚，移動，食事，排泄，衣服着脱等）
- 行動・社会性・学習準備で支援を要する項目（感覚過敏，危険行為，パニック，こだわり等）
- 上記の項目の中で支援を要するものについての状況の説明や有効な支援
- 就学後も継続してほしい配慮事項（保育所・幼稚園から）
- 関係機関（医療・療育・福祉，地域生活など）
- 学校生活に関する期待・要望など（保護者から）

出所：福岡県，2018

2 保幼小の連携

幼稚園・保育所等は義務教育でないため通園してもしなくてもよいですし，どの園にするかという選択も幼稚園の場合などは自由です。それに比べて，小学校は義務教育ですから必ず行かなければなりませんし，公立小学校であれば校区が決まっています。このような制度の違いから，たとえば小学校入学前の幼稚園・保育所等と小学校の間の連絡会のもち方などは，地域によって違いがあります。

小学校入学に際しての説明会や見学会などは，すべての新入生と保護者を対象にした一次的援助サービスとして実施されています。また，子ども本人や保護者の養育について，幼稚園・保育所等が“気になる”事項がある場合には，二次的援助サービスの対象者として子どもの氏名や養育の状況を共有し，小学校生活がスムーズに始められるように連携します。

さらに大きな援助ニーズのある子どもについては，三次的援助サービスの対象者として，子どもの障害や特徴などについての情報を共有する工夫が進められています。表11-3は，連携の際に共有した情報を整理して，学校での指導に活かすために作成する「個別の指導計画」の内容項目の例です。この計画は，先に示した「個別の教育支援計画」に基づいて，具体的に一人ひとりの教育的ニーズに応じた1年間の指導目標，内容，方法，使用する教材等をまとめた計画です。

表11-3 個別の指導計画の内容項目例

○作成年月日，担任名
○本人氏名，生年月日，学年・組
○諸検査（結果）（注）
○現在の実態
- 保護者・子どもの願い
- 健康面
- 運動手先
- 学習態度
- 学業（国語，算数・数学，その他の教科）
- 社会性・情緒面等

○実態の分析と指導の方向性
○今年度の目標（長期目標）・主な指導の場
- 学習面，生活面，社会性・対人関係

○（1・2・3）学期の取り組み：指導計画，指導結果
- 学習面・生活面・社会性・対人関係：変容と課題
- 具体的手立て：手立てについての評価
- 評価の観点：来学期の方向

注：知能検査や発達検査などの結果
出所：文部科学省，2018

3 小・中学校の連携

小学校入学以降の教育制度の概要を図11-2に示します。満 6 歳からの 9 年間の義務教育は，第 2 次世界大戦後長く小学校と中学校だけでしたが，2016年から，9 年間を一貫して行う義務教育学校の制度が始まっています。

この制度に先立って，小学校と中学校の“段差”を少なくするために，小学校と中学校という区分は変えずに運用面で工夫して，小中一貫教育を実施してきた地域があります（例：品川区教育委員会，2005）。そういう地域でよくみられるのは，前期 4 年（小 1～4），中期 3（小 5～中 1），後期 2 年（中 2～3）という区分にして，小学校と中学校の間の“段差”を滑らかにする方法です。“段差”に注目するのは，中学校に入って急に不登校が増えるためです。中学校入学前後は心身の発達が著しく，また中学校では学習内容が増えたり教科担任制が全教科で始まったりするなど，環境としては大きな変化ですから，十分な連携が必要になります。小・中学校間に限らず，異なる種類の学校間の連携は**校種間連携**と呼ばれ，十分に注意する必要があります。

小学校のときから，特別支援学級に在席していたり，通常の学級に在席しながら部分的に通級指導で特別支援教育を受けたりしている児童の場合は，通常の中学校に進学するのか，あるいは特別支援学校に進むのかという選択をしなければなりません。関係する学校間の連携が，さらに必要になります。

プラスα

中 1 ギャップ

小学校から中学校に進学する際に，急激な学校環境の変化から不登校やいじめが急増する現象をいう。

図11-2　日本の小学校以降の教育制度の概要

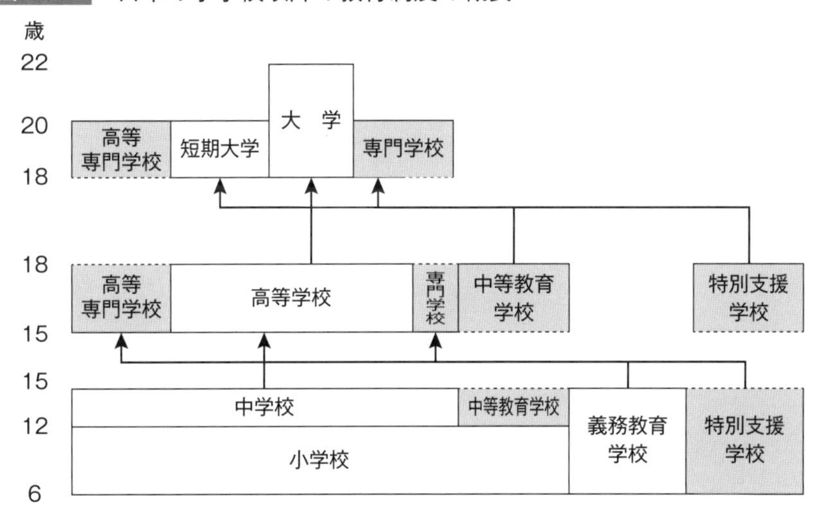

注：網かけ部分は，中断せずに一貫していることを表す

4 中学校と高校・高等専門学校等の連携

中学校までは義務教育ですが，高等学校・高等専門学校等（以下，高校等）は義務教育ではありませんし，高校等進学には選択と選抜の段階があり，また

高等学校は全日制，定時制，通信制などの違いがあります。ですから，中学校と高校等の連携はそれまでの連携とは異なる面があります。

一般に，援助ニーズ*の大きな生徒ほど，中学校と高校等の連携は密接なものにする必要があります。ですから，三次的援助サービス提供の対象として「個別の教育支援計画」のある生徒の場合には，進路選択の段階から中学校と高校等が連携して進路保障を図ることになります。そして，高校等でも「個別の指導計画」が作成されて，社会的自立に向けての支援が進められます。

より軽い援助ニーズの確認には，学級担任などが生徒との日頃の指導や関わりのなかでの気づきをもとに確認するSOSチェックリスト（表11-4）のようなツールを利用できます。そのようにして確認した二次的援助サービス提供の対象者については，必要であれば中学校と高校等の間の情報共有から連携がスタートすることになります。

中学校・高校等の時代は思春期にあたり，友人関係や仲間関係が重要な意味をもちますし，異性との関係も大きく変化していきます。単に生物学的な性の違い（セックス）にとどまらず，ジェンダー，すなわち"男らしさ""女らしさ"のような社会文化的な役割への気づきが出てきます。さらに最近は，**セクシュアリティ***として性的指向（例：恋愛対象としての性）と性自認（自分が男性か女性かという自己認識）の観点からも，個人差が大切にされるようになってきています。これらの点で援助ニーズをもつ生徒には，一貫した支援ができるように，中学と高校の連携が従来以上に必要になってきています。

なお，以前から一部の私立学校では中学校と高等学校で一貫した教育が行われていますが，1998年に新たな制度として中等教育学校がスタートしました（図11-2）。思春期における6年間の一貫した支援ができるという点では，注

表11-4　中学生・高校生のSOSチェックリスト

①学習面
- 勉強への取り組みに変化はないか。
- 中間テスト・期末テストの成績が急に下がっていないか。

②心理・社会面
- 自分に対して否定的なイメージをもつようになっていないか。
- 学校での表情が暗くなっていないか。

③進路面
- 新しい事象や自分のこと以外に関心がもてなくなっていないか。
- 得意なこと（学習面，運動面，趣味など）が減ってきていないか。

④健康面
- 食事の様子に変化はないか。
- けがや病気をしていないか。

⑤学校生活，家庭生活全般
- 遅刻，早退が続いていないか。
- 理由の不明確な欠席はないか。

出所：石隈，1999より抜粋

プラスα

高校の分類

高校の分類としては，学年による教育課程の区分の有無による分類（学年制，単位制），学科による分類（普通科，専門教育を主とする学科，総合学科，専攻科）などもある。

語句説明

援助ニーズ

子どもの"弱いところ"あるいは"苦戦していること"を意味し，援助の対象となる。

参照

三次的援助サービス

→1章，13章

語句説明

セクシュアリティ

性に関連する行動や傾向の総称を意味し，広義には①生物学的性（セックス），②社会的性役割（ジェンダー），③性自認（ジェンダーアイデンティティ），④性的指向の4つの構成要素が考えられるが，狭義には③と④を指すことが多い。

目すべき制度といえます。

5 高校・大学の連携

高校と大学（短期大学を含む）の連携については，大きく 2 つの側面があります。一つは「広大連携」と呼ばれて，特定の分野について高い能力と強い意欲をもつ高校生に，大学で行われているレベルの教育研究を経験する機会を提供しようとするものです。たとえば，高校生が大学の授業を受けてそれを高校の単位として認定したり，また大学教員が高校で授業を行う“出前授業”を行うことなどが実施されています。

もう一つの側面は，何らかの障害のある高校生が大学に入学した後，適切な合理的配慮*を受けて学びを続けられるように高校と大学が連携するものです。これには，聴覚障害学生へのパソコン（ノート）テイキングや視覚障害学生へのリーディングサービスのような，学びに支障がないようにする支援だけでなく，大学生活での自立と卒業後の社会的自立を可能にするための支援（就労支援）も含まれます。この場合には，高校からの「個別の教育支援計画」を引き継ぐかたちで，それをもとに大学での「個別の指導計画」が作成され，それに基づいた支援が行われることになります。発達障害者支援法が 2016 年に改正され，大学でも従来の**学生相談**の枠にとどまらない具体的な支援を行う必要があります。

語句説明
合理的配慮
障害のある人から何らかの助けを求める意思表明があった場合に，それを受けた側が過度な負担になり過ぎない範囲で，社会的障壁（施設・設備，制度，慣行，観念）を取り除くために必要な個別の調整や変更のこと。
→9章参照

3 保護者や地域社会との連携

1 保護者との連携

以前から，学校と保護者との連携は重視されていますが，子どもを取り巻く環境の変化によって，その連携はますます重要になってきています。この保護者との連携について，スクールカウンセラー（SC）は，心の専門家として重要な役割を担っています。

SC の役割には，教育関係者へのカウンセリングとコンサルテーションが含まれており，保護者でいえば保護者自身の問題に関するカウンセリングや，子育てについてのコンサルテーションが該当します。そこでは学校と連携してより好ましい養育環境がつくれるようにすることや，保護者と担任教師が適切な関係を築くことができるように支援することも期待されています。たとえば，特別支援教育に関する情報を保護者に提供する場面を考えましょう。SC は担任教師とは異なる立場ですが，担任教師から保護者に伝えた話を裏づけるよう

参照
コンサルテーション
→12章

な内容を，専門的知見に基づいて提供できることがあります。これは，保護者の今後の子育てや教育方針を決めるときに参考になるだけでなく，保護者が学校との信頼関係を築くうえでも大いに役立つでしょう。このようにSCは，学校と保護者との連携促進に貢献できるのです。

2 地域社会との連携

学校と地域社会との連携を進めようとする動きのなかで，コミュニティースクールと呼ばれる学校があります。これは，保護者や地域社会のニーズを学校に反映させるために，地域の人々が学校の運営に関われるようにする仕組みをもった学校のことです。学校運営協議会制度とも呼ばれています。

また，学校ではこれまで教師がほとんどの教育活動を担ってきました。けれども，これからは「チームとしての学校」（チーム学校）といって，教師と心理・福祉等の専門スタッフ（SC，スクールソーシャルワーカーなど）が連携・協力して学校の運営やさまざまな課題の解消に取り組むことが必要になっています。

このように，学校に保護者，地域社会の人々，そして専門スタッフなどがこれまで以上に関わって，それらの人々と学校の連携を進めていこうという動きが強くなってきています。子どもや保護者，そして教師の支援に関わる専門職の一人として，公認心理師は重要な役割を果たすことが期待されています。

参照
チーム学校
→12章

プラスα
チーム学校での専門スタッフ
SC，スクールソーシャルワーカー以外に，ICT支援員，外国語指導助手（ALT），部活動指導員などが該当する。

考えてみよう

これまでの経験のなかで，卒業や進学のときに，どのような支援や援助が新しい学校生活をスムーズに始めるのに役立ったかを思い出して，書き出してみよう。

本章のキーワードのまとめ

学校文化	学校の構成員によって共有され，伝達される行動様式や生活の様式の総体を意味するが，具体的には学校内の備品・展示物・掲示物などの人造物や，構成員のパターン化した行動，また教育内容，集団規範や価値観などがある。
職場風土	職場で，その職場の構成員が明白に感じていたり，あるいは暗黙のうちに共有したりしているもので，構成員の考えや行動，あるいは感情や感じ方に影響を及ぼす，表に現れている価値観のことを意味する。
リーダーシップ	集団の目標を達成するために，その集団や集団成員の活動に影響を及ぼす過程あるいはその役割行動をいう。これは，リーダーの特性（性格や資質）と，集団の特徴やおかれている状況の関係によって異なる。
バーンアウト（燃え尽き症候群）	心因性（反応性）うつ病の一種で，強い使命感や責任感をもって仕事に取組んでいた人が，努力しても期待した結果が得られないことからくるストレスが長く続く結果，仕事への意欲がなくなり，職務が達成できなくなる状態をいう。
環境移行	人生の出来事や移動によって環境が変わることをいう。これには入学，卒業，就職，結婚，退職のように社会の多数の人々が経験し，ある程度事前に予期できるものと，不治の病気の宣告や災害のように突発的に起こるものがある。
校種間連携	幼稚園・保育所等と小学校，小学校と中学校，中学校と高校，高校と大学の間のように，隣り合う校種間の連携をいい，学校間連携ともいう。互いの教育活動を理解するとともに，子どもについての情報の共有と系統性のある指導が必要である。
セクシュアリティ	性に関連する行動や傾向の総称を意味し，広義には①生物学的性（セックス），②社会的性役割（ジェンダー），③性自認（ジェンダーアイデンティティ），④性的指向の 4 つの構成要素が考えられるが，狭義には③と④を指すこともある。
学生相談	高等教育機関（大学，短期大学，高等専門学校など）の学生が，在籍する機関の生活に適応できるように，学業・進路面及び精神保健面の支援を行うことをいう。一般に，各機関内の専門の組織や部門で，専門のスタッフが相談業務にあたっている。

第12章 多様な職種によるチーム援助

この章では，子どもへの援助の鍵概念であるチーム援助について述べていきます。チーム援助について学ぶことは，チームを構成する多様な援助者（多職種）や援助者同士の連携等への理解を深めることにもつながります。また，スクールカウンセラーの活動は，公認心理師法を遵守しながら教育関連法規に基づいて行う必要があるため，スクールカウンセラーの活動と公認心理師法や教育関連法規との関連も含めて学んでいきます。

1 チーム学校における多職種連携

1 チーム学校とは

近年，学校ではいじめ，不登校，LGBT*，非行，貧困，SNS のトラブル，発達障害など教師や保護者だけでは解決できない子どもたちの課題が山積しています。それら子どもたちの課題にチームで対応する試みが 1990 年代からなされ（田村，1998），約 20 年が経ち広がりをみせています。そのような折りに文部科学省は**チーム学校**という概念を打ち出しました（図12-1）。

図12-1 チーム学校の組織図

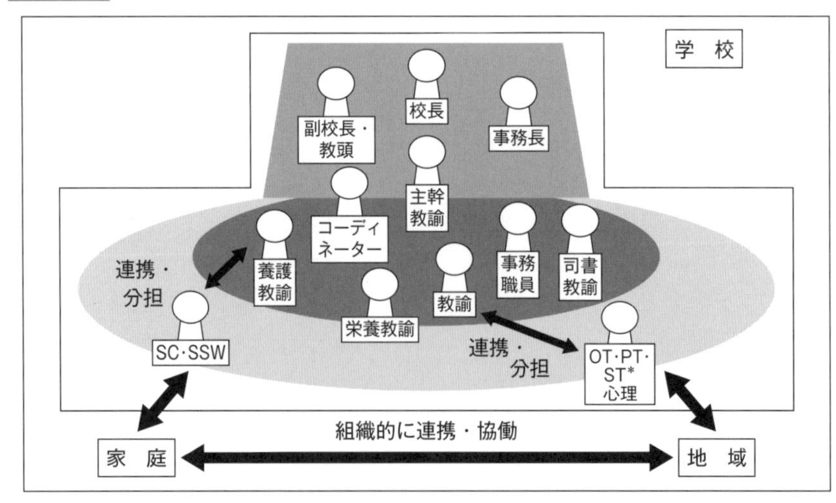

出所：文部科学省・中央教育審議会「チームとしての学校の在り方と今後の改善方法について」（答申）2015 年 12 月 21 日を石隈（2018，2019）が修正

参照
いじめ
→4章，5章

不登校
→7章

語句説明

LGBT
Lesbian（女性同性愛者），Gay（男性同性愛者），Bisexual（両性愛者），Transgender（性的違和）の頭文字をとった単語。文部科学省も LGBT の子どもたちへの配慮を学校へ求めている。
→11章参照

プラスα

SNS のトラブル
SNS は Social networking service の略である。ツイッターや LINE，ネットゲーム等で子どもたちのコミュニケーションの世界が大きく広がった。ネット上で他人とも容易につながりをもつことで発生するトラブル（例：自画撮り被害，JK（女子高生）ビジネス，ネット依存等）

文部科学省（2015）は，「複雑化・多様化した学校の課題に対応し，子供たちの豊かな学びを実現するため，教員が担っている業務を見直し，専門能力スタッフが学校教育に参画して，教員が専門能力スタッフ等と連携して，課題の解決に当たることができる「チームとしての学校」体制を構築することが必要である」としています。具体的な改善のポイントとして以下の３つをあげています。スクールカウンセラーにも学校の専門スタッフとして学校教育の向上に貢献することが期待されています。

①専門性に基づくチーム体制の構築

教職員がそれぞれの専門性を活かして，学習指導や生徒指導等の多様な教育活動をチームとして行うことがチーム学校では求められています。

学校では，チーム学校のイメージ（図12-1）に書かれているような多様な職種の人が働いています。教員以外の専門スタッフも参画し，様々な職種の人が連携して子どもへ援助を行うことがチーム学校では求められています。

②学校のマネジメント機能の強化

チーム学校では，リーダーシップをとる者が必要となります。校長がリーダーシップを発揮できるような体制の整備や，学校内の分掌や委員会等の活動を調整して，学校の教育目標のもとに学校全体を動かしていく機能の強化等を進めていくことが求められています。

③教職員一人ひとりが力を発揮できる環境の整備

教職員一人ひとりが力を発揮し，能力をさらに伸ばしていけるよう，学校の組織文化も含めて，見直しを検討し，人材育成や業務改善等の取り組みを進めることが求められます。

2　多様な職種と多職種連携

ここでは，学校内外の多様な援助者と多職種連携について説明します。

①多様な職種とは

学校心理学では，子どもへの援助を心理教育的援助サービス*と呼んでいます（石隈，1999）。多様な援助者が心理教育的援助サービスの担い手となります。担い手となる**援助資源***には「４種類のヘルパー」が位置づけられています。

①　ボランティアヘルパー

ボランティアヘルパーとは，職務としてではなく自発的に援助を行う者です。隣近所の住人や子どもの習い事（塾等）の講師は，子どもとの斜めの関係としての援助力が期待されます。また，子どもは発達課題上，友だちとの関わりで成長していくため友だちは援助者としても重要な存在となります。

②　役割的ヘルパー

役割的ヘルパーとは，心理教育的援助サービスの一部を役割として担う者です。保護者がこれにあたります。チーム援助においては，保護者は自分の子ど

が後を絶たず大きな課題となっている。

語句説明

OT（作業療法士）

Occupational Therapist。文字を書くなど，小さな動作向上を目指す。

PT（理学療法士）

Physical Therapist。歩くなど，大きな動作の向上を目指す。

ST（言語聴覚士）

Speech Therapist。話すことの能力向上を目指す。

語句説明

心理教育的援助サービス

「一人ひとりの子どもの発達の過程や学校生活で出会う問題状況・危機状況の対応を援助する活動」（石隈，1999）としている。

→１章，13章参照

援助資源

子どもへ援助的に関わる者を指す。４種類のヘルパー（ボランティアヘルパー，役割的ヘルパー，複合的ヘルパー，専門的ヘルパー）が該当する。援助資源が直接的・間接的にチームに加わることで子どもへの援助が円滑に進む。

→１章参照

もの専門家として位置づけられ，親としての役割のほかに援助者の一員と位置づけられます。

③　複合的ヘルパー

複合的ヘルパーとは，心理教育的援助サービスを業務の一部として行う者です。おもに教師がこれにあたります。教師は教育の専門家であると同時に子どもの人格形成や成長と発達に大きく関わります。教師にはさまざまな役職や校務分掌があります（たとえば，教育相談担当，特別支援教育コーディネーター）。

④　専門的ヘルパー

専門的ヘルパーとは，心理教育的援助サービスを専門的に行うことが主たる仕事の者です。スクールカウンセラー等が該当します。

学校外の専門家としては，下記があげられます。

• スクールカウンセラー：チーム学校において専門スタッフとして位置づけられた心理の専門家です。公認心理師法では，アセスメント，カウンセリング，コンサルテーション，心の健康教育等が主たる業務として求められています。2017 年から学校教育法施行規則に規定されたこともありスクールカウンセラーは心の専門家としてずいぶんと認知されてきました。

さらに，発達障害者支援法や障害者差別解消法により，スクールカウンセラーには合理的配慮の具体化において児童生徒の援助ニーズおよび意思の把握，そして援助ニーズに応じる方法を提案するとともに合理的配慮を決定するプロセスにおいて保護者等を心理的に援助することが求められています。

心理職の国家資格誕生とともに都道府県教育委員会が募集しているスクールカウンセラーとして雇用される資格要件に公認心理師も追記されています。

• スクールソーシャルワーカー：スクールソーシャルワーカーは家庭生活に困難さを抱えている場合に出向いて対応する（アウトリーチといいます）ことができる専門家として，必要に応じて学校に派遣されています。文部科学省（2008）は，社会福祉等の専門的な知識や技術を有するスクールソーシャルワーカーには，問題状況を抱えた子どもに対し，多様な支援方法を用いて，課題解決への対応を図っていくことが求められているとし，関係機関等とのネットワークを活用したりすること等をあげています。

• 巡回相談員：巡回相談員は，特別支援の専門家として援助ニーズの高い子どもたちの児童生徒一人ひとりのニーズを把握し，児童生徒が必要とする支援の内容と方法を明らかにすることが役割です（文部科学省，2010）。具体的には，子どもへの援助を実施する者（学級担任，保護者等）の相談を受けて助言する等のコンサルテーションを主たる業務としています。

上記のほかに，学校外の援助資源として，医療機関であったり，発達障害や虐待，および非行の子どもたちの課題に対応する児童相談所や少年サポートセ

プラスα

学校教育法
1947年制定。

発達障害者支援法
2005年施行，2016年改正。

障害者差別解消法
2016年施行。
→2章，9章参照

参照

合理的配慮
→9章

プラスα

アウトリーチ
アウトリーチとは，「さまざまな形で，必要な人に必要なサービスと情報を届けること。対象者の把握だけにとどまらない。①対象者を発見・つながるためのアウトリーチ ②アセスメントのためのアウトリーチ ③支援のためのアウトリーチ ④地域づくりのためのアウトリーチなどがある」（厚生労働省，2017）。

ンター（警察）等が，子どもたちの多様な援助者の一人となります。また，いじめ等の複雑で重大な案件が発生した際には法律家も子どもの援助へ加わります。

②多職種との連携

スクールカウンセラーらが公認心理師の場合には，多職種との連携は義務となります（**連携の義務**：公認心理師法第 42 条第 1 項）。子どもが医療機関を受診し主治の医師がいる時には必ず主治医と連携しなければなりません（**主治医との連携の義務**：公認心理師法第 42 第 2 項）。子どもの主治医との連携義務違反を行った場合には登録の取り消し等の処分が科される場合があることにも留意しておく必要があります。また，スクールカウンセラーには，連携する際のコーディネーターの役割が求められています。

2　チーム援助の方法

1　チーム援助とは

ここではチーム援助の定義と多様なチームの形態について解説します。

①チーム援助の定義

チーム援助とは，4 領域（学習面，心理・社会面，進路面，健康面）における，子どもへの援助と発達の促進を複数の援助者と行う形態を指します。石隈（1999）は，チーム援助を「一人ひとりの生徒の「学習面，心理・社会面，進路面，健康面」の問題状況を解決することを援助する。子どもへの援助は，教師と**コーディネーター**（生徒指導担当，教育相談係，養護教諭など）が保護者と連携して行う。すべての子どもから苦戦している子どもを対象とする活動までが含まれる」としています。

チーム援助の形態には，校内での決定権の上位からマネジメント委員会，コーディネーション委員会，個別の援助チームの 3 種類があります（石隈・田村，2003）。

参照
マネジメント委員会
コーディネーション委員会
個別の援助チーム
→2 章

②チーム援助の多様な形

チーム援助には「組織的なチーム援助」と「システムがなくてもできるチーム援助」があります。組織的なチーム援助には，マネジメント委員会とコーディネーション委員会があります。システムがなくてもできるチーム援助には，個別の援助チームがあります。

①　マネジメント委員会：校内において決定権等の最上位の委員会となります。管理職および主任によって担われ管理職がリーダーシップをとります。学校における企画・運営委員会がこれに当たり，カリキュラムや援助サービスのマネ

図12-2　コア援助チーム

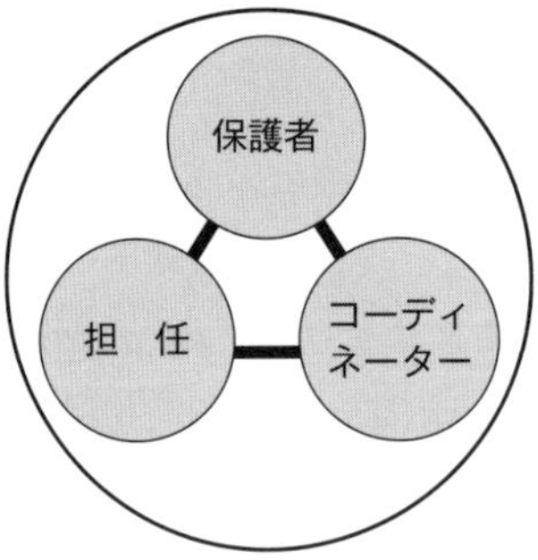

保護者
担　任
コーディネーター

図12-3　拡大援助チーム

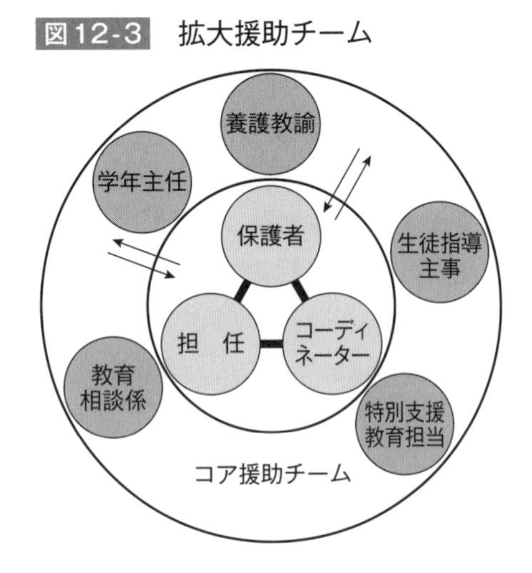

図12-4　ネットワーク型援助チーム

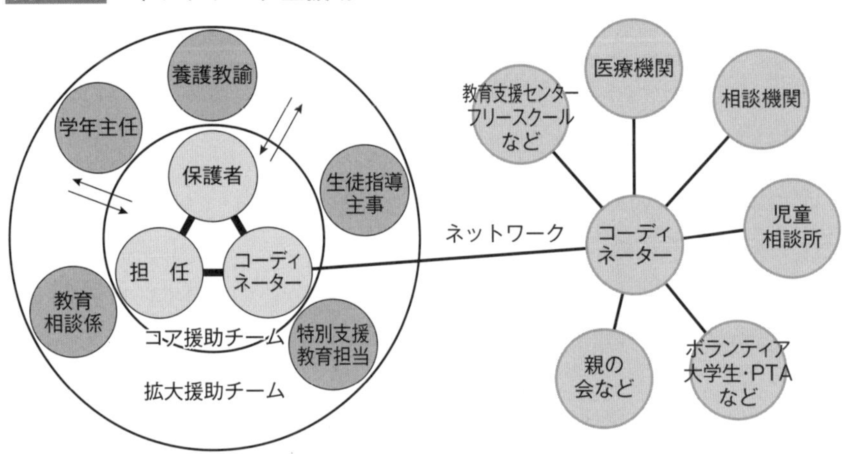

ジメントを行います（山口ほか，2011）。

②　コーディネーション委員会：校内ではマネジメント委員会の下位の組織となります。「学校内外の援助資源を調整しながらチームを形成し，援助対象の問題状況及び援助資源に関する情報をまとめ，援助チーム及びシステムレベルで，援助活動を調整するプロセス」（家近・石隈，2003）と定義されています。

③　個別の援助チーム：個別の援助チームには，コア援助チーム（図12-2），拡大援助チーム（図12-3），ネットワーク型援助チーム（図12-4）があります（石隈・田村，2003）。個別の援助チームの活動内容は，マネジメント委員会やコーディネーション委員会へ報告し校内で情報共有します。

以下に，それぞれの援助チームについて説明します。

・コア援助チーム：子ども一人ひとりに対する支援隊です。おもに保護者・担任・コーディネーターが援助チームの核となり，直接的・間接的に子どもの援助を主導します。コア援助チームでの話し合いに子どもが参加できる場合には，子どもと一緒に話し合う子ども参加型援助チームの活動もあります（田村・石隈，2017）。

- 拡大援助チーム：コア援助チームに加えて，子どもにとって必要な学校内での援助資源に参加を依頼し，作戦会議を行いつつ援助します（石隈，1999）。人数は，4〜8人までが適当だとされています。
- ネットワーク型援助チーム：拡大援助チームのメンバーが保有するネットワークを通じて広く援助を要請します。複数のコーディネーターが存在する場合もあります。

さらに，「子ども参加型チーム援助」では，コア援助チームに当事者である子どもが参加することで援助案が精緻化されます。子どもには「児童の権利条約」（児童の権利に関する条約）第12条において，「意見を表明する権利」が認められています（下村，1994）。援助チームの一員である私たち援助者には，子どもの声に真摯に耳を傾けることが求められます。

③コーディネーターの必要性

援助チームには援助者をつなぐコーディネーターが必要となります。コーディネーターは，教育相談係・生徒指導係・学年主任・養護教諭・特別支援教育コーディネーター・スクールカウンセラーなどが行います。コーディネーターには以下の6つのことが求められます（表12-1）。

参照
コーディネーター
→1章

表12-1　コーディネーターに求められること

信頼関係	親と学校の両方に信頼関係がある，ないしは構築できる
専門性	子どもを理解したり援助したりするための専門性や権威がある
権　限	学校における子どもの環境を整える際に発動できる権限がある
継続性	援助を継続できる
情報集約	多面的な情報を集約し共通理解を促進できる
情	子どもや親，教師に対し，人間味のある対応ができる

ただし，ひとりですべて満たすことが難しい場合には，他の援助者がカバーします（例：コーディネーターには権限がないので教頭が権限を発動する）。

2　チームによるコンサルテーション（相互コンサルテーション）

コンサルテーション
→1章

チームのなかで行われるコンサルテーションは相互コンサルテーションと呼ばれます。まずはじめにコンサルテーションについて説明し，次に相互コンサルテーションについて解説します。

①コンサルテーションとは

コンサルテーションとは，「二人の専門家（一方をコンサルタント（助言する

図12-5 コンサルテーションにおけるコンサルタントおよびコンサルティの関係

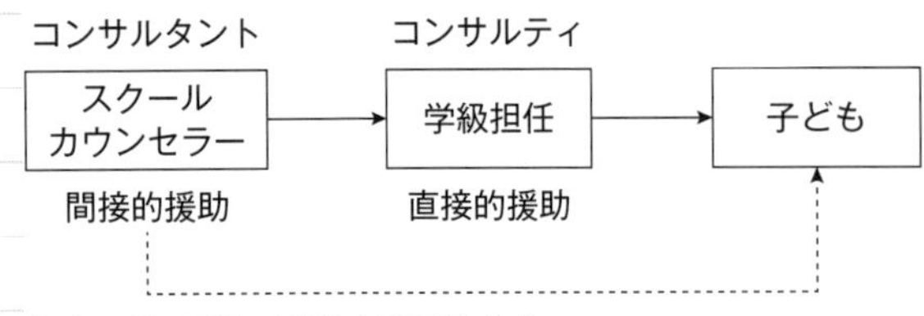

出所：田村・石隈，1998より改変し作成

側）と呼び，他方をコンサルティ（助言を求める側）と呼ぶ）の間の相互作用の一つの過程です。コンサルタントがコンサルティに対して，コンサルティの抱えているクライエントの精神衛生に関係した特定の問題をコンサルティの仕事の中でより効果的に解決できるよう援助する関係」（Caplan, 1961）と定義されています。コンサルテーションでは，コンサルティの職業上の悩みに対応し，個人の内面を掘り下げることはしません。また，コンサルテーションでは，結果責任は助言を受ける人がとります。図12-5に沿って説明を行います。コンサルタント（ここではスクールカウンセラー）はコンサルティ（ここでは学級担任）へ助言することによって間接的に子どもを援助します。コンサルティはコンサルタントの助言をもとに子どもへ直接的に援助します。コンサルタントの助言どおりに援助を行ってうまくいかなかった場合には，その結果責任はコンサルティがとります。したがって，提案した助言をコンサルティが実行することが難しい場合には，助言を拒否できるような雰囲気や信頼関係を築くことがコンサルタントには求められます。

②相互コンサルテーションとは

相互コンサルテーションとは「学級担任，保護者，コーディネーター等が集まり，1対1もしくは援助チームの話し合いにおいて，それぞれが相互にコンサルタント（助言者）とコンサルティ（助言を受ける人）になる関係をさす」（田村・石隈，1998；石隈・田村，2003）と定義されています。

相互コンサルテーションでは，多面的アセスメントの情報を共有し，共通の援助方針を決め，具体的な援助案を考えて役割分担を行います（図12-6）。相互コンサルテーションでは，おもに課題解決型コンサルテーションが行われます。具体的には，一人ひとりが自分の立場で何ができるかを提案し，援助案の説明と合意（インフォームド・コンセント）のうえでチームメンバーが実行します。さらに，援助の過程でよかったこと，うまくいかなかったことを確認し援助案を修正していくことを継続します。これを繰り返すことでその子どもにぴったりあった援助が展開されていきます。個別の援助チームメンバー全員が助言者と助言を受ける人になる相互コンサルテーションでは，全員が結果責任をとります。

図12-6 相互コンサルテーションにおけるコンサルタントおよびコンサルティの関係

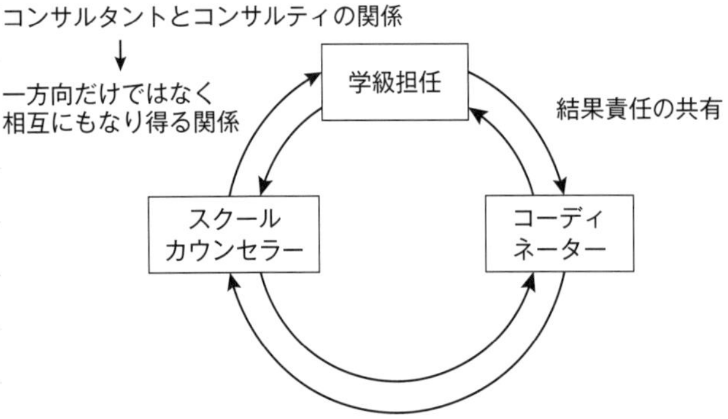

コンサルタントとコンサルティの関係
↓
一方向だけではなく
相互にもなり得る関係
学級担任
結果責任の共有
スクール
カウンセラー
コーディ
ネーター

出所：田村・石隈，1998より改変し作成

3 援助シートを用いたアセスメントと援助の立案

援助チームを効果的に進めるには子どもの多面的アセスメント*が重要となります。子どもの問題状況はどのようであるか，子ども自身の力や強みは何か，どのような人が援助に加わると効果的かを援助シートを用いて多面的にアセスメントすることでより効果的な援助につながります。

①援助資源・自助資源の把握の方法

⑴援助資源チェックシート

援助資源チェックシート（図12-7）は援助資源の把握のためのシートです。図12-7の項目に沿って記入することで援助資源の把握が可能となります。援助資源チェックシートとは，子どもへの援助にすでに関わっている学校，家庭，地域の援助資源について記入するシートです。

たとえば，「学級の友達」「相談機関」「養護教諭」等を記入するとします。学級にはクラスメートが大勢いますが，関わりがある人のみの氏名を記入します。援助資源チェックシートを記入することで今の子どもの援助資源を可視化することができます。また，話し合いのなかで今後，関わってもらいたい援助者が出てきた場合には，すでに関わっている援助者と区別するために，新しい援助資源名にアンダーライン等の印をつけておきます。

語句説明

多面的アセスメント

「学習面，心理・社会面，進路面，健康面」および，自助資源や援助資源について情報収集してまとめること。

プラスα

援助シート

援助チームの活動で使用する援助資源チェックシート，援助チームシートの総称。

図12-7　田村・石隈式（1997-2010）援助資源チェックシート地域版

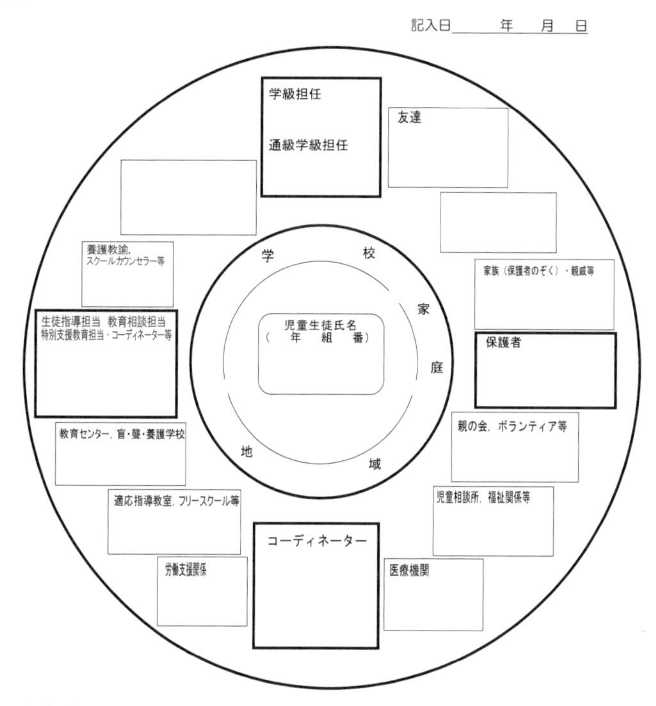

出所：©Ishikuma & Tamura 1997-2010

(2)援助チームシート

援助チームシート（図12-8）は，このシート１枚でアセスメントから援助方針，援助案，役割分担等が行えるシートです。

援助チームシートの上半分は，多面的アセスメント（A~C）を行うことができます。具体的には，**自助資源**（A），援助ニーズ（B），これまで行った援助とその結果（C）について，４領域（学習面，心理・社会面，進路面，健康面）に沿って情報を収集します。

- 自助資源（A）：自分で自分を助ける能力です。たとえば学習面では「得意な教科」，心理・社会面では「性格のいいところ」，進路面では「趣味」，健康面では「健康的な習慣」について情報を収集します。
- 援助ニーズ（B）：子どもの今の苦戦している情報を４領域ごとに収集し（たとえば，学習面の領域では「学業不振」）記入します。
- これまで行った援助とその結果（C）：実際にこれまで行ってうまくいっ

プラスα

学業不振

子どもの悩みのトップは学習面である。学業不振には，心理面や教員の教え方と子どもの特性とのミスマッチ，子どもの学習習慣の欠如や心理面でのストレス等さまざまな要因が考えられる。そのため，環境調整や指導方法の工夫等が必要となる（『日本大百科全書』小学館）。

→３章参照

図12-8　石隈・田村式援助チームシート４領域版

実施日　：　　年　月　日(　)　時　分~　時　分 第　回
次回予定：　　年　月　日(　)　時　分~　時　分 第　回
出席者名：

苦戦していること（　　　　　　　　　　）

児童生徒氏名 年　組　番 担任氏名		学習面 （学習状況） （学習スタイル） （学力） など	心理・社会面 （情緒面） （ストレス対処スタイル） （人間関係） など	進路面 （得意なことや趣味） （将来の夢や計画） （進路希望） など	健康面 （健康状況） （身体面での訴え） など
情報のまとめ	（A） いいところ 子どもの自助資源				
	（B） 気になるところ 援助が必要なところ				
	（C） してみたこと 今まで行った，あるいは，今行っている援助とその結果				
援助方針	（D） この時点での目標と援助方針	「この子にとって必要なこと、大事にしてほしいところ、配慮してほしいこと」等			
援助案	（E） これからの援助で何を行うか				
	（F） 誰が行うか				
	（G） いつから いつまで行うか				

出所：石隈，1999

た援助，いかなかった援助内容について情報を収集します。

②援助方針・援助案の立案の方法

援助チームシートの半分から下では，援助方針（D）を立て具体的な援助案（E）と役割分担（F）等を行います。

- 援助方針（D）：「今，その子にとって何が必要か」等を考えて方針を検討します。
- 援助案（E）：援助方針（D）にそった具体的な案を考えます。たとえば，「遅刻しない」ではなく「8 時 10 分までに登校する」などです。
- 役割分担（F）：援助案（E）の一つひとつについて，誰が行うかを明確にします。
- 期限（G）：役割分担（F）した案をいつからいつまで行うかについて決定します。

子どもへのチーム援助は，援助資源チェックシートで発見された援助者とともに，援助チームシートの項目をもとに情報の収集（多面的アセスメント）を行います。収集した案を元に援助方針と援助案を考えて役割を分担し各自が実行します。その話し合いの過程は相互コンサルテーションで行われます。

援助案を考える際には，ハウス（House，1981）の 4 つのサポート「情緒的サポート（心理面を支える等）」「評価的サポート（フィードバックする等）」「情報的サポート（情報を伝える等）」「道具的サポート（場所や時間を提供する等）」が参考となります。

参照
4 つのサポート
→3 章，13 章

うまくいったことは援助を継続し，うまくいかなかったことは違う案を考える一助とします。一度でもうまくいったことがあれば継続してみます。

援助チームシートで分担が明確になることで援助のモチベーションも上がり責任は全員で共有されます。さらに，子どもの状況によって 2 週間，1 か月，1 学期等に一度など話し合いの間隔を決定し，Plan-Do-See-Check の過程を繰り返します。なお，援助ニーズの大きな子ども用には 5 領域版（知的能力・学習面，言語面・運動面，心理・社会面，健康面，生活面・進路面）があります（田村・石隈，2013）。

プラスα
Plan-Do-See-Check
（PDSC）1. Plan（計画）…援助方針を理解して援助案を決定する。2. Do（実行）…関係者と連携して援助を行う。3. See（観察）…援助を行いながら効果を観察・測定する。4. Check（評価）…計画に従って援助がなされているか評価する。

3　チーム援助のコストパフォーマンスと今後の課題

最後にチーム援助のコストーパフォーマンスと今後の課題について解説します。

1　チーム援助のコストパフォーマンス

年々複雑化する子どもの課題に対応するためには，子どもが何に困り，どのような援助を求めているのか等について情報を集め，子どもや保護者と援助方針の合意形成を行うことが重要です。チーム援助は，合意形成への過程を丁寧に行うため，話し合う時間の設定や関係者の日程調整等の手間がかかり，一見すると効率が悪いように思われるかもしれません。しかし，チームで話し合うことで参加者全員の心理的負担が軽減され，さまざまな視点から子どもにぴったりあった援助が可能となります。さらに，一度チーム援助に参加した教師は，そのスキルを他の子どもたちへの予防や援助に活かすことができます。チーム援助は学校全体にとってコストパフォーマンスがよい援助形態といえます。

2 チーム援助の今後の課題

チーム援助は人と人とのつながりを基盤に援助を行う形態です。信頼関係に裏打ちされた子どもや保護者への**スクールカウンセリング**や**教育関係者へのコンサルテーション**が子どもへの効果的な援助へとつながります。

近年，チーム学校が謳われ多職種の専門家が学校で活躍し始めています。チーム援助では，教師が子どもや保護者のみならず，これら多職種の援助者とも信頼関係を構築して協力して業務を遂行することが求められます。

ところが，教師は年々忙しくなっています。信頼関係構築のために必要な，教師自身の精神的，時間的な余裕が失われつつあります。そこで，教師に対する①子ども理解のための研修の充実，②援助をタイムリーに行うための時間の確保，③援助チームのコーディネーターの養成，④教師自身のストレスケアなどが今後の課題としてあげられます。

考えてみよう

子どもへの援助チームを円滑に進めるためには連携が必須です。連携がうまくいくためのポイントについて具体的に考えてみましょう。

本章のキーワードのまとめ

チーム学校	複雑化・多様化した学校の課題に対応し，子供たちの豊かな学びを実現するため，教員が担っている業務を見直し，専門能力スタッフが学校教育に参画して，教員が専門能力スタッフ等と連携して，課題の解決に当たることができる「チームとしての学校」体制。
援助資源	子どもへ援助的に関わる者を指す。4種類のヘルパー（ボランティアヘルパー，役割的ヘルパー，複合的ヘルパー，専門的ヘルパー）が該当する。援助資源が直接的・間接的にチームに加わることで子どもへの援助が円滑に進む。
連携の義務	「公認心理師は，その業務を行うに当たっては，その担当する者に対し，保健医療，福祉，教育等が密接な連携の下で総合的かつ適切に提供されるよう，これらを提供する者その他の関係者等との連携を保たなければならない」（公認心理師法第42条第1項）。
主治医との連携の義務	「公認心理師は，その業務を行うに当たって心理に関する支援を要する者に当該支援に係る主治の医師があるときは，その指示を受けなければならない」（公認心理師法第42条第2項）。
チーム援助	一人ひとりの生徒の「学習面，心理・社会面，進路面，健康面」の問題状況を解決することを援助する。子どもへの援助は，教師とコーディネーター（生徒指導担当，教育相談係，養護教諭など）が保護者と連携して行う。
コーディネーター	連携のためのコーディネートを行う者。スクールカウンセラー，教育相談担当，特別支援コーディネーター，養護教諭，スクールソーシャルワーカー等が担う。
相互コンサルテーション	1対1もしくは援助チームの話し合いにおいて，それぞれが相互にコンサルタント（助言者）とコンサルティ（助言を受ける人）になる関係をさす。多面的アセスメントの情報を共有し，共通の援助方針を決め，具体的な援助案を考えて役割分担を行う過程。
援助資源チェックシート・援助チームシート	チームで援助を行う際に活用するシート。援助チームシートは，多面的アセスメント，援助ニーズ，これまでの援助とその結果，援助方針，援助案，役割分担，援助期間について決定する際に用いる。援助資源チェックシートは子どもの援助資源の把握に用いる。
自助資源	自分で自分を助ける能力を指す。その子どものいいところや得意なことが自助資源にあたる。4領域（学習面，心理・社会面，進路面，健康面）について子どもの自助資源を発見し援助に活かすことが子どもの学校生活の質を向上させる。
スクールカウンセリング	おもに小学校，中学校，高校等の学校内で行われるカウンセリング活動を指す。子どもや保護者とのカウンセリングのほかに教師や関係者との連携など幅広い活動がある。学生相談はおもに大学で行われるカウンセリングの呼称。
教育関係者へのコンサルテーション	教育関係者の職業上の課題に対し，異なる業種の者が助言を行うこと。例：心理職であるスクールカウンセラーが，教育職である教師へ助言を行う。

第13章 教育・学校心理学に基づく公認心理師に求められる実践と役割

この章では，教育・学校心理学に基づく公認心理師の実践モデル，公認心理師の役割，公認心理師活用の課題とこれからの教育について理解することを目的としています。これまでの章でも触れられた心理教育的援助サービスの枠組みや公認心理師によるアセスメント，心理支援，コンサルテーションについて詳しく述べて，今後の公認心理師の学校教育への貢献について一緒に考えます。

1 教育・学校心理学の実践モデル：心理教育的援助サービスの枠組み

公認心理師の養成科目としての「教育・学校心理学」の学習内容は，「教育現場において生じる問題及びその背景」と「教育現場における心理的課題及び必要な支援」となっています。したがって，教育・学校心理学は，教育心理学と学校心理学を基盤として，「子どもの心理社会的課題への取り組みや学校生活における問題解決を支援する心理教育的援助サービス」を支える科目ということができます（石隈，2019）。まず学校心理学の心理教育的援助サービスの枠組み（石隈，1999）を参考にして，援助サービスの対象，援助サービスの焦点，援助サービスの進め方，そして援助サービスのシステムについて説明します。

1 援助サービスの対象

心理教育的援助サービスの援助の対象は，子ども，援助者，学校組織・システムです。第一に心理教育的援助サービスの援助の対象は「すべての子ども」です。つまり多様な援助ニーズをもつすべての子どもです。定型発達の子どもも発達障害などのある子どもも，ともに学ぶ，インクルーシブな教育を目指しています。多様な子どもの成長をささえる学級・学校経営が，子どもの援助の鍵を握るのです。

第二に援助者を援助するという視点が重要です。子どもの発達や学校生活に関わる問題に関して，教師，スクールカウンセラー（以下，SC），保護者など援助者が互いに援助し合うのです。それは互いの助言であり，「相互コンサルテーション」（石隈・田村，2018）や「チームでのコンサルテーション」とい

参照
インクルーシブ
→9章

参照
相互コンサルテーション
→12章

うプロセスとなります。保護者は単なる学校教育の協力者ではなく，教師と保護者は，子どもの成長のために，相互に援助し合う対等なパートナーといえます。

第三に援助の対象に学校組織があります。学校組織や学校コミュニティが子どもの教育や学校生活にとってより機能的にはたらくためには，SC らは管理職などへのコンサルテーションを行うことが求められます。公認心理師は学校組織・制度への理解が必要です。

図 13-1　子どもの学校生活の 4 つの側面

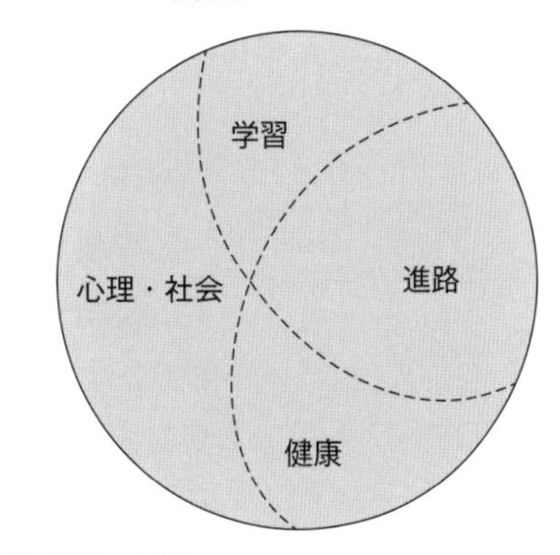

出所：石隈，1999

2　援助サービスの焦点

心理教育的援助サービスの焦点について述べます。第一に子どもの援助に関しては「一人の人間」として発達を援助するという視点と，「児童生徒としての子ども」として学校生活を援助するという視点があります（石隈，1999）。心理教育的援助サービスでは，学校生活を通して課題に取り組みながら発達する過程で出会う問題状況や危機状況の援助をすることです。したがって，教育・学校心理学では，子どもの心理・社会面だけではなく，それに密接に関連する学習面，進路面，健康面など学校生活全体に焦点があたります（図13-1；石隈，1999）。教育分野の公認心理師（SC など）にとって，子どもの学習・授業の課題，キャリア教育の課題，健康教育の課題などは必須の知識になります。

図 13-2　援助サービスの焦点

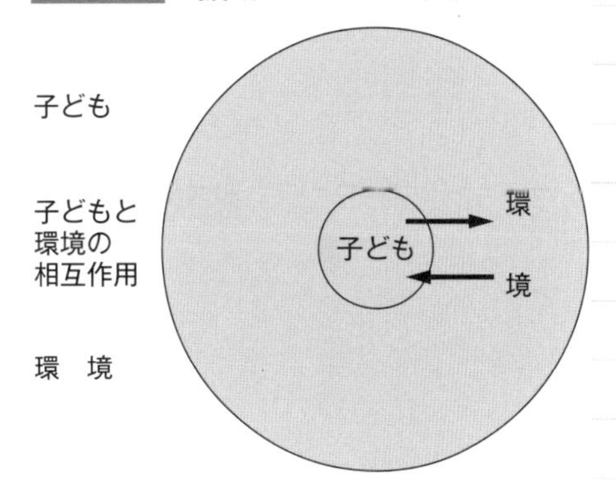

出所：石隈，1999

子どもの苦戦している状況を問題状況と呼びます。問題状況には，不登校，いじめなどがあります。「問題状況」と呼ぶのは，子どもが苦戦している状況に視点を当てることが大切だからです。「問題児」という言葉は，子ども自身が問題であると決めつけてしまうことになり，適切な援助を妨げます。たとえば「不登校」は子どもが苦戦している状況を示しているにすぎません。子どもの問題状況の要因として，子どもの発達上の課題や障害など個人要因，学校の荒れや家庭での困難さなど環境要因があります。したがって，子どもへの援助の焦点は，子ども自身，子どもと環境との相互作用，環境となります（図13-2）。

参照
心理教育的援助サービス
→12章

第二に援助者への援助では，援助者の「子どもの理解と援助」における苦戦または問題状況に焦点があたります。また「教師としての成長」「教師のメンタルヘルス」も子どもの援助に深く関係しますので，教師等へのコンサルテーションでは重要な視点となります。しかしこれら教師の課題が心理教育的援助サービスとしての「援助者の援助」の範囲を超える場合は，学校経営や教師養成・教師の生涯研修の視点から取り組むことになります。

第三に学校組織・システムへの援助では，「学校組織の子どもの教育機関としての機能」や「心理教育的援助サービスのシステム」が焦点となります。学校の教育機能における問題状況を解決し，教育機能の改善を図ることを目指すのです。

3 心理教育的援助サービスの進め方：三段階の心理教育的援助サービス

心理教育的援助サービスの計画，実践，振り返りにおいて，**三段階の心理教育的援助サービス**のモデルが有用です（図13-3）。他章でも紹介されてきたとおり，生徒指導・教育相談，キャリア教育，健康教育においても，このモデルが参照されています（水野ほか，2018；日本学校心理学会，2016）これはアメリカの学校心理学の実践モデルである Multi-Tiered System of Supports（MTSS：多層的サポートシステム）とも共通するものであり，学校教育における子どもへの援助サービスの国際的な標準モデルといえます。三段階の心理教育的援助サービスは，すべての子どもへの一次的援助サービス，苦戦する一部の子どもへの二次的援助サービス，特別の援助ニーズをもつ子どもへの三次的援助サービスから構成されます。

図13-3　三段階の心理教育的援助サービス

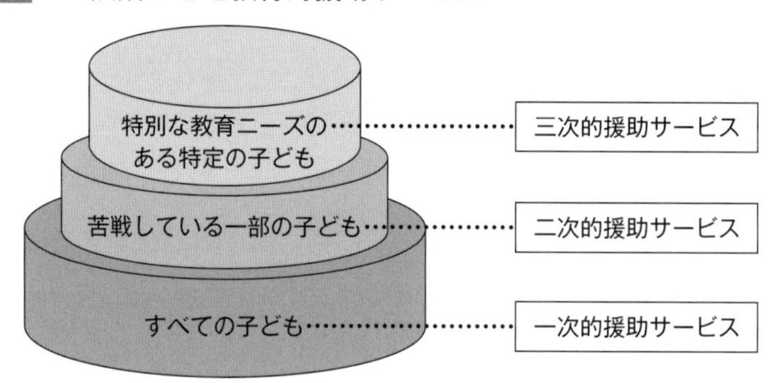

出所：石隈・田村，2018より作成

一次的援助サービスは，学級・学校のすべての子どもが基本的にもつ援助ニーズや多くの子どもが共通してもつ援助ニーズに応じるサービスです。たとえば小学１年生の場合では，すべての子どもは新しい学校生活に適応するための援助ニーズをもちます。その援助ニーズに応じる一次的援助サービスが，小学校入学前のプログラムや入学時の学級開きの行事などです。また特別支援教育の知見を参考にして，「すべての子どもが分かる授業」（授業のユニバーサルデザイン（UD））が注目されています（小貫・桂，2014）。授業のUDは，視覚・聴覚など刺激の調整，授業の見通しなどの工夫があり，学級のすべての子どもの学習活動への参加と学習理解のニーズを満たす一次的援助サービスといえます。

二次的援助サービスは，学習につまずいたり，友人関係がうまくいかなかったりなど，苦戦が始まった子どもや，転校生や貧困家庭の子どもなど苦戦のリスクの高い子どもの援助ニーズに応じるものです。一次的援助サービスに加えて行われる援助サービスであり，「教育的配慮」と呼べるものが含まれています。学校間・学年間の引き継ぎ資料，学校生活の観察や「SOS チェックリスト」（石隈，1999）などから，子どもの二次的援助ニーズを把握します。二次的援助サービスの例としては，子どもの学習上のつまずきでの援助，友人間のトラブルを解決する話し合いなどがあります。

特筆すべきは転校生への教育的配慮です。「転校」は子どもにとっても，家族にとっても，大きな変化をもたらします。保護者は仕事や職場の変化，家族関係の変化，転居などで，大きなストレスをもつ場合が多いものです。子どもは家族の一員としての課題やストレスをもちながら，みずから新しい学校生活に適応する課題をもつのです。子どもや保護者との面談や学校での観察を通して転校生の学習面，心理・社会面，健康面，進路面などの援助ニーズを把握して，タイムリーな援助を行うことが求められます。転校生は学校生活に適応しているように見えても二次的援助ニーズがあることを前提として教育的配慮を行いながら，二次的援助ニーズのリスクも把握していくことが重要です。

三次的援助サービスは，長期欠席，発達障害などの障害，いじめ被害などにより，特別な援助ニーズをもつ子どもへの援助サービスです。一次的援助サービス・二次的援助サービスに加えて三次的援助サービスを行うことで，子どもの個別の援助ニーズに応じます。「個別指導計画」等の作成や実施が，援助サービスの基本になります。障害のある子どもへの「合理的配慮」は三次的援助サービスにあたります。三次的援助サービスでは，学級でできること，学校でできること（発達障害等のある子どもへの通級による指導，保健室・相談室の活用など），地域の援助機関（不登校の子どもを支える教育支援センター（適応指導教室），保健医療機関・福祉機関など）との連携で行うことなど，援助サービスのコーディネーションが必要になります。

以上のように，3 段階の心理教育的援助サービスを積み上げていくことで，子どもへの心理教育的援助サービスが充実します。同時に二次的援助サービス・三次的援助サービスで成功した援助を一次的援助サービスに活かす（授業の UD など）ことで，援助サービスが全体として発展します（石隈，2012）。つまり，一次的援助サービス，二次的援助サービス，三次的援助サービスは，循環的に，援助サービスを向上させるシステムになります。

4　3 層の心理教育的援助サービスのシステム

チーム学校については第 12 章でも紹介されてきましたが，チーム学校は学校の教職員と専門スタッフ（SC やスクールソーシャルワーカー（以下 SSW）など）による学校内のチーム体制の強化という側面と，学校・家庭・地域の連携

プラスα

SOS チェックリスト

教師などが子どもの学習面，心理・社会面，進路面，健康面におけるSOSをチェックできるように作成したリスト（石隈，1999）。学習面では「勉強への取り組みの変化」，心理・社会面では「イライラすることの増加」，進路面では「得意なことの減少」，健康面では「眠そうな顔」，そして学校生活全般として「遅刻・早退」などがある。子どものSOSを早期に発見して，二次的援助サービスをタイムリーに始めることを目指している。

→7章，12章参照

参照

合理的配慮

→9章

参照
マネジメント委員会
個別の援助チーム
→2章

の強化という側面があります（文部科学省，2015）。そしてチーム学校を実現させる鍵を握るのが，心理教育的援助サービスのシステムです。援助サービスのシステムとして，学校全体の心理教育的援助サービスの企画・運営を行う「マネジメント委員会」，学校・地域レベルでの心理教育的援助サービスを向上させる「コーディネーション委員会」，特定の子どもを援助する「個別の援助チーム」が提案されて，さまざまな実践や研究が行われてきました（家近，2013，2018；石隈，1999）。子どもへの良質の援助の提供には，効果的で持続可能なシステムのメインテナンスと改革が必要です。

2　教育分野における公認心理師に求められる行為

教育分野における公認心理師は，SC や学生相談カウンセラー，教育センター・教育相談所の教育相談員，子ども発達支援センターの相談員，特別支援教育の巡回相談員などとして勤務します。学校教育の一環として心理教育的援助サービスでは，SC は学習・授業支援，特別支援教育，生徒指導，キャリア教育，健康教育，そして学級経営や学校組織・教育システムに，チーム学校の一員として関わります。公認心理師がチーム学校の一員となるとき，心理学の専門性に基づき総合的な心理支援ができることが望ましいといえます。これまで心理職は「カウンセラー（相談員）」としてカウンセリングの専門家という期待が強かったのですが，公認心理師法第 2 条で 4 つの行為（アセスメント，心理支援，関係者支援，心の健康教育）が明記されたことにより，心理総合職として期待できる職業になります。

参照
メンタルヘルス
→7章

公認心理師の 4 つの行為は，互いに深く関係します。アセスメントは当事者への心理支援（直接的な援助）および関係者支援を計画する基盤となると同時に，心理支援のプロセスを評価し，支援の方法を柔軟に修正していく基盤ともなります。心の健康教育は，当事者も関係者も含めて，国民すべての心の健康の向上に貢献します。4 つの行為について，それぞれ説明します（石隈，2019）。

1　心理教育的アセスメント

公認心理師は，「支援を要する者の心理状態を観察し，その結果を分析する」（公認心理師法第 2 条 1 号）ことが求められます。学校教育では「**心理教育的アセスメント**」と呼ばれ，援助の対象となる子どもが課題に取り組むうえで出合う問題状況や危機状況についての情報収集と分析を通して，心理教育的援助サービスの方針や計画に関する意志決定の資料を提供するプロセスと定義されています（石隈，1999）。つまり心理教育的アセスメントとは，子どもにどのような援助を提供するかを決めるための情報の収集と意味づけです。したがって子どもの援助のために必要な情報は，心理社会面だけではなく，それらと密接に関係する学習面，進路面，健康面など学校生活全体であり，子どもが育つ環境も含まれます。子どもの心理教育的アセスメントは，教師，SC，保護者らのチームアセスメントで進めることが必要です。また第 12 章でも紹介のあったように，心理教育的アセスメント（例，アンケート）の結果を子どもと共有することで，子どもが自分の発達や学校生活の状況を理解することになると同時に，必要な援助について子どもと一緒に検討することが可能になります。公認心理師は自らアセスメントを行うだけでなく，アセスメント結果の意味づけとアセスメント結果に基づく援助方針・計画の作成に力を発揮します。

一次的援助サービスに関しては，各学級や学校の子どもたちの援助ニーズを把握するために，発達の様子，学校生活の様子（学習の状況や学力，学級での人間関係など）について教師による観察，テスト，アンケートなどを行います。二次的援助サービスでは，プラスαの援助が必要な子どもを発見するために，教師による観察，引き継ぎ記録の検討のほかに，「Q-U」などの学級満足度のアンケート（例：河村ほか，2008），前述の SOS チェックリスト（石隈，1999）の活用が有用です。三次的援助サービスでは，子どもの特別な援助ニーズの把握と個別指導計画等の作成のために，子どもの発達，学校生活の状況，子どもと学級・学校環境の関係，家庭環境などに関して包括的なアセスメントを行う必要があります。

三次的援助サービスにおいて，個別の知能検査（WISC-Ⅳ，KABC-Ⅱなど）が使用されます。WISC-Ⅳは 5 歳 1 か月から 16 歳 11 か月の子どもを対象としており，全 15 の下位検査で構成されています。知的発達の程度を示す全検査 IQ のほか，「言語理解指標」「知覚推理指標」「ワーキングメモリー指標」「処理速度指標」が算出され，子どもの学習スタイルの得意・不得意がわかります。

KABC-Ⅱは 2 歳 6 か月～18 歳 11 か月の子どもを対象としており，「認知能力」および「習得度」（語彙，読み，書き，算数）を個別式で測定します。認知は認知総合尺度のほか，継次尺度，同時尺度，計画尺度，学習尺度で標準得点が算出されます。子どもの認知能力と習得度の違いや学習スタイルがわかります。これらの知能検査の実施と結果の解釈を通して，知的発達の状況における個人間差（相対的な位置）や個人内差（個人のなかで強いところ・弱いところ）を把握して，子どもの発達や強い学習スタイル・行動スタイルに応じた援助を計画することにつなげます。SC ら公認心理師は，検査を標準化手続きにそって行い，心理学の知識や心理支援・学校教育の知識に基づき結果を解釈します。援助の方法を提案するときは，子どもの環境における援助資源（リソース）の

参照
Q-U
→4 章

プラスα
個別の知能検査
発達や学校生活で困難のある，子どもや大人に個別に行う知能検査のこと。知的発達の水準や特性のアセスメントを行い，それをもとに個別の指導計画などの援助サービスを提案することを目的としている。子ども用の検査では，田中ビネー知能検査 V，WISC-Ⅳ，KABC-Ⅱなどがある。検査を実施するのは，公認心理師等の心理職や学校心理士，特別支援教育士などの資格をもつ教師など，知能検査の実施と結果解釈について訓練を受けた専門家に限られる。検査結果を子どもや保護者にもわかりやすく伝えることで，子どもが自分の学習における強さ・弱さを理解することを促進する。

把握が鍵を握ります。日本では教師と心理職の分業は始まったところであり，特別支援教育や教育相談担当の教師のなかには，大学院や講座での学習を通して，特別支援教育士，学校心理士，臨床発達心理士等の資格をとり，個別の知能検査を実施している場合があります。公認心理師は名称独占であり，業務独占ではありませんので，現場で検査を適切に実施している教育の専門家との連携は重要になります。今後，教師，心理職（SC など），福祉職（SSW など）の望ましい連携を模索しながら，検査の実施と活用についても検討されていくと思います。

プラスα

名称独占と業務独占

公認心理師法において，「公認心理師の名称を用いて，保健医療，福祉，教育その他の分野において」公認心理師としての業務を行うとある。公認心理師になるためには国家資格である公認心理師試験に合格し，文部科学省と厚生労働省が認めた登録機関（心理研修センター）への登録をする必要がある。有資格者以外は，「公認心理師」または「心理師」という名称の使用が禁止されており，公認心理師は名称独占資格といえる。一方医師や看護師は業務独占資格であり，有資格者でなければ関わることを禁じられている業務を独占的に行うことのできる資格である。

2 心理支援

公認心理師は「支援を要する者に対し，その心理に関する相談に応じ，助言，指導その他の援助を行う」こと（第２条２号）が求められます。教育・学校分野における「**心理支援**」は支援を要する子どもへの直接的な援助であり，学習面，心理・社会面，進路面，健康面など，発達や学校生活全体に関わります。したがって心理支援のテーマとしては，学習面の困りや悩み，自己理解や人間関係の問題，進路における選択の悩み，健康上の問題など幅広いものになります。心理支援では，子どもの苦痛をなくすのではなく，子どもが苦戦しながら「問題解決」を通して成長することを援助します。

公認心理師は SC などとして，個別の面談，小集団（グループ）の面談，三者面談（子ども・保護者・担任プラス SC）などを行います。面談は，岐路に立つ子どもがこれまでの自分，これからの自分の時間展望のなかで，今の自分をみつめる，自分に向き合う時間となります。発達障害のある子どもへは，学習生活での失敗や教師からの叱責による心理的危機への対応や得意な学習スタイルの発見などの援助を行います（石隈，2012）。もちろん子どもの年齢，発達の状況などに応じて，子どもとの関わりを工夫します。

SC らによる心理支援を子どもの学校生活の問題に関する，子どもへの直接的な援助ととらえるとき，カウンセリング的な関わりだけでなく，社会的支援（ソーシャルサポート）などが含まれます。そこでアメリカの実存主義者クラーク・ムスターカスが提唱している「3 種類の関わり」（石隈，1999；國分，1994；Moustakas，1995）が参考になります。このモデルでは，援助者（カウンセラー）も子ども（クライエント）も “Being”，一人の人間，一つの存在であり，心理支援（カウンセリング）は，人と人の関わりにより，子どもの問題解決や成長を援助するプロセスであるととらえています。“Being-In” は，援助者が子どもの世界に入れてもらい，理解者になることです（図13-4-①；石隈，1999)。子どもをよく見て，子どもの話をよく聴くこと，そして子どもの世界を想像することが，援助の中心になります。カウンセリングでいわれる「受容」「共感」と一致します。“Being-For” は，援助者が子どもの味方にな

参照

ソーシャルサポート

→７章

図13-4-①　Being-In

Being-In Your World：理解者になる

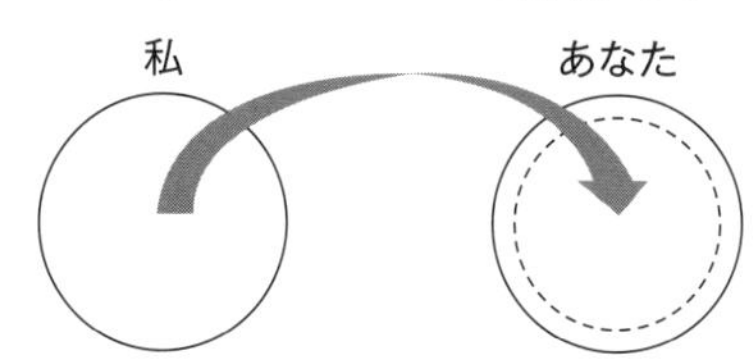

図13-4-②　Being-For

Being-For You：味方になる

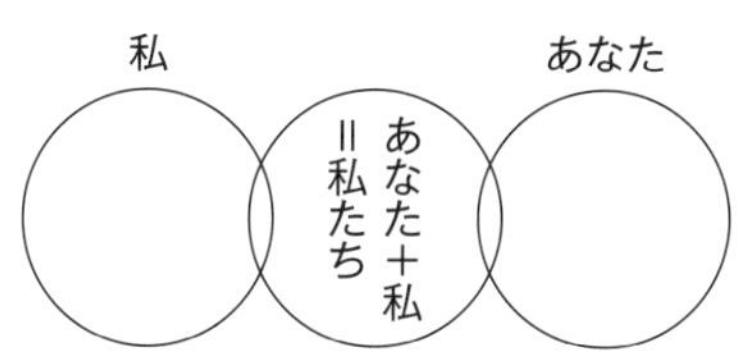

図13-4-③　Being-With

Being-With You：一人の人間として関わる

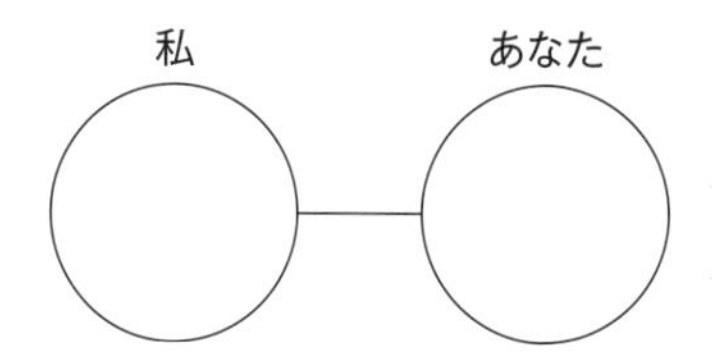

ることです（図13-4-②；石隈，1999）。援助者が子どものために支援することです。ここでは情緒的支援，情報的支援，評価的支援，道具的支援という 4 種類の社会的支援（House，1981）が参考になります。“Being-With” は，「あなたにはあなたの考えがあり，私には私の考えがある」という態度で，援助者は子どもに対して一人の人間として関わることです（図13-4-③；石隈，1999）。援助者の自己開示や子どもとの対決が含まれます。このムスターカスの 3 種類の関わりを参考にして子どもとの面接を工夫できます。

3　関係者支援

公認心理師は，「支援を要する者の関係者に対して，その相談に応じ，助言，指導その他の援助を行う」（第 2 条 3 号）こと（**関係者支援**）が期待されます。教育分野の公認心理師にとって，支援を要する者（子ども）の関係者は，保護者，教師，友人です。そして援助者の仲間である福祉職（SSW など），医療職など，地域の専門家が含まれます。公認心理師（コンサルタント）が心理学の専門性に基づき，発達障害に関する学校での困難や不登校の問題など，子どもの心理・社会的な問題や学校生活の問題への援助について教師や他領域の専門家（コンサルティ）に助言を行うプロセスは「コンサルテーション」と呼ばれるものです。

第 12 章で紹介されたとおりですが，コンサルテーションは二つの目的があります。一つは，コンサルティ（子どもの直接の援助者）の状況理解が促進されよりよい援助ができるようになることです。そしてもう一つがコンサルティの援助能力が高まることです。したがって，コンサルテーションはコンサルティが「今の」子どもの問題を解決するのを援助しながら，「未来の」子どもの問題への対応に対しても予防的に関わることになります（石隈，1999）。

コンサルテーションの主なプロセスは，①パートナーとしての協力関係づくり，②問題状況の定義と目標の仮の設定，③問題状況の生態学的アセスメント，④目標の設定・援助方針の決定，援助案の作成，⑤援助の実践とモニタリング，援助者の支援，⑥援助の評価・フォローアップです（石隈，1999）。石隈・田村式援助チームシートは，問題状況の定義，アセスメント，目標・援助方針の決定，援助案の作成という流れで相互コンサルテーションを進めていくときに有用です（石隈・田村，2018）。

公認心理師を目指す者はしっかりとコンサルテーションの訓練を受けること，そして公認心理師はコンサルテーションの研鑽を続けることをすすめたいと思います。ひとつ特筆すべきは，よいコンサルタントになることとよいコンサルティになるように心がけることです。

4 心の健康教育

公認心理師は，「心の健康に関する知識の普及を図るための教育及び情報の提供を行う」（第２条４号）ことが期待されています。アセスメント，心理支援，関係者支援は主として心理に関する支援を要する者とその関係者への援助サービスですが，**心の健康教育**はすべての国民を対象とします。そして心の健康教育は，心の健康に関する問題が人の人生を妨害するのを予防し，自助の力を開発する「予防開発的心理教育」としてとらえることができます（石隈，2016a）。公認心理師は科学者―実践家（“scientist-practitioner”）として，心理支援の実践においては心理学の知識の「利用者（使い手）」であり，また心理実践（事例研究）や調査等による研究を通した心理学の知識の「生産者（作り手）」でもあり，そして同時に心理学の知識を利用者にわかりやすく伝える「伝達者（伝え手）」でもあります（石隈，2016a）。**公認心理師の行為**として心の健康教育が明記されたことは，心理学の知識の伝達者としての役割も含めて，公認心理師の社会的な貢献や雇用可能性を長期的に支える根拠になります。

「心の健康」の定義は一人ひとりの国民がもつものでもありますが，公認心理師を支える学問体系（心理学・心理支援及び関連領域の科目）のなかで今後議論されていく必要があります。無藤ら（2018）の『心理学新版』における説明を基盤にして，心の健康とは，①現実認識の的確さ，②自尊感情，③セルフコントロール，④親和関係の形成，⑤生産性（人生に関わるものをつくる）などの視点から定義できます。学校における心の健康教育は，すべての子どもの発達を促進し社会と関わる能力を育てる「生徒指導」や心身の健康づくりの基盤をつくる「健康教育」としても実践することができます。茨城県のフレックススクールでは「心理学」という学校設置の授業で，すべての高校一年生に心の健康教育を行っています（横島・萩原，2018）。

具体的な心の健康教育の内容としては，以下のようなものがあります（表13-1：石隈，2016a；石隈ほか，2016）。

公認心理師は，心の健康教育の企画・実施・評価に積極的に関わることが求められます。

プラスα

科学者―実践家モデル

アメリカにおけるクリニカルサイコロジスト（臨床心理士），スクールサイコロジスト（学校心理士）を大学院博士課程で養成する教育モデル。科学的な研究を行う能力と心理支援を専門的に行う能力を合わせもつサイコロジストを養成することを目指している。公認心理師の養成においても科学者―実践家モデルが尊重されているが，養成過程において，学部での卒業論文や大学院での修士論文が必須でないなどの課題が指摘されている（丹野，2019）。

表 13-1　心の健康教育の内容

①自己を知る	自己理解，個性の理解，セックスとジェンダー，ストレス対処など
②他者・集団とつきあう	自己主張，助けられ上手・助け上手，問題解決能力；家族としての行動，集団とのおりあい，多様性理解・多文化共生など
③学習を工夫する	学習スタイル，学び続ける意志とスキルなど
④キャリアについて考える	能力・特性および価値観の理解，進路における意思決定など
⑤心身の健康とつきあう	健康理解，自分のケア，障害や疾病の理解，生と死の問題など
⑥危機に備える	移行における対処，失敗・挫折での対応，人生の危機における対処（レジリエンス含む）など

3　教育分野における公認心理師への期待と公認心理師活用の課題

国家資格である公認心理師をもつ者が，スクールカウンセラー，子ども発達支援センターの相談員として，教育分野で心理教育的援助サービスを充実させることが期待されています。公認心理師への期待，公認心理師の活用における課題，そしてこれからの教育について述べます。

1　子どもの援助者を支え，つなぐ役割への期待

心理学・心理支援の一定の資質をもつ公認心理師が，SC などとして，チーム学校の専門スタッフに位置づけられ，心理教育的援助サービスの充実に貢献することが期待されています。特に教師，保護者，地域の専門家など，子どもの援助者を支えて，つなぐ役割が求められます（石隈，2016b）。

①教師（複合的ヘルパー）や保護者（役割的ヘルパー）を支える

たとえば SC は個別の援助チームやコーディネーション委員会のメンバーとして，チームが子どもの状況を教育・学校心理学，発達心理学，障害児・障害者心理学（特別支援教育）の視点から理解するようコンサルテーションを行うことができます。そしてチーム援助の一環として，SC は子どもや保護者の相談にのります。教師，保護者，SC らのチームにおける，各メンバーの役割の協働についてはさらなる検討が必要です。

②援助者間をつなぐ

子どもの教育をめぐって，援助者間で思いや意見の葛藤が起きます。コミュニケーションがうまくいかないときがあります。たとえば，不登校やいじめの問題などで保護者の教師への要望が強い場合，教育センターの相談員（公認心理師など）が保護者と教師の間に入り，子どもの苦戦やその援助について整理

することができます。その結果保護者は教師の援助の再評価をするようになる可能性があります（田村・石隈，2013）。

③学校組織を支え，学校・地域の連携を進める

SC（公認心理師）が専門スタッフとして，マネジメント委員会，コーディネーション委員会に出席し，学校組織レベルのコンサルテーションを行うことが期待されます。また公認心理師は，保健医療分野，福祉分野，教育分野，司法・犯罪分野，産業・組織分野にまたがる専門性とネットワークを活かして，学校と地域の専門機関との連携のコーディネーター役を担うことが求められます。公認心理師養成の学部科目では「産業・組織心理学」，大学院科目では「家族関係・集団・地域社会における心理支援に関する理論と実践」などでの学習が有用であり，多職種連携の実習をしっかりと行うことが必要です。

2 公認心理師活用における課題

公認心理師を活用して，チーム学校による心理教育的援助サービスを向上させるための課題について，3点説明します。

①情報共有：秘密保持義務と連携義務

チーム学校として子どもを援助するとき，主な援助者である教師，SC（公認心理師），保護者，地域の専門家が，子どもに関する情報をどのように共有するかが課題となります。公認心理師は，援助の対象である子ども（要支援者），保護者・教師（コンサルティ）に対して守秘義務をもちます。しかし児童虐待が疑われる場合，子どもが自分を傷つけたり他者に危険を与えたりする場合，また子どもの援助に直接関わっている専門家で話し合う場合は，できるだけ子どもの承諾が得られるようにしながら，情報の共有がなされます（金沢，1998）。

公認心理師が情報共有について迷うことがあるのは，子どもへの直接的な心理支援だけでなく教師等へのコンサルテーションでも同様です。チーム援助に当たる専門家として，公認心理師は，「（要支援者である）子どもやコンサルティである教師などとの間の守秘義務」（**秘密保持義務**；公認心理師法第 41 条）と，「援助者のチームで情報を共有する義務」（**連携義務**）（連携等；同法第 42 条）との双方をもつのです。援助者のチームで子どもやコンサルティに関する情報を共有した場合は，集団守秘義務（長谷川，2003）をもつことになります。

援助者間で共有する情報の内容に関して基本的な考え方（石隈，2019）を紹介します。子どもは内面的な問題や人間関係・家族関係などの問題，つまり心理面や社会面の「悩み」をもちます。同時に子どもは心理・社会面と密接に関係する学習面，進路面，健康面などの学校生活での「困り」をもちます。公認心理師は，子どもの悩みと困りに関して援助します。公認心理師は，子どもの内面的な悩みや対人関係に関わる感情に関しては，子どもとの間で秘密を保持

参照
コンサルテーション
→12章

連携義務
→12章

することが原則になります。ただし子どもの苦悩の援助はチームで行われるのでできるだけ子どもの承認を得ながら援助チームのメンバーで共有することはできます。一方子どもの学校生活等での困りに関する情報は，援助者のチームで共有することで適切な援助をタイムリーに行うことができます。

また公認心理師が教師等にコンサルテーションを行う場合，コンサルティの職業的な問題（例：不登校の子どもをどう援助するか）に関わって援助するわけですから，コンサルタントが得た情報は援助者のチームや管理職に報告する義務があります。ただしコンサルテーションのプロセスで表現された教師の内面的な悩み（例：教師を続ける自信がなくなった）や対人関係の感情（例：管理職に憎しみをもっている）については秘密を保持することが原則になります（石隈，2008）。

図13-5　神奈川県の支援教育

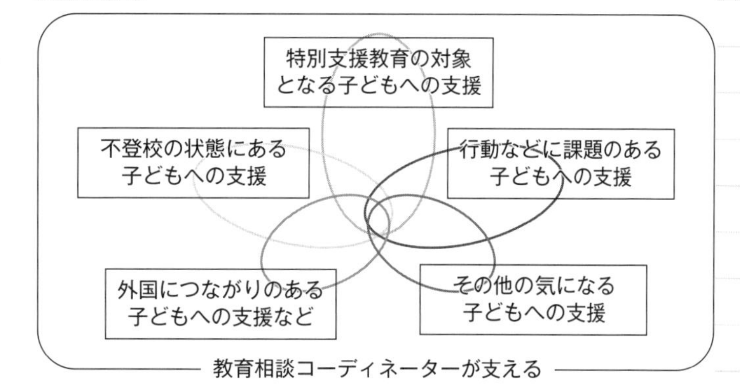

出所：神奈川県立総合教育センター，2019より作成

②コーディネーターの制度化

チーム学校においては，SC，SSW，特別支援教育の専門家を「専門スタッフ」として位置づけ，教職員が専門性に基づいて連携を強化することを目指しています。また学校・家庭・地域での組織的な連携により，学校教育の質の向上を目指しています（文部科学省，2015)。チーム学校では３層の心理教育的援助サービスのシステムの充実が必須となるとともに，心理教育的援助サービスのコーディネーターを組織に位置づけることが必要となります（石隈，2016b)。コーディネーター役を担うのは，教頭（学校教育の調整役），教育相談コーディネーター・特別支援教育コーディネーター，養護教諭，SC，SSWなどであり，「コーディネーター・チーム」と呼べます。チーム学校で心理教育的援助サービスを充実させるためには，コーディネーター・チームの中心となる「コーディネーター」の正式な位置づけが必要です。神奈川県の小・中・高等学校では「教育相談コーディネーター」が指名され，発達障害のある子ども，不登校やいじめ，非行などで苦戦している子ども，外国籍など適応で援助が必要な子どもなどへの支援教育（心理教育的援助サービス）のコーディネーションを担います（図13-5)。

今後は，コーディネーターの役割が制度化されることが望まれます。

③心理教育的援助サービスを支える学問の体系化

公認心理師は，前述のように教育分野だけでなく，保健医療，福祉，司法・犯罪，産業・労働の分野を通して心理支援を行う資質を示す汎用性のある資格です。公認心理師が良質の援助サービスを行うためには，教育分野での専門性

図13-6　子どものQOSLを支える教育・学校心理学

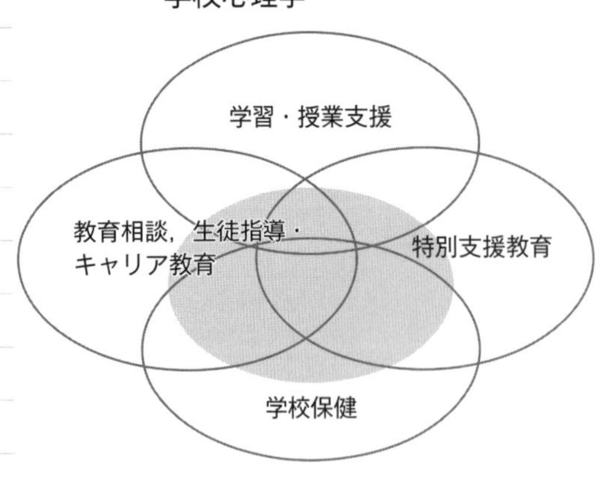

をさらに高める必要があります。そこで心理教育的援助サービスの理論と実践を支える学問の体系化が課題となります。たとえば学校心理学は心理学と学校教育に関わる分野の知識や技能を融合しようとする学問体系（石隈，2019）です。教育心理学と学校心理学双方の知見を統合する教育・学校心理学は，学習・授業支援，生徒指導・教育相談，特別支援教育，学校保健等に共有される援助サービスの実践を統合する心理教育的援助サービスの基礎的知識と実践を整理する枠組みとして，子どもの学校生活の質（Quality of School Life： QOSL）を支えることが期待されます（石隈ほか，2014；図13-6）。

3　これからの教育

「子どもを育てるには一つの村が必要だ」というのはアフリカのことわざです。まさに子どもを育てるのは地域，国家レベル，地球レベルでの，大人の責任です。子どもの複雑化した問題状況・危機状況での心理教育的援助サービスの充実を目指して，学校教育を「子どもの育ち」を促進するサービスの柱の一つとしてとらえ直し，家庭教育，学校教育，社会教育の有機的な連携を進める必要があります（石隈，2016b）。学校・家庭・地域での連携のプロセスにおいて，コミュニティの広い分野で活動できる公認心理師とそれを支える教育・学校心理学に期待したいと思います。

プラスα

家庭教育・学校教育・社会教育

子どもの学びと育ちに関わる教育は，家庭教育で始まり，学校教育が加わり，社会教育で支えるものである。すべての保護者が安心して家庭教育を行えるよう「家庭教育支援チーム」が，文部科学省により提唱されている。保護者の学びの場の提供や訪問型家庭教育支援などが，支援チームの業務に含まれている。また社会教育とは，学校教育・家庭教育以外の教育を指す。学校・家庭・地域の連携による教育の推進は，児童虐待防止やひきこもり児童生徒の支援につながると期待される。

考えてみよう

公認心理師資格をもつスクールカウンセラーが，学校に「専門スタッフ」として勤務するようになると，学校・家庭・地域の連携はどのように進むでしょうか。

本章のキーワードのまとめ

心理教育的援助サービスの焦点	心理教育的援助サービスでは，子どもを「一人の人間」として発達を援助するという視点と，「児童生徒としての子ども」として学校生活を援助するという視点がある。そして子ども自身，子どもと環境の相互作用，環境に焦点をあてる。
三段階の心理教育的援助サービス	心理教育的援助サービスの計画，実践，振り返りのモデルであり，すべての子どもへの一次的援助サービス，苦戦する一部の子どもへの二次的援助サービス，特別の援助ニーズをもつ子どもへの三次的援助サービスの三段階からなる。
心理教育的アセスメント	心理教育的援助サービスを支える心理的アセスメントのことである。子どもが出あう問題状況や危機状況についての情報収集と分析を通して，心理教育的援助サービスの方針や計画に関する意志決定の資料を提供するプロセスと定義される。
心理支援	広義では，公認心理師等心理職が行う専門的行為全般を指す。狭義では支援を要する者への直接的な援助を指し，スクールカウンセラー等が子どもの学校生活に関して直接行う援助（カウンセリングなど）はその例である。
関係者支援	公認心理師等が，支援を要する者の関係者に対して支援を行うことを指す。スクールカウンセラー（コンサルタント）が子どもの保護者や教師（コンサルティ）に対して行うコンサルテーション（子どもへの関わりに関する助言等）がある。
心の健康教育	公認心理師等が，国民の心の健康に関する教育を行うことを指す。具体的には，心の健康に関する問題が人生を妨害するのを予防し，自助の力を開発する「心理教育」であり，子どもの社会と関わる能力を育てる生徒指導も含まれる。
公認心理師の行為	公認心理師法において，公認心理師は①心理的アセスメント，②要支援者への心理支援（カウンセリングなど），③要支援者の関係者への支援（コンサルテーション），④心の健康教育の４つの行為を業として行うとされている。
秘密保持義務	公認心理師法において「公認心理師は，正当な理由がなく，その業務に関して知り得た人の秘密を漏らしてはならない」とされる。つまり要支援者である子どもやコンサルティである教師などとの間で守秘義務がある。
連携義務	公認心理師法において，公認心理師は「保健医療，福祉，教育等が密接な連携の下で総合的かつ適切に提供されるよう」関係者等との連携を保たなければならないとされる。その結果，援助者のチームで情報を共有する義務ももつ。

引用文献・参考文献

●第１章

引用文献

半田一郎（2016）．スクールカウンセラーによるカウンセリング　石隈ほか(責任編集)　日本学校心理学会(編)　学校心理学ハンドブック［第２版］(pp.128-129)　教育出版

石隈利紀（1992）．アメリカにおける学校心理学とスクール・サイコロジスト　指導と評価(日本教育評価研究会)，38(5)，29-32.

石隈利紀（1999）．学校心理学――教師・スクールカウンセラー・保護者のチームによる心理教育的援助サービス　誠信書房

石隈利紀（2006）．学校心理学の領域と学習課題及びキーワード　学校心理士資格認定委員会(編)　学校心理学ガイドブック［第１版］(p.27)　風間書房

石隈利紀（2016）．コーディネーションとチーム援助の方法　石隈利紀・大野精一・小野瀬雅人・東原文子・松本真理子・山谷敬三郎・福沢周亮(責任編集)　日本学校心理学会(編)　学校心理学ハンドブック［第２版］(pp.162-163)　教育出版

学校心理師資格認定委員会（2012）．学校心理学ガイドブック　風間書房

公益社団法人日本心理学会公認心理師養成大学教員連絡協議会（2018）．公認心理師大学カリキュラム標準シラバス

子安増生・田中俊也・南風原朝和・伊東裕司（2015）．教育心理学〔第３版〕　有斐閣

水野治久・石隈利紀・田村節子・田村修一・飯田順子（2013）．よくわかる学校心理学　ミネルヴァ書房

日本教育心理学（1996）．スクールサイコロジストとは――学校心理学に基づくスクールカウンセラー　日本教育心理学会リーフレット

日本教育心理学（2003）．教育心理学ハンドブック　有斐閣

小野瀬雅人（2016）．学校心理学の方法　石隈利紀・大野精一・小野瀬雅人・東原文子・松本真理子・山谷敬三郎・福沢周亮(責任編集)　日本学校心理学会(編)　学校心理学ハンドブック［第２版］(pp.6-7)　教育出版

辰野千寿・高野清純・加藤隆勝・福沢周亮（1986）．多項目教育心理学辞典　教育出版

参考文献

水野治久・石隈利紀・田村節子・田村修一・飯田順子(編著)（2013）．よくわかる学校心理学　ミネルヴァ書房

北尾倫彦（2020）．「深い学び」の科学――精緻化，メタ認知，主体的な学び　図書文化

太田信夫(監修)　石隈利紀・小野瀬雅人(編)（2021）．シリーズ心理学と仕事　第７巻　教育・学校心理学　北大路書房

●第２章

引用文献

家近早苗・石隈利紀（2003）．中学校における援助サービスのコーディネーション委員会に関する研究――A 中学校の実践を通して　教育心理学研究，51(2)，230-238.

家近早苗（2016）．コーディネーション委員会　石隈利紀・大野精一・小野瀬雅人・東原文子・松本真理子・山谷敬三郎・福沢周亮(責任編集)　日本学校心理士会(編)　学校心理学ハンドブック［第２版］――「チーム」学校の充実をめざして　(pp.166-167)　教育出版

石隈利紀・山口豊一・田村節子（2005）．チーム援助で子どもとのかかわりが変わる――学校心理学にもとづく実践事例集　ほんの森出版

文部科学省（2007）．特別支援教育の推進について(通知)

文部科学省（2010）．生徒指導提要

文部科学省（2015）．チームとしての学校の在り方と今後の改善方策について(答申)

文部科学省（2016）．不登校児童への支援に関する最終報告

文部科学省（2017）．スクールソーシャルワーカー活用事業実施要領

文部科学省（2018）．スクールカウンセラー等活用事業実施要項

瀬戸美奈子・石隈利紀（2002）．高校におけるチーム援助に関するコーディネーション行動とその基盤となる能力および権限の研究――スクールカウンセラー配置校を対象として　教育心理学研究，50(2)，204-214.

山口豊一・石隈利紀（2005）．関係機関との連携　石隈利紀(監修)　山口豊一(編著)　学校心理学が変える新しい生徒指導――一人ひとりの援助ニーズに応じたサポートをめざして　(pp.176-180)　学事出版

山口豊一・石隈利紀（2009）．中学校におけるマネジメント委員会に関する研究――マネジメント委員会機能尺度（中学校版）の作成　日本学校心理士会年報，2，73-83.

山谷敬三郎（2016）．学校教育相談　石隈利紀・大野精一・小野瀬雅人・東原文子・松本真理子・山谷敬三郎・福沢周亮(責任編集)　日本学校心理士会(編)　学校心理学ハンドブック［第２版］――「チーム」学校の充実をめざして(pp.50-51)　教育出版

参考文献

石隈利紀・大野精一・小野瀬雅人・東原文子・松本真理子・山谷敬三郎・福沢周亮(責任編集)　日本学校心理士会(編)（2016）．学校心理学ハンドブック［第２版］――「チーム」学校の充実をめざして　教育出版

野島一彦・繁桝算男(監修)　元永拓郎(編)　黒川達雄(法律監修)(2018). 関係行政論(公認心理師の基礎と実践)　遠見書房

山口豊一・石隈利紀(編)(2020). 新版学校心理学が変える新しい生徒指導――一人ひとりの援助ニーズに応じたサポートをめざして　学事出版

●第３章

引用文献

Baddeley, A. (2000). The episodic buffer: A new component of working memory? *Trends in Cognitive Science*, **4**, 417-423.

Bandura, A. (1977). Self-efficacy: Toward a unifying theory of behavioral change. *Psychological Review*, **84**, 191-215.

Bruner, J. (1961). *The process of education.* Cambridge, MA: Harvard University Press.

Cronbach, L., & Snow, R. (1977). *Aptitudes and instructional methods: A handbook for research on interactions.* New York, NY: Irvington.

Deci, E., & Ryan, R. (2002). *Handbook on self-determination research: Theoretical and applied issues.* New York, NY: University of Rochester Press.

遠藤愛(2010). 境界領域の知能を有する発達障害生徒に対する算数文章題解決のための学習支援――認知特性とつまずいている解決過程の分析から　教育心理学研究, **58**, 224-235.

Fiorella, L., & Mayer, R. (2015). *Learning as a generative activity: Eight learning strategies that promote understanding.* Cambridge University Press .

林龍平(2015). エビデンスに基づく学習支援を考えるための４つの視点　日本学校心理士会年報, **8**, 20-40.

林照子・水野治久(2005). 高校教師の援助活動に対するビリーフと生徒へのアセスメントへの視点の関連――複合的ヘルパーの相談活動活性化のために　学校心理学研究, **5**, 25-36.

東原文子・前川久男(1997). 算数文章題CAI――教材パッケージの開発と学習困難児の指導への利用　心身障害学研究, **21**, 37-48.

House, J. S. (1981). *Work stress and social support.* Reading, MA: Addison-Wesley.

市川伸一(編)(1998). 認知カウンセリングから見た学習方法の相談と指導　ブレーン出版

犬塚美輪・高橋麻衣子(2006). 文章理解の困難を主訴とする高校生への読解方略指導――読解プロセスの観点から　LD研究, **15**, 330-338.

Kaiser, M., McCloskey, M., & Proffitt, D. (1986). Development of intuitive theories of motion: Curvilinear motion in the absence of external forces. *Developmental Psychology*, **22**, 67-71.

梶田正己(1986). 授業を支える学習指導論　金子書房

北尾倫彦(編著)(2002). 学習不適応の心理と指導　開隆堂出版

北尾倫彦・速水敏彦(1986). わかる授業の心理学――教育心理学入門　有斐閣

Mayer, R. (2008). *Learning and instruction (2nd ed.).* New Jersey: Prentice Hall.

Mayer, R. (2017). Instruction based on visualizations. In R. Mayer & P. Alexander (Eds.), *Handbook of research on learning and instruction (2nd ed., pp.483-501).* New York, NY: Routledge.

Mayer, R., Tajika, H., & Stanly, C. (1991). Mathematical problem solving in Japan and the United States: A controlled comparison. *Journal of Educational Psychology*, **83**, 69-72.

Merrell, K., Ervin, R., & Gimpel, G. (2006). *School Psychology for the 21st Century: Foundations and Practices.* New York: Guilford Press.

中村涼・岡直樹・外山智絵・木舩憲幸(2011). 漢字に苦手意識を持つ小学生に対する認知カウンセリング――有能感の促進に着目して　学校教育実践学研究, **17**, 1-7.

中谷素之(2010). 動機づけと授業　高垣マユミ(編)　授業デザインの最前線――理論と実践を想像する知のデザイン(pp.40-52)　北大路書房

小野瀬雅人(2010). カウンセリングと授業　高垣マユミ(編)(2010). 授業デザインの最前線Ⅱ――理論と実践を創造する知のプロセス　(pp.212-223)　北大路書房

小野瀬雅人(2011). 学校心理士の役割としての学習支援の方法と課題　日本学校心理士会年報, **3**, 5-12.

Piaget, J., & Inhelder, B. (1966). *La psychologie de l'enfant.* Paris: PUF.

Seligman, M., & Maier, S. (1967). Failure to escape traumatic shock. *Journal of Experimental Psychology*, **74**(1), 1-9.

辰野千壽(1992). 教材の心理学　学校図書

辰野千壽・応用教育研究所(1966). 教研式学習適応性検査AAI手引　図書文化協会

東井義雄(1979). 子どもの何を知っているのか　明治図書

植阪友理(2010). 学習方略は教科間でいかに転移するか――「教訓帰納」の自発的な利用を促す事例研究から　教育心理学研究, **58**, 80-94.

van Merriënboer, J., & Sweller, J. (2005). Cognitive load theory and complex learning: Recent developments and future directions. *Educational Psychology Review*, **17**, 147-177.

Wood, D., Bruner, J., & Ross, G. (1976). The role of tutoring in problem solving. *Journal of Child Psychology and Psychiatry*, **17**, 89-100.

山本博樹(編)(2019). 教師のための説明実践の心理学　ナカニシヤ出版

山本博樹・織田涼 (2018). 高1の構造方略を活用した説明文理解が学習適応と学業達成に及ぼす影響──公民科教科書の説明文を用いた検証と学習支援の視点　日本学校心理士会年報, **10**, 94-103.

山本博樹・織田涼・島田英昭 (2020). 高校初年次生が構造方略を持続的に使うと説明文理解や学習適応ならびに学業達成は高まるのか？　日本学校心理士会年報, **12**, 76-85.

山本博樹・織田涼・島田英昭 (2018). 高校初年次生と大学生の説明文理解に及ぼす標識化効果の境界条件　心理学研究, **89**, 240-250.

吉田甫 (2009). 子どもの論理と教科の論理からの介入　吉田甫・エリック・ディコルテ(編著)　子どもの論理を活かす授業づくり──デザイン実験の教育実践心理学　(pp.75-91)　北大路書房

Zimmerman, B., & Schunk, D. (Eds.) (2011). *Handbook of self-regulation of learning and performance.* New York, NY: Routledge.

参考文献

市川伸一 (2014). 学力と学習支援の心理学　放送大学教育振興会

Mayer, R., & Alexander, P. (Eds.) (2017). *Handbook of research on learning and instruction (2nd ed.).* New York, NY: Routledge.

山本博樹(編)(2019). 教師のための説明実践の心理学　ナカニシヤ出版

●第4章

引用文献

学級経営研究会 (1998). 学級経営の充実に関する調査研究(中間まとめ)

河村茂雄 (1999). 学級崩壊に学ぶ　誠信書房

河村茂雄 (2000). 学級崩壊予防・回復マニュアル　図書文化

河村茂雄 (2010). 日本の学級集団と学級経営　図書文化

河村茂雄 (2012a). 科学研究費助成事業(科学研究費補助金)研究成果報告書「児童の学習・友人関係形成・学級活動意欲を向上させる学級集団形成モデルの開発」基盤研究(C)課題番号 21530703

河村茂雄 (2012b). 学級集団づくりのゼロ段階　図書文化

河村茂雄・品田笑子・藤村一夫 (2007). 学級ソーシャルスキル・小学校低学年, 中学年, 高学年　図書文化

河村茂雄・武蔵由佳 (2008a). 学級集団の状態といじめの発生についての考察　教育カウンセリング研究, **2**, 1-7.

河村茂雄・武蔵由佳 (2008b). 一学級の児童生徒数と児童生徒の学力・学級生活満足度との関係　教育カウンセリング研究, **2**, 8-15.

河村茂雄・品田笑子・小野寺正己 (2008). 学級ソーシャルスキル・中学校　図書文化

國分康孝 (1981). エンカウンター　誠信書房

國分康孝 (1992). 構成的グループエンカウンター　誠信書房

文部科学省 (2012). 共生社会の形成に向けたインクルーシブ教育システム構築のための特別支援教育の推進(報告)

文部科学省 (2020).「令和元年度 児童生徒の問題行動・不登校等生徒指導上の諸課題に関する調査」

野島一彦(編)(1999). 現代のエスプリ　グループ・アプローチ　至文堂

中央教育審議会 (2012). 新たな未来を築くための大学教育の質的転換に向けて～生涯学び続け, 主体的に考える力を育成する大学へ～(答申)

全国連合小学校長会 (2006). 学級経営上の諸問題に関する現状と具体的対応策の調査

参考文献

蓮尾直美・安藤知子 (2013). 学級の社会学　ナカニシヤ出版

近藤邦夫 (1994). 教師と子どもの関係づくり　東京大学出版会

河村茂雄 (2010). 日本の学級集団と学級経営　図書文化

●第5章

引用文献

暴力行為のない学校づくり研究会 (2013). 暴力行為のない学校づくりについて(報告書)　http://www.mext.go.jp/b_menu/shingi/chousa/shotou/079/houkou/1310369.htm (最終アクセス日：2023年2月1日)

文部科学省 (2019). 児童生徒理解・支援シート(参考様式)

文部科学省 (2020). 学校・教育委員会等向け虐待対応の手引き　令和2年6月改訂版

文部科学省 (2022). 生徒指導提要　http://www.mext.go.jp/a_menu/shotou/seitoshidou/1404008_00001.htm

（最終アクセス日：2023 年 2 月 1 日）

八並光俊（2012）．生徒指導の専門化と専業化に伴う生徒指導担当者の役割　市川千秋（監修）　八並光俊・宇田光・山口豊一（編）　臨床生徒指導　応用編　（pp.1-8）　ナカニシヤ出版

薬物乱用対策推進会議（2018）．第五次薬物乱用防止五か年戦略

参考文献

スクールカウンセリング推進協議会（編）（2013）．ガイダインスカウセラー実践事例集　学事出版

八並光俊・國分康孝（編）（2008）．新生徒指導ガイド――開発・予防・解決的な教育モデルによる発達援助　図書文化社

山口豊一（編）　石隈利紀（監修）（2005）．学校心理学が変える新しい生徒指導――一人ひとりの援助ニーズに応じたサポートをめざして　学事出版

●第 6 章

引用文献

国立教育政策研究所（2011）．キャリア教育を創る――学校の特色を生かして実践するキャリア教育小中高等学校における基礎的・汎用的能力の育成のために　http://www.nier.go.jp/shido/centerhp/23career_shiryou/all_version.pdf（最終アクセス日：2021 年 2 月 1 日）

国立教育政策研究所（2012）．キャリア教育をデザインする――小中高等学校における年間指導計画作成のために　http://www.nier.go.jp/shido/centerhp/design-career/all_ver.pdf（最終アクセス日：2021 年 2 月 1 日）

国立教育政策研究所（2013）．キャリア教育・進路指導に関する総合的実態調査　第二次報告書（抜粋）　http://www.nier.go.jp/shido/centerhp/28career_shiryoushu/2-1-8.pdf（最終アクセス日：2021 年 2 月 1 日）

国立教育政策研究所（2014）．データが示すキャリア教育が促す「学習意欲」　http://www.nier.go.jp/shido/centerhp/career_jittaiyousa/pamphlet/pamphlet_all.pdf（最終アクセス日：2021 年 2 月 1 日）

国立教育政策研究所（2015）．国際数学・理科教育動向調査（TIMSS）のポイント　http://www.nier.go.jp/timss/2015/point.pdf（最終アクセス日：2021 年 2 月 1 日）

国立教育政策研究所（2016）．「語る」「語らせる」「語り合わせる」で変える！キャリア教育　http://www.nier.go.jp/shido/centerhp/career_jittaiyousa/pamphlet/h28/all.pdf（最終アクセス日：2021 年 2 月 1 日）

神戸大学附属明石中学校　渡辺三枝子（監修）（2009）．教科でできるキャリア教育――「明石キャリア発達支援カリキュラム」による学校づくり　図書文化

文部科学省（1999）．初等中等教育と高等教育との接続の改善について（答申）

文部科学省（2004）．キャリア教育の推進に関する総合的調査研究協力者会議報告書

文部科学省（2011）．今後の学校におけるキャリア教育・職業教育の在り方について（答申）　ぎょうせい

文部科学省（2018a）．小学校学習指導要領　東洋館出版社

文部科学省（2018b）．中学校学習指導要領　東山書房

長田徹・清川卓二・翁長有希（2018）．新時代のキャリア教育　金子書房

日本キャリア教育学会（2020）．新版キャリア教育概説　東洋館出版社

櫻井茂男（2009）．自ら学ぶ意欲の心理学　有斐閣

下村英雄（2017）．キャリアコンサルティングと社会正義　Business labor trend, 2017-7, 32-33.

Whiston, S. C. (2012). *Principles and Applications of Assessment in Counseling* (4th ed.). Brooks/Cole, Cengage Learning.（ウィストン，S. C.　石川信一・佐藤寛・高橋史（監訳）（2018）．カウンセリングにおけるアセスメントの原理と適用［第 4 版］　金子書房）

参考文献

長田徹・清川卓二・翁長有希（2018）．新時代のキャリア教育　金子書房

日本キャリア教育学会（編）（2020）．新版キャリア教育概説　東洋館出版社

吉田武男（監修）　藤田晃之（編）（2018）．キャリア教育（MINERVA はじめて学ぶ教職）　ミネルヴァ書房

●第 7 章

引用文献

我妻則明（2013）．被災地での学校内で支援できるための学校心理士に必要な事項――首都直下地震と東海・東南海・南海地震に備えて　日本学校心理士会年報，5，169-178.

石隈利紀（1999）．学校心理学　誠信書房

小泉礼三（2016）．社会性と情動の学習（SEL）の実施と持続に向けて――アンカーポイント植え込み法の適用　教育心理学年報，55，203-217.

国立健康・栄養研究所（2017）．健康日本 21（第二次）分析評価事業別表第三（1）こころの健康　https://www.nibiohn.go.jp/eiken/kenkounippon21/kenkounippon21/data03.html#top（最終アクセス日：2020 年 12 月 1 日）

厚生労働省（2018）．みんなのメンタルヘルス　https://www.mhlw.go.jp/kokoro/（最終アクセス日：2020 年 12 月 1 日）

厚生労働省（2018）．こころの耳　こころのケア――学校の先生へ　http://kokoro.mhlw.go.jp/teacher/（最終アクセス日：2020 年 12 月 1 日）

厚生労働省 (2018). 人口動態統計年報

文部科学省 (2004). 学校と関係機関等との行動連携を一層推進するために http://www.mext.go.jp/a_menu/shotou/renkei/index.htm (最終アクセス日：2018年10月31日)

文部科学省 (2006). 中央教育審議会「今後の教員養成・免許制度の在り方について(答申)」 http://www.mext.go.jp/b_menu/shingi/chukyo/chukyo0/toushin/1212707.htm (最終アクセス日：2018年10月31日)

文部科学省 (2007). 特別支援教育の推進について(通知)

文部科学省 (2008). 中学校学習指導要領解説保健体育編

文部科学省 (2009). 高等学校学習指導要領解説保健体育編・体育編

文部科学省 (2017). 児童生徒の教育相談の充実について(通知) 教育相談等に関する調査研究協力者会議(平成27年12月4日〜)報告 http://www.go.jp/b_menu/shingi/chousa/shotou/066/gaiyou/1381049.htm (最終アクセス日：2018年10月31日)

文部科学省 (2020). 令和元年度公立学校教職員の人事行政状況調査結果 (概要)

National Association of School Psychologist(NASP) (2017). School Safety and Crisis, Care for the Caregiver: Guidelines for Administrators and Crisis Teams.

西山久子 (2010). 教育相談への取組 小泉令三(編著) よくわかる生徒指導・キャリア教育 ミネルヴァ書房

西山久子・石隈利紀・家近早苗・小泉令三・Pfohl,W. (2015). 東日本大震災を体験した後の子どもと学校のレジリエンスを高める取り組み 日本学校心理士会年報, 7, 159-167.

大野精一 (1997). 学校教育相談――理論化の試み ほんの森出版

渡辺弥生・原田恵理子 (2015). 中学生・高校生のためのソーシャルスキル・トレーニング スマホ時代に必要な人間関係の技術 明治図書出版

山中寛・冨永良喜 (2000). 動作とイメージによるストレスマネジメント教育・基礎編 北大路書房

参考文献

井上麻紀 (2015). 教師の心が折れるとき――教員のメンタルヘルス 実態と予防・対処法 大月書店

滝川一廣 (2017). 子どものための精神医学 医学書院

十一元三 (2014). 子供と大人のメンタルヘルスがわかる本――精神と行動の異変を理解するためのポイント40 講談社

●第8章

引用文献

藤森和美(編著) (2005). 学校トラウマと子どもの心のケア 実践編――学校教員・養護教諭・スクールカウンセラーのために 誠信書房

学校保健・安全実務研究会 (2020). 第2章 学校保健の領域と構造 新訂版 学校保健実務必携 [第5次改訂版] (p.13) 第一法規

樋口進(監修) (2017). 心と体を蝕む「ネット依存」から子どもたちをどう守るか ミネルヴァ書房

本田秀夫 (2017). 児童期・思春期と精神医学的問題 近藤直司・田中康雄・本田秀夫(編) こころの医学入門――医療・保健・福祉・心理専門職をめざす人のために (pp.33-38) 中央法規出版

公益財団法人日本学校保健会 (2012). 喫煙, 飲酒, 薬物乱用防止に関する指導の観点 喫煙, 飲酒, 薬物乱用防止に関する指導参考資料(高等学校編) (p.10)

公益財団法人日本学校保健会 (2015). 現代的な健康課題対応委員会(心の健康に関する教育) 報告書 https://www.gakkohoken.jp/books/archives/185 (最終アクセス日：2020年11月30日)

公益財団法人日本学校保健会 (2017). 学校と家庭で育む子どもの生活習慣 改訂版

厚生労働省エイズ動向委員会 (2020). 令和元(2019)年エイズ発生動向年報(1月1日〜12月31日) https://api-net.jfap.or.jp/status/japan/nenpo.html (最終アクセス日：2020年11月30日)

厚生労働省 健康日本21 http://www.kenkounippon21.gr.jp/index.html (最終アクセス日：2020年11月30日)

久保元芳・野津有司・佐藤幸・上原千恵・渡部基 (2008). 我が国の青少年における早期の喫煙, 飲酒の初回経験と高校生時の危険行動の複数出現との関連 学校保健研究, **50**(2), 123-136.

文部科学省 (2014). 睡眠を中心とした生活習慣と子どもの自立等との関係性に関する調査 http://www.mext.go.jp/a_menu/shougai/katei/1357460.htm (最終アクセス日：2020年11月30日)

文部科学省 (2015a). 学校におけるがん教育の在り方について(報告) http://www.mext.go.jp/a_menu/kenko/hoken/1369993.htm (最終アクセス日：2020年11月30日)

文部科学省 (2015b). チームとしての学校の在り方と今後の改善方策について(答申) http://www.mext.go.jp/b_menu/shingi/chukyo/chukyo0/toushin/1365657.htm

文部科学省 (2016a). 平成28年度全国体力・運動能力, 運動習慣等調査報告書 http://www.mext.go.jp/sports/b_menu/toukei/kodomo/zencyo/1380529.htm (最終アクセス日：2020年11月30日)

文部科学省 (2016b). 幼稚園, 小学校, 中学校, 高等学校及び特別支援学校の学習指導要領等の改善及び必要な方策等について(答申)

文部科学省 (2016c). 健康, 安全等に関わる育成すべき資質・能力 https://www.mext.go.jp/b_menu/shingi/chukyo/

chukyo3/061/siryo/__icsFiles/afieldfile/2016/02/01/1366444_3_1.pdf（最終アクセス日：2021 年 1 月 28 日）
文部科学省（2018a）．学校保健の構造
文部科学省（2018b）．コミュニティ・スクール（学校運営協議会制度） http://www.mext.go.jp/a_menu/shotou/community/（最終アクセス日：2020 年 11 月 30 日）
文部科学省（2019a）．学校安全資料「生きる力」をはぐくむ学校での安全教育 MEXT 2-1901
文部科学省（2019b）．食に関する指導の手引　第二次改訂版（平成 31 年 3 月） http://www.mext.go.jp/a_menu/sports/syokuiku/1292952.htm（最終アクセス日：2020 年 11 月 30 日）
中山和弘（2016）．第 1 章　ヘルスリテラシーとは　福田洋・江口泰正（編著） ヘルスリテラシー――健康教育の新しいキーワード　（pp.2-22） 大修館書店
日本学術会議・健康・生活科学委員会　子どもの健康分科会（2010）．日本の子どものヘルスプロモーション http://www.scj.go.jp/ja/info/kohyo/pdf/kohyo-21-h99-1.pdf（最終アクセス日：2020 年 11 月 30 日）
西岡伸紀（2019）．第 5 章　喫煙，飲酒，薬物乱用防止教育　教員養成系大学保健協議会（編） 学校保健ハンドブック　第 7 次改訂　（pp.125-130） ぎょうせい
野村良和（2019）．第 1 節　学校保健の意義　教員養成系大学保健協議会（編） 学校保健ハンドブック　第 7 次改訂　（pp.16-19） ぎょうせい
OECD（2020）．Gender data portal　https://www.oecd.org/gender/searchresults/?q = Time%20use%20across%20the%20world（最終アクセス日：2021 年 1 月 28 日）
埼玉県教育委員会（2020）．令和 2 年度　学校健康教育必携
総務省情報通信政策研究所（2013）．青少年のインターネット利用と依存傾向に関する調査　調査結果報告書　http://www.soumu.go.jp/iicp/chousakenkyu/data/research/survey/telecom/2013/internet-addiction.pdf（最終アクセス日：2020 年 11 月 30 日）
田中英高（2017）．改訂　起立性調節障害の子どもの正しい理解と対応　中央法規出版
冨田和巳（2015）．日本小児心身医学会（編） 小児心身医学会ガイドライン集［改訂第 2 版］――日常診療に活かす 5 つのガイドライン　南江堂
山合洋人・早貸千代子・小塩靖崇（2018）．メンタルヘルスリテラシー教育プログラムの実践　日本教育保健学会講演集，**15**，82-83.
Young, K.S.（1998）．*Caught in the Net: How to Recognize the Signs of Internet Addiction-and a Winning Strategy for Recovery*. New York, John Wiley & Sons.

参考文献

近藤直司・田中康雄・本田秀夫（編）（2017）．こころの医学入門――医療・保健・福祉・心理専門職をめざす人のために　中央法規出版
教員養成系大学保健協議会（編）（2019）．学校保健ハンドブック　第 7 次改訂　ぎょうせい
日本小児心身医学会（編）（2015）．小児心身医学会ガイドライン集――日常診療に活かす 5 つのガイドライン［改訂第 2 版］ 南江堂

●第 9 章

引用文献

腰川一惠（2016）．発達障害児のユニバーサルデザインによる教育　日本発達障害学会（監修） キーワードで読む発達障害研究と実践のための医学診断／福祉サービス／特別支援教育／就労支援――福祉・労働制度・脳科学的アプローチ　（pp.106-107） 福村出版
厚生労働省（2002）．「国際生活機能分類――国際障害分類改訂版」（日本語版）の厚生労働省ホームページ掲載について https://www.mhlw.go.jp/houdou/2002/08/h0805-1.html（最終アクセス日：2020 年 11 月 30 日）
文部科学省（2007）．特別支援教育の推進について（通知）http://www.next.go.to./b_menu/hakusyo/nc/07050101.htm（最終アクセス日：2020 年 11 月 30 日）
文部科学省（2010）．4．それぞれの障害に配慮した教育（7）自閉症・情緒障害教育　https://www.mext.go.jp/a_menu/shotou/tokubetu/mext_00807.htm（最終アクセス日：2020 年 11 月 30 日）
文部科学省（2012）．通常の学級に在籍する発達障害の可能性のある特別な教育的支援を必要とする児童生徒の調査結果について　https://www.mext.go.jp/a_menu/shotou/tokubetu/material/1328729.htm（最終アクセス日：2020 年 11 月 30 日）
文部科学省（2012）．共生社会の形成に向けたインクルーシブ教育システム構築のための特別支援教育の推進（報告）　概要 https://www.mext.go.jp/b_menu/shingi/chukyo/chukyo3/044/attach/1321668.htm（最終アクセス日：2020 年 12 月 13 日）
文部科学省（2015）．特別支援教育の概念図　https://www.mext.go.jp/a_menu/shotou/tokubetu/__icsFiles/afieldfile/2017/02/21/1236746_01.pdf（最終アクセス日：2020 年 11 月 30 日）
文部科学省（2016）．知的障害のある児童生徒のための各教科について　https://www.mext.go.jp/b_menu/shingi/chukyo/chukyo3/063/siryo/__icsFiles/afieldfile/2016/02/29/1367588_01.pdf（最終アクセス日：2021 年 1 月 24 日）
内閣府（2008）．平成 18 年度バリアフリー・ユニバーサルデザインの推進普及方策に関する調査研究報告書　https://www8.cao.go.jp/souki/barrier-free/tyosa_kenkyu/h19/index.html（最終アクセス日：2020 年 11 月 30 日）

内閣府（2016）．障害を理由とする差別の解消の推進　https://www8.cao.go.jp/syougai/suishin/sabekai.htm（最終アクセス日：2020 年 11 月 30 日）

内閣府（2018）．平成 29 年度版　障害者白書　https://www8.cao.go.jp/shougai/whitepaper/h29hakusho/zenbun/pdf/ref2.pdf（最終アクセス日：2020 年 11 月 30 日）

参考文献

日本発達障害学会（監修）（2016）．キーワードで読む発達障害研究と実践のための医学診断／福祉サービス／特別支援教育／就労支援――福祉・労働制度・脳科学的アプローチ　福村出版

田中裕一（監修）　全国特別支援学級設置学校長協会（編著）（2017）．小・中学校でできる「合理的配慮」のための授業アイデア集　東洋館出版社

全国特別支援教育推進連盟（編）（2019）．幼稚園・小中高等学校における特別支援教育の進め方(5)「個別の教育支援計画」「個別の指導計画」の作成と活用　ジアース教育新社

●第 10 章

引用文献

石隈利紀（1999）．学校心理学――教師・スクールカウンセラー・保護者のチームによる心理教育的援助サービス　誠信書房

伊藤亜矢子・宇佐美慧（2017）．新版中学校用学級風土尺度（Classroom Climate Inventory; CCI）の作成　教育心理学研究，**65**，91-105.

岩崎清・子安裕佳里・伊藤則博（2007）．児童虐待問題に対する教員の意識と態度の実態　北海道教育大学紀要（教育科学編），**57**(2)，17-30.

上條晴夫（2011）．学級崩壊を立て直すのに必要な教師力とは　教育と医学，**59**(7)，12-18.

神林寿幸（2015）．周辺的業務が公立小・中学校教諭の多忙感・負担感に与える影響――単位時間あたりの労働負荷に着目して　日本教育経営学会紀要，**57**，79-93.

河村茂雄（2010）．日本の学級集団と学級経営――集団の教育力を生かす学校システムの原理と展望　図書文化社

河村茂雄・田上不二夫（1997）．いじめ被害・学級不適応児童発見尺度の作成　カウンセリング研究，**30**，112-120.

国立教育政策研究所生徒指導研究センター（2005）．学級運営等の在り方についての調査研究　https://www.nier.go.jp/shido/centerhp/unei.pdf（最終アクセス日：2020 年 11 月 24 日）

厚生労働省（2019）．国民生活基礎調査　https://www.mhlw.go.jp/toukei/saikin/hw/k-tyosa/k-tyosa19/index.html（最終アクセス日：2020 年 11 月 24 日）

厚生労働省　児童虐待の定義と現状　厚生労働省ホームページ　https://www.mhlw.go.jp/stf/seisakunitsuite/bunya/kodomo/kodomo_kosodate/dv/about.html（最終アクセス日：2020 年 11 月 24 日）

厚生労働省　児童虐待の防止等に関する法律（平成十二法律第八十二号）厚生労働省ホームページ　https://www.mhlw.go.jp/bunya/kodomo/dv22/01.html（最終アクセス日：2020 年 11 月 24 日）

三上周治（2011）．荒れた学級・学校と私　教育と医学，**59**(7)，20-27.

水野治久（2019）．特別な教育的ニーズへの理解と対応　汐見稔幸・奈須正裕（監修）　廣瀬由美子・石塚謙二（編）　特別支援教育　(pp.131-145)　ミネルヴァ書房

水野治久（監修）　木村真人・飯田敏晴・永井智・本田真大（編）（2019）．心理職としての援助要請の視点――「助けて」と言えない人へのカウンセリング　金子書房

水野治久・本田真大・二井仁美・島善信・岡本正子（2018）．学校教員の虐待に関する意識――教員と管理職による調査報告　子どもの虐待とネグレクト，**20**(2)，220-226.

文部科学省総合教育政策局男女共同参画共生社会学習・安全課（2020）．外国人の子供の就学状況等調査結果（確定値）概要　https://www.mext.go.jp/content/20200326-mxt_kyousei01-000006114_01.pdf（最終アクセス日：2020 年 11 月 28 日）

小野田正利（2011）．モンスターのような親が増えたのか――親の怒りと訴えの背後にあるもの　大久保智生・牧郁子（編）　実践をふりかえるための教育心理学　(pp.13-26)　ナカニシヤ出版

埼玉県教育委員会（2002）．学級運営等の改善を図るための指導事例集――「学級がうまく機能しない状況」の予防・解消のために

小貫悟（2018）．授業のユニバーサルデザイン化　水野治久・家近早苗・石隈利紀（編）　チーム学校での効果的な援助――学校心理学の最前線　(pp.25-33)　ナカニシヤ出版

鈴木庸裕（2014）．なぜ学校でソーシャルワークが注目されるのか　鈴木庸裕・佐々木千里・髙良麻子　教師のためのワークブック　子どもが笑顔になるスクールソーシャルワーク　(pp.6-11)　かもがわ出版

田村節子（2013）．援助チーム　水野治久・石隈利紀・田村節子・田村修一・飯田順子（編）　よくわかる学校心理学　(pp.72-73)　ミネルヴァ書房

山村りつ（2017）．子どもの貧困の問題の所在を考える――その本日の理解のために　発達，**151**，19-24.

横島三和子・岡田雅樹（2007）．教育現場における児童虐待に対する意識調査――兵庫県内小中学校教職員へのアンケートにもとづいて　湊川短期大学紀要，**43**，1-9.

参考文献

水野治久・石隈利紀・田村節子・田村修一・飯田順子（編）（2013）．よくわかる学校心理学　ミネルヴァ書房

水野治久・家近早苗・石隈利紀 (2018). チーム学校での効果的な援助――学校心理学の最前線　ナカニシヤ出版
水野治久 (2014). 子どもと教師のための「チーム援助」の進め方　金子書房

●第 11 章

引用文献

アメリカ精神医学会　日本精神神経学会(日本語版用語監修)　高橋三郎・大野裕(監訳)　染矢俊幸・神庭重信・尾崎紀夫・三村將・村井俊哉(訳) (2014). DSM-5 精神疾患の分類と診断の手引　医学書院

中央教育審議会 (2011). 今後の学校におけるキャリア教育・職業教育の在り方について(答申)

福岡県 (2018). 個別の教育支援計画・個別の指導計画の新様式例　http://www.pref.fukuoka.lg.jp/contents/kobetu-yousiki.html (最終アクセス日：2018 年 8 月 30 日)

石隈利紀 (1999). 学校心理学――教師・スクールカウンセラー・保護者のチームによる心理教育的援助サービス　誠信書房

厚生労働省 (2018). 知ることからはじめよう　みんなのメンタルヘルス　https://www.mhlw.go.jp/kokoro/first/first03_1.html (最終アクセス日：2018 年 8 月 30 日)

Lewin, K., Lippitt, R., & White, R. K. (1939). Patterns of aggressive behavior in experimentally created “social climates”. *The Journal of Social Psychology*, **10**, 271-299.

三隅二不二 (1984). リーダーシップ行動の科学　有斐閣

文部科学省 (2018). 特別支援教育について　http://www.mext.go.jp/a_menu/shotou/tokubetu/material/1298214.htm (最終アクセス日：2018 年 8 月 30 日)

品川区教育委員会 (2005). 品川区小中一貫教育要領　講談社

参考文献

石隈利紀 (1999). 学校心理学――教師・スクールカウンセラー・保護者のチームによる心理教育的援助サービス　誠信書房

小泉令三 (2004). 地域と手を結ぶ学校――アメリカの学校・保護者・地域社会の関係から考える　ナカニシヤ出版

水野治久・家近早苗・石隈利紀 (2018). チーム学校での効果的な援助――学校心理学の最前線　ナカニシヤ出版

●第 12 章

引用文献

Caplan, G. (1961). An approach to community mental health. New York: Grune & Stratton. (加藤正明(監修) 山本和郎(訳) (1968). 地域精神衛生の理論と実際　医学書院)

House, J. S. (1981). Work Stress and social support. Reading: Addison-Wesley.24-26.

家近早苗・石隈利紀 (2003). 中学校における援助サービスのコーディネーション委員会に関する研究――A 中学校の実践をとおして　教育心理学研究, **51**, 230-238.

石隈利紀 (1999). 学校心理学――教師・スクールカウンセラー・保護者のチームによる心理教育的援助サービス　誠信書房

石隈利紀 (2016).「チーム学校」における連携――スクールカウンセラーの役割と課題　臨床心理学(臨時増刊号「公認心理師」), 33-35.

石隈利紀 (2018). 特別支援学校における自立活動教諭(専門職)によるチーム学校の促進　地域リハビリテーション, **12**, 944-947.

石隈利紀 (2019). 保護者は教育のパートナー　日本教育, 令和元年 9 月号, 8-11.

石隈利紀・田村節子 (2003). 石隈・田村式援助シートによるチーム援助入門――学校心理学・実践編　図書文化

厚生労働省 (2017). 相談支援員養成研修　アウトリーチの考え方 (平成 29 年 11 月 20 日)

文部科学省 (2010). 特別支援教育について　巡回相談の目的と役割　資料第 4 部 (登録平成 22 年 10 月)

文部科学省 (2008). 児童生徒の自殺予防に関する調査研究協力者会議(第 1 回)　配付資料 6　スクールソーシャルワーカー活用事業 (平成 20 年 3 月 18 日)

文部科学省 (2015). チームとしての学校の在り方と今後の改善方策について(答申)　中央教育審議会 (平成 27 年 12 月 21 日)

下村哲夫(編者) (1994). 児童の権利条約　時事通信社

田村節子 (1998). 教師・保護者・スクールカウンセラーの援助チームに関する実践研究――公立中学校における学校心理学的援助の一試行　筑波大学大学院教育研究科修士論文(未公刊).

田村節子・石隈利紀 (2013). 石隈・田村式援助シートによる実践チーム援助――特別支援教育編　図書文化

田村節子・石隈利紀 (2017). 石隈・田村式援助シートによる子ども参加型チーム援助――インフォームドコンセントを超えて　図書文化

山口豊一・石隈利紀・山本麻衣子 (2011). 中学校のマネジメント委員会に関する研究――「問題解決・課題遂行」機能に視点を当てて　跡見学園女子大学文学部紀要, **46**, A93-106.

日本大百科全書 (1994). 学業不振　解説　小学館

参考文献

石隈利紀・大野精一・小野瀬雅人・東原文子・松本真理子・山谷敬三郎・福沢周亮(責任編集)　日本学校心理士会(編)(2016). 学校心理学ハンドブック［第2版］――「チーム」学校の充実をめざして　教育出版

石隈利紀・田村節子 (2003). 石隈・田村式援助シートによるチーム援助入門――学校心理学・実践編　図書文化

田村節子 (2009). 保護者をパートナーとする援助チームの質的分析　風間書房

●第13章

引用文献

長谷川啓三 (2003). 学校臨床のヒント(Vol.1)　集団守秘義務の考え方　臨床心理学, 3(1), 122-124.

House, J. S. (1981). *Work Stress and Social Support*. MA; Addison Wesley.

家近早苗 (2018). 教師が変わるコーディネーション委員会　水野治久・家近早苗・石隈利紀(編)　チーム学校での効果的な援助――学校心理学の最前線　ナカニシヤ出版

家近早苗・石隈利紀 (2003). 中学校における援助サービスのコーディネーション委員会に関する研究　教育心理学研究, **51**, 230-238.

石隈利紀 (1999). 学校心理学――教師・スクールカウンセラー・保護者のチームによる心理教育的援助サービス　誠信書房

石隈利紀 (2008). 秘密保持と情報の共有――チーム援助の視点から　児童心理「特集 スクールカウンセラー――小・中学校での役割と実践」(通号876)(臨増), **62**(6), 69-75.

石隈利紀 (2012). みんなの援助が一人の援助――どのように一次的援助サービスが二次的援助サービス・三次的援助サービスの土台になるか　学校心理学研究, **12**, 73-82.

石隈利紀 (2016a). 公認心理師に期待される修得課題――予防開発的心理教育を学ぶ　こころの科学(野島一彦(編)　公認心理師への期待), 66-72.

石隈利紀 (2016b). 公認心理師とこれからの心理教育的援助サービス　教育と医学, **64**(4), 68-76.

石隈利紀 (2019). 教育・学校心理学, 情報共有――多職種・地域連携, 公認心理師の業務；教育, 教育分野①；行政と施設, 教育行政②：法律　子安増生・丹野義彦(編)　公認心理師エッセンシャルズ［第2版］(pp.36-37, 68-69, 74-75, 136-143, 144-151)　有斐閣

石隈利紀・家近早苗・飯田順子 (2014). 学校教育と心理教育的援助サービスの創造　学文社

石隈利紀(監修)　熊谷恵子・田中輝美・菅野和恵(編) (2016). ライフスキルを高める心理教育――高校・サポート校・特別支援学校での実践　金子書房

石隈利紀・田村節子 (2018). 新版 石隈・田村式援助シートによるチーム援助入門――学校心理学・実践編　図書文化

神奈川県立総合教育センター (2019). 支援を求める児童・生徒のために

金沢吉展 (1998). カウンセラー――専門家としての条件　誠信書房

河村茂雄・粕谷貴志・鹿島真弓・小野寺正己 (2008). Q-U式学級づくり中学校　図書文化社

國分久子 (1994).「ふれあい」と「つきあい」の心理学　PHP研究所

小貫悟・桂聖 (2014). 授業のユニバーサルデザイン入門――どの子もたのしく「わかる・できる」授業のつくり方　東洋館出版社

水野治久・家近早苗・石隈利紀(編) (2018). チーム学校での効果的な援助――学校心理学の最前線　ナカニシヤ出版

文部科学省 (2015). チームとしての学校の在り方と今後の改善方策について(答申)

Moustakas, C. (1995). *Being-in, being-for, being-with*. Northvale, Nj: Jason Aronson.

無藤隆・森敏昭・遠藤由美・玉瀬耕治 (2018). 心理学［新版］　有斐閣

日本学校心理学会(編) (2016). 学校心理学ハンドブック［第2版］――「チーム」学校の充実をめざして　教育出版

田村節子・石隈利紀 (2017). 石隈・田村式援助シートによる子ども参加型チーム援助――インフォームドコンセントを超えて　図書文化

田村節子・石隈利紀 (2013). 実践チーム援助――特別支援教育編　図書文化

丹野義彦 (2019). 科学者―実践家モデル　子安増生・丹野義彦(編)　公認心理師エッセンシャルズ(p.107)　有斐閣

山口豊一・石隈利紀 (2006). 中学校における学校マネジメント委員会にどうような機能があるか――企画委員会を題材とした質的研究　筑波大学学校教育論集, **29**, 51-62.

山口豊一・樽木靖夫・家近早苗・石隈利紀 (2012). 中学校におけるマネジメント委員会の機能がチーム援助体制及びチーム援助行動に与える影響――主任層に焦点をあてて　日本学校心理士会年報, **4**, 103-112.

横島義昭・萩原明子 (2018). 心理教育的援助サービスの包括的展開　水野治久・家近早苗・石隈利紀(編)　チーム学校での効果的な援助――学校心理学の最前線(pp.3-14)　ナカニシヤ出版

参考文献

石隈利紀 (1999). 学校心理学――教師・スクールカウンセラー・保護者のチームによる心理教育的援助サービス　誠信書房

石隈利紀・田村節子 (2018). 新版 石隈・田村式援助シートによるチーム援助入門――学校心理学・実践編　図書文化

水野治久・家近早苗・石隈利紀(編) (2018). チーム学校での効果的な援助――学校心理学の最前線　ナカニシヤ出版

考えてみよう　回答のためのヒント

このページでは，「考えてみよう」の回答例や回答するためのヒントを示しています。自分で考える際の参考にしましょう。

■第１章（10 ページ）

子どもの成長・発達は，その過程で子どもが出会うさまざまな人や物といった多様な環境によって大きな影響を受ける。環境には成長・発達を促進するもの，阻害するものがある。それが何かを理解し，子どもの問題解決の方法を考えるためにはどのような資質・力量が必要かを本章の内容から考えるとよい。

■第２章（20 ページ）

教育分野と関連の深い法律として，たとえば下記のようなものがあげられる。それぞれの法律については各自で調べてみよう。教育現場で起こりうる例を参考までに示す。

（回答例）

①児童虐待防止法

小学校で体育の時間に担任が A 子さんのあざに気づき，養護教諭に相談。養護教諭が A 子さんから話を聴くと，父から虐待を受けていることがわかった。A 子さんには心配なので他の先生に伝えると話し，児童虐待防止法に基づき管理職に報告した。

②少年法

中学生の B 男は事件を起こして少年鑑別所へ。担任や部活の顧問の先生などが面会したり，鑑別所の職員と話し合いを重ねたりした。また先生たちは保護者と連携し，学校復帰についてサポートをした。

③発達障害者支援法

LD をもつ C 男は書き写すことが苦手で板書を授業中に終わらせることができない。そこで，担任や教科の先生が C 男に配慮し，穴埋めプリントを作成。

■第３章（34 ページ）

個人の事情にもよるため「これが正解」というものはないが，一例を述べる。

（回答例）

筆者は高校 1 年の頃，公民科倫理の学習でつまずいた。教科書を繰り返し読んでも，先哲の思想形成過程がわからなかった。図 3-5 でいうと体制化過程につまずきがあったことになる。このようなつまずきに対しては，今振り返ると，構造方略の支援が必要と考えられる。構造方略とは説明文の構造をとらえた読み方のことだが，構造方略を使うことで大きな流れがわかるようになるからである。構造方略の基礎には段落分けがあるので，この適性形成型支援が有効と考えられる。

■第４章（48ページ）

（回答へのヒント）具体例を，学級集団の発達過程，教員がしてくれたグループ・アプローチなど，理論に当てはめて考えていくと，全体像を整理しやすくなる。

■第５章（58ページ）

（回答例）

- いじめの防止では，学校いじめ防止基本方針に示されたいじめ防止教育を行う。また，教師や保護者を対象に，いじめの未然防止に関する研修や講演を行う。
- いじめの早期発見では，定期的に実施するいじめアンケート調査の分析や教師の気になる情報から，当該の子どもや保護者へのカウンセリングを行い，いじめの初期段階で解決を図る。
- いじめの対応では，いじめ防止等対策委員会のメンバーとして，教師，保護者，関係機関と連携・協力して対応する。重大事態では，いじめ被害の子どもや保護者への心理的ケアを行い，自死や不登校の防止を図る。

■第６章（72ページ）

（回答例）国語の物語文で，登場人物の心情を読み解く場面。状況やその人物の発言などから，相手がどのような気持ちであるのかを論理的に推測することによって，基礎的汎用的能力のなかの人間関係形成能力を育てることになる。

■第７章（84ページ）

（回答へのヒント）まず，日常の様相観察や遅刻・早退・欠席および適応状態をはかるアンケートなどから学級の様子に大きな問題がないかを確認する。そのうえで，自分の心の状態に気づいたり，それを良い状態に保つために各自が行えることを考えるガイダンス授業を行うなどのアプローチが考えられる。全ての児童生徒に共通した正解や好ましい答えがあるのではなく，ポートフォリオなど個別指導ツールを用いてそれぞれの子どもにとって最適な学びとなっていることをモニター（見守り）するとよい。

■第８章（96ページ）

（回答へのヒント）子どもの健康課題は，社会の変遷とともに内容も変化している。本章で紹介したもののほかにも，近年では，アレルギー疾患の増加，虐待・いじめ・不登校・発達障害に関連した心身の問題，事件・事故・自然災害に関連したストレス障害，そして 2019

年の新型コロナウイルスや2009年の新型インフルエンザなどの新興感染症がある。いずれも，子どもたちの健康面だけではなく，心理・社会面，学習面，進路面などにも影響が及び，多面的な支援が必要である。学校と地域社会がそれぞれの強みを生かし，何を，どのように連携・協働して進めるか検討が必要であろう。

健康教育の実践として，たとえば新型コロナウイルス感染症を考えてみると，学校内では，担任と養護教諭，（中学・高校では）保健体育科担当教員などが連携し，感染予防について子どもたちに指導することが大切である。さらに，学校と地域社会の協働の視点からは，学校医が感染症に関する知識や予防対策，学校薬剤師が手洗いや消毒方法，保健センターが地域の流行状況などについて，情報提供や助言を行ったり，子どもたちに指導したりすることも考えられる。

■第9章（109ページ）

（回答例）

1. 公共の場でも多くの支援があるので，見回してみよう。たとえば，視覚障害者に対しては，駅では券売機に音声案内ができる機能がある，聴覚障害者に対しては手話や筆記でコミュニケーションをはかるという配慮がある。公共の場での合理的配慮は視覚障害や聴覚障害だけではなく，すべての障害に対しても行われている。このように環境の整備，人とのコミュニケーションのなかでも多くの合理的配慮が行われている。

2. 発達障害の特性から，授業中に立ち歩いてしまう原因となることを考えてみるとよい。一例として，周りのほかの人，物などが視界に入るとそちらに注意を向けてしまう。見たもの，興味があるものを手にしたいと衝動的に思うため，立ち歩いてしまうこともある。また，集中できる時間が短く，授業への集中が途切れてしまい，立ち歩くことがある。また，教室の環境や授業が，発達障害の特性を引き起こしやすくしていないかという視点も重要である。たとえば，周りの人，物へ注意を向けてしまいやすい場合は，座席を前にして，周りの子どもが視界に入らない配慮をすることも有効になる。

■第10章（122ページ）

（回答へのヒント）

1. 小さなことでも，援助された経験は，将来の援助者を目指す人にとっては貴重な体験だ。援助された経験を，児童や生徒としての立場ではなく，援助者（カウンセラー，教員）の立場から振り返ることが大事である。

2. 自治体のホームページや市政だよりをみてみよう。また，コミュニティの交流のページなどでも，市民ベースのさまざまな活動を見つけることができる。

■第 11 章（134 ページ）
（回答へのヒント）大まかに，①物理的側面（例：進学先の訪問，通学手段の確認，校内の説明など），②対人的側面（例：教職員との対面，先輩の紹介など），③社会・文化的側面（例：学習内容や学習方法の説明，校内ルールの確認，部・クラブ活動紹介など）に分けて考えるとよい。

■第 12 章（146 ページ）
（回答例）日頃からお互いが所属している機関の援助内容や役割等について知っておくことや顔がわかるような関係を築いておく。

■第 13 章（160 ページ）
（回答例）公認心理師資格をもつスクールカウンセラーは，保健医療分野や福祉分野等の知識もあるので，教職員が医師・看護師などと連携するときの仲介役になることができる。

索引

和文

■く

■け

■こ

■さ

■し

■す

欧文

執筆者紹介（執筆順）

小野瀬雅人　（おのせ・まさと，聖徳大学教育学部教授）編著者まえがき・第1章

山口豊一　（やまぐち・とよかず，聖徳大学心理・福祉学部教授）第2章

山本博樹　（やまもと・ひろき，立命館大学総合心理学部教授）第3章

河村茂雄　（かわむら・しげお，早稲田大学教育・総合科学学術院教授）第4章

八並光俊　（やつなみ・みつとし，東京理科大学大学院理学研究科教授）第5章

永作　稔　（ながさく・みのる，十文字学園女子大学教育人文学部心理学科准教授）第6章

西山久子　（にしやま・ひさこ，福岡教育大学大学院教育学研究科教授）第7章

相樂直子　（さがら・なおこ，創価大学教育学部教授）第8章

腰川一恵　（こしかわ・かずえ，聖徳大学大学院教職研究科教授）第9章

水野治久　（みずの・はるひさ，大阪教育大学　副学長・総合教育系教授）第10章

小泉令三　（こいずみ・れいぞう，福岡教育大学名誉教授）第11章

田村節子　（たむら・せつこ，東京成徳大学大学院心理学研究科教授）第12章

石隈利紀　（いしくま・としのり，東京成徳大学大学院心理学研究科教授）第13章

監修者

下山晴彦（しもやま・はるひこ，跡見学園女子大学心理学部教授）
佐藤隆夫（さとう・たかお，人間環境大学総合心理学部教授）
本郷一夫（ほんごう・かずお，東北大学名誉教授）

編著者

小野瀬雅人（おのせ・まさと）
筑波大学大学院博士課程心理学研究科心理学専攻単位取得退学，教育学博士
現在：聖徳大学教育学部教授・大学院児童学研究科長
主著：『教科心理学ハンドブック』（共編著）図書文化，2010年
『学校心理学ハンドブック　第2版』（共編著）教育出版，2016年
『シリーズ 心理学と仕事7　教育・学校心理学』（共編著）北大路書房，2021年
『スタンダード教育心理学　第2版』（共著）サイエンス社，2022年

公認心理師スタンダードテキストシリーズ⑱
教育・学校心理学

2021年5月30日　初版第1刷発行　〈検印省略〉
2024年9月10日　初版第4刷発行

定価はカバーに
表示しています

監修者　下山晴彦
　　　　佐藤隆夫
　　　　本郷一夫
編著者　小野瀬雅人
発行者　杉田啓三
印刷者　坂本喜杏

発行所　株式会社　ミネルヴァ書房
607-8494　京都市山科区日ノ岡堤谷町1
電話代表（075）581-5191
振替口座 01020-0-8076

冨山房インターナショナル・新生製本

ISBN978-4-623-08628-3
Printed in Japan